PHILOSOPHY

人民日报学术文库

走向高质量发展的浙江

郭占恒 | 著

人民日报出版社

北京

图书在版编目（CIP）数据

走向高质量发展的浙江／郭占恒著 . —北京：人
民日报出版社，2021.8
ISBN 978－7－5115－5107－8

Ⅰ.①走… Ⅱ.①郭… Ⅲ.①区域经济发展—研究—
浙江 Ⅳ.①F127.55

中国版本图书馆 CIP 数据核字（2021）第 145407 号

书　　名：走向高质量发展的浙江
　　　　　ZOUXIANG GAOZHILIANG FAZHAN DE ZHEJIANG

著　　者：郭占恒

出 版 人：刘华新
责任编辑：王慧蓉
封面设计：中联华文

出版发行：人民日报出版社
社　　址：北京金台西路 2 号
邮政编码：100733
发行热线：（010）65369509　65369846　65363528　65369512
邮购热线：（010）65369530　65363527
编辑热线：（010）65363530
网　　址：www.peopledailypress.com
经　　销：新华书店
印　　刷：三河市华东印刷有限公司
法律顾问：北京科宇律师事务所　　（010）83622312

开　　本：710mm×1000mm　1/16
字　　数：236 千字
印　　张：17
版次印次：2021 年 8 月第 1 版　　2021 年 8 月第 1 次印刷

书　　号：ISBN 978－7－5115－5107－8
定　　价：95.00 元

目 录
CONTENTS

第一章 坚持以"八八战略"为统领

"八八战略"是 2003 年 7 月 10 日在浙江省委十一届四次全会上，时任省委书记习近平同志提出的"进一步发挥八个方面优势、推进八个方面举措"的简称，是浙江省委工作的主题主线，是浙江发展的宏伟蓝图，是引领浙江高质量发展的行动指南。

一、"八八战略"再深化的深刻背景和重大意义

"八八战略"不是凭空产生的，不是拍脑瓜的产物，而是经过大量调查研究提出来的发展战略，有着深刻的历史背景，即基于对 21 世纪初我们面临的重要战略机遇期宏观背景的正确认识和把握；基于对浙江经济社会发展现实基础的正确认识和把握；基于对我省加快全面建设小康社会、提前基本实现现代化战略目标的正确认识和把握。当前，浙江省委提出"八八战略"再深化，又有着新的时代要求和重大意义。

（一）深入学习贯彻习近平新时代中国特色社会主义思想和习近平同志对浙江工作重要指示精神的要求。党的十九大确立了习近平新时代中国特色社会主义思想，并写入了新修订的党章和宪法，成为我们党和国家的重要指导思想。习近平新时代中国特色社会主义思想，是对十八大以来我们党的理论创新成果的最新概括和表述，系统回答了新时代坚持和发展什么样的中国特色社会主义、怎样坚持和发展中国特色社会主义等重大问题，是我们做好各项事业的根本遵循。习近平同志对浙江工作重要指示精神，是习近平同志对浙江一系列重要指示精神的高度凝

练，体现了对浙江工作的一贯要求。我们要把深入学习贯彻习近平新时代中国特色社会主义思想和习近平同志对浙江工作重要指示精神结合起来，把中央精神与浙江实践结合起来，以"干在实处永无止境，走在前列要谋新篇，勇立潮头方显担当"为总要求，全面贯彻党的十九大精神，不忘初心、牢记使命，大力弘扬"红船精神"，为我国决胜全面建成小康社会、夺取新时代中国特色社会主义伟大胜利、实现中华民族伟大复兴的中国梦、实现人民对美好生活的向往做出新的更大贡献。

（二）深入学习贯彻省委第十四次党代会精神和省委做出的"八八战略"再深化、改革开放再出发部署的要求。2017年6月，中共浙江省委召开了第十四次党代会，明确了今后五年全省工作的总体要求和目标任务。大会强调，要更加深刻地领会和把握"八八战略"中蕴含的优势论，根据形势发展变化探索创新"八八战略"的实践载体。大会号召，要更加紧密地团结在以习近平同志为核心的党中央周围，大力弘扬"红船精神"，不忘初心，继续前进，全面落实"秉持浙江精神，干在实处、走在前列、勇立潮头"的新要求，翻篇归零再出发，撸起袖子加油干，为实现"两个一百年"奋斗目标和中华民族伟大复兴中国梦做出更大贡献。2018年7月，在"八八战略"提出实施15周年之际，省委召开十四届三次全会，全会坚持以习近平新时代中国特色社会主义思想为指导，深入学习贯彻习近平同志对浙江工作的重要指示精神，研究部署"'八八战略'再深化、改革开放再出发"重大问题。会议强调，"八八战略"是习近平新时代中国特色社会主义思想在浙江萌发与实践的集中体现；全省各级党组织和广大党员干部要以高度的政治责任感和历史使命感，深刻领悟"干在实处永无止境，走在前列要谋新篇，勇立潮头方显担当"的新期望；推进"八八战略"再深化、改革开放再出发，必须扛起新使命、增强新本领、展现新作为。这要求我们，对"八八战略"要再学习、再认识、再实践，不断推进"八八战略"深化细化具体化，实干巧干加油干，为这张宏伟蓝图添上浓墨重彩的一笔。

（三）准确认识把握当前国内外经济形势和推动经济高质量发展的要求。2018年6月，习近平同志在中央外事工作会议上明确提出，当前我国处于近代以来最好的发展时期，世界处于百年未有之大变局，两者同步交织、相互激荡。习近平关于当今世界百年未有之大变局的论断，内涵丰富，思想深刻，说明当今世界正处在一个大变局时代，包括世界经济重心、世界政治格局、全球化进程、科技与产业、全球治理、世界秩序等，都在经历前所未有的大变革，面临新兴大国与守成大国的博弈等。这里，机遇与挑战并存，危中有机。同时，经过新中国成立70年来的发展，中国已完成工业化和城市化初中期阶段的任务，进入了工业化和城市化的后期阶段，迈进了世界中等收入国家行列，相应的社会主要矛盾、发展目标任务、经济发展方式等都发生了深刻变化，面临着按照"五大发展理念""五位一体"总体布局和"四个全面"战略布局的新要求，推动高质量发展的问题，同时也面临着跨越"中等收入陷阱"和"塔西佗陷阱"的问题。浙江作为改革开放和经济发展的先行省份，正处在厚积薄发的战略机遇期、干事创业的发展黄金期、不进则退的转型关键期，必须审时度势，善于从"八八战略"再深化中汲取智慧，创新实践载体，率先走上高质量发展道路，努力在百年未有之大变局中谋得浙江发展的新优势。

（四）积极呼应企业、群众、基层诉求和满足人民群众新期待的要求。"八八战略"产生于大量的调查研究，代表了浙江广大党员干部群众的共同意愿。"八八战略"再深化，也必须要听取广大党员干部群众、基层和企业的诉求呼声和意见建议。2018年，省委在部署"八八战略"再深化中，组织实施了"大学习大调研大抓落实"活动，取得了显著成效。2019年年初，省委办公厅专门印发《关于开展"服务企业服务群众服务基层"活动的通知》，要求从2019年元旦后的第一个工作日开始，省、市、县（市区）的四套班子领导干部开展服务企业、服务群众、服务基层活动，重在解决企业、群众、基层反映的困难和问题，切实提升企业、群众、基层的获得感，并对如何服务企业、服务群众、服务基层提出了具体要求。开展"三服务"活动是"大学习大调研大抓落实"活动的具体抓手，是"服务争效"行动的重要载体，也是"八八战略"再深化的实际行动，目的就是深入企业切实帮助解决生产经营困难，深入群众切实帮助解决群众反映强烈的问题，深入基层切实帮助解决发展经济和社会事业面临的困难，以实实在在的政策举措，减负于企业，取信于群众，服务于基层，推动浙江各方面工作继续走在全国的前列。

二、"八八战略"与"三个地"政治优势

科学的思想理论不是从天上掉下来的，也不是头脑里固有的，而是来自社会实践。正如毛泽东同志所说："人的正确思想是从哪里来的？是从天上掉下来的吗？不是。是自己头脑里固有的吗？不是。人的正确思想，只能从社会实践中来，只能从社会的生产斗争、阶级斗争和科学实验这三项实践中来。"① 党的十九大确立的习近平新时代中国特色社会主义思想，不是一天形成的，而是在长期的艰苦卓绝的探索实践中逐步形成的。其中，习近平同志在主政浙江期间提出的"八八战略"，为习近平新时代中国特色社会主义思想的萌发和创立提供了丰富的理论准备和实践素材，说明习近平新时代中国特色社会主义思想的形成有着深厚的理论基础、实践基础和群众基础。

（一）浙江是习近平新时代中国特色社会主义思想的重要萌发地。浙江历史悠久、底蕴深厚、经济发达、人杰地灵，自古就是中国重要的文物之邦和富饶之地。浙江省委把浙江的政治优势高度概括为"三个地"②：浙江是中国革命红船起航地、改革开放先行地、习近平新时代中国特色社会主义思想重要萌发地。

1. 浙江是中国革命红船的起航地。1921 年 7 月，中共一大在上海

---

① 毛泽东：《毛泽东著作选读》下册，北京，人民出版社，1986 年版，第 839 页。
② 《浙江省委常委会议：从"三个地"的政治高度推动主题教育走深走实》，《浙江日报》2019 年 6 月 3 日。

秘密举行，后因突遭法国巡捕搜查，会议被迫休会，代表们从上海乘火车转移到嘉兴，在南湖的一艘船上完成了大会议程，宣告了中国共产党的诞生。2005年6月21日，时任浙江省委书记的习近平在《光明日报》上发表了《弘扬红船精神，走在时代前列》的署名文章，全面系统阐述了"红船精神"的历史及现实意义，首次将"红船精神"概括为"开天辟地、敢为人先的首创精神；坚定理想、百折不挠的奋斗精神；立党为公、忠诚为民的奉献精神"。

2. 浙江是中国改革开放的先行地。改革开放以来，浙江率先突破计划经济体制束缚，率先实行市场取向改革，率先发展个体私营经济，率先培育发展专业市场，率先发展特色块状产业，率先发展小城镇和农民城，率先实行"省管县"改革，率先开展"机关效能建设"，率先实行"最多跑一次"改革，等等，这一系列率先体现出浙江"干在实处，走在前列"。

3. 浙江是习近平新时代中国特色社会主义思想的重要萌发地。自2002年10—2007年3月，习近平同志在浙江工作了6个年头，他深入调研，精心谋划，下基层，进山区，上海岛，走遍了浙江的山山水水，创造性地提出了"八八战略"，提出了一系列新理念、新目标、新战略、新举措，领导浙江走上了全面协调可持续的发展道路，创造了中国发展的浙江经验和浙江样本，积累了丰富的治国理政的理论基础和实践基础。

同时，浙江还有两个"地"优势：其一，浙江是中华文明重要发祥地。浙江是吴越文化、江南文化的发源地，是中国古代文明的发祥地之一。早在5万年前的旧石器时代，就有原始人类"建德人"活动，境内有距今七千多年的河姆渡文化、距今六千多年的马家浜文化和距今五千多年的良渚文化，其中良渚文明被称为中华文明的曙光。其二，浙江是中国民营经济发源地。中国的民营经济最先在温州、台州等地萌发，随后在浙江大地如雨后春笋般成长，如今已成为中国经济社会发展的主力军，占据中国经济社会"五六七八九"的重要地位。

从一定意义上说，浙江作为中华文明重要发祥地、中国革命红船起航地、中国改革开放先行地、中国民营经济发源地这四个"地"，为习近平新时代中国特色社会主义思想的形成提供了深厚的实践土壤，并成为习近平新时代中国特色社会主义思想的重要萌发地。

（二）"八八战略"是习近平新时代中国特色社会主义思想在浙江萌发与实践的集中体现。"八八战略"是一个全面系统科学的理论体系和战略部署，集中体现了习近平同志推进浙江新发展的理论思考与探索实践，是习近平新时代中国特色社会主义思想在浙江萌发与实践的标志性成果。"八八战略"体现了科学发展观的要求。习近平同志在对浙江工作的重要指示中说，"八八战略"体现出中央精神与浙江实际的结合。2003年12月，习近平同志在省委十一届五次全会的报告主题就是强调两者的结合，标题为《充分发挥"八个优势"　深入实施"八项举措"　扎实推进浙江全面、协调、可持续发展》。

2005年12月，习近平同志在全省经济工作会议上总结这五年特别是近三年来的工作实践时，从六个方面全面系统地阐述了深入实施"八八战略"与落实科学发展观的一致性，即始终坚持把促进经济社会又快又好发展作为落实科学发展观、实施"八八战略"的根本要求；始终坚持把执行宏观调控政策、主动推进增长方式转变作为落实科学发展观、实施"八八战略"的着力点；始终坚持把改革创新、开放图强作为落实科学发展观、实施"八八战略"的关键之举；始终坚持把统筹兼顾、协调发展作为落实科学发展观、实施"八八战略"的基本方法；始终坚持把不断提高城乡居民生活水平作为落实科学发展观、实施"八八战略"的出发点和落脚点；始终坚持把加强党的执政能力和先进性建设作为落实科学发展观、实施"八八战略"的根本保证。可见，"八八战略"实际上就是引领浙江科学发展的指导思想和战略举措。

（三）"八八战略"是习近平同志主政浙江期间的工作主线和行动总纲。"八八战略"从调研谋划，到决策部署，再到一个个抓落实，可以说贯穿了习近平同志主政浙江工作的全过程。2003年7月省委十一届四次全会提出"八八战略"后，8 月初习近平同志到丽水调研时就有针对性地指出，对省委十一届四次全会做出的决策部署，"必须思想高度重视，必须摆上重要位置，必须结合实际贯彻，必须狠抓工作落实"。同年 12 月 22 日，习近平同志在省委十一届五次全会的报告中强调，要把"八八战略"作为 2004 年狠抓落实之年的核心内容，作为今后一个时期工作的主线，要一任接一任、一届接一届地抓下去。2004 年 2 月 26 日，习近平同志又在《浙江日报》"之江新语"栏目发表短论《抓而不实，等于白抓》，再次强调落实"八八战略"，"全省上下必须思想高度重视，必须摆上重要位置，必须结合实际贯彻，必须狠抓工作落实"。并进一步要求："对'八八战略'做出的总体规划和提出的各项任务，要一步一步地展开，一项一项地分解，一件一件地落实，一年一年地见效。"这"四个必须"和"四个一"，足以说明习近平同志抓贯彻落实"八八战略"的严肃性、坚定性和持久性。

（四）"八八战略"是跨越时空的思想传承、战略谋局和行动指南。"八八战略"不是口号，而是有针对性地工作，见效于浙江广大党员干部群众的共同奋斗，推动浙江走上了全面、协调、可持续的科学发展道路，取得了可学习、可复制、可推广的经验做法，越来越彰显出伟大的真理力量。16 年来，从再创体制机制新优势到全面深化改革，从"腾笼换鸟、凤凰涅槃"到高质量发展，从"千村示范、万村整治"工程到乡村振兴战略，从山海协作、城乡统筹到实施区域协调发展战略，从"民生为重"到"以人民为中心"，从法治浙江到法治中国，从平安浙江到平安中国，从文化大省到文化强国，从生态省建设到美丽中国建设，从"巩固八个基础、增强八种本领"到新时代党的建设，等等，这种推进关系深刻反映了习近平新时代中国特色社会主义思想在浙江萌发的内在逻辑。

三、"八八战略"的思想魅力和时代价值

16 年来，浙江干部群众在深入学习和实践"八八战略"的过程中

深切体会到，"八八战略"是一份掷地有声的"宣言书"，是一个引领航向的"指南针"，是一把启迪智慧的"金钥匙"，是一篇不断续写的"大文章"。"八八战略"实施得越深入、越持久，就越彰显出无穷的思想魅力、强大的实践力量和宝贵的时代价值。

（一）"八八战略"是坚持和运用马克思主义立场、观点、方法分析和解决实际问题的生动典范，闪耀着马克思主义真理光芒。16年前的浙江，正处于世纪之交的历史节点，改革开放先发优势虽然还在，但已经开始弱化，特别是一些矛盾问题早发先发，遇到了"成长中的烦恼"和"发展中的问题"。时任浙江省委书记的习近平同志以马克思主义政治家的深刻洞察力、准确判断力和坚定战略定力，把马克思主义基本原理同浙江具体实际紧密结合起来，把落实中央要求和发挥浙江主观能动性统一起来，在广泛深入调查研究和掌握丰富翔实第一手资料的基础上，创造性地做出了实施"八八战略"的重大决策部署。"八八战略"坚持一切从实际出发，既全面客观分析了浙江的优势，也实事求是找出了浙江的短板，在省域层面具体回答了"怎样建设社会主义""怎样建设党""怎样实现发展"等基本理论和实践问题，是引领浙江发展的总纲领、推进浙江各项工作的总方略。

（二）"八八战略"是一个系统完整、逻辑严密、辩证统一、博大精深的思想体系，打开了浙江科学发展之门。"八八战略"思想深邃、内涵丰富，涉及经济、政治、文化、社会、生态文明建设和党的建设方方面面，不仅从战略上为浙江改革发展指明了前进方向，还提供了思想方法、工作方法和政策举措，是推动浙江改革发展各项工作的"金钥匙"。这些年来，浙江省委坚持从"八八战略"中汲取智慧、寻求启迪。比如，"最多跑一次"改革就是从当年习近平同志亲自倡导和大力推进的机关效能革命中获得灵感、找到方向的。再比如，特色小镇、产业创新服务综合体、数字经济、小微企业园区、"凤凰行动""亩均论英雄"改革，都是对习近平同志"腾笼换鸟、凤凰涅槃"理念进行再学习、再领悟、再实践的结果。又比如，"三改一拆""五水共治"和小城镇环境综合整治，都是在深入把握习近平同志"绿水青山就是金山银山"理念核心要义的基础上，顺应人民群众对美好环境的新期待而开展的攻坚战。还比如，2018 年开展的"大学习大调研大抓落实"活动和 2019 年开展的"服务企业服务群众服务基层"活动，也是对习近平同志当年坚持调研开局、调研开路好做法好作风的继承和发扬。

（三）"八八战略"随着时代前进和实践深入而不断丰富发展，具有开放包容、与时俱进、不断发展的宝贵品质。习近平同志在浙江工作期间，继 2003 年做出实施"八八战略"总体部署之后，又先后做出了平安浙江、法治浙江、文化大省、生态省建设和加强党的执政能力建设等具体部署，不断为"八八战略"注入新内涵，形成全面系统完整的实践布局。习近平同志到中央工作后，根据新的发展形势，又对浙江量体裁衣、把脉开方，提出了全新的工作要求。2015 年 5 月习近平同志视察浙江时，对浙江工作赋予"干在实处永无止境、走在前列要谋新篇"的新使命，提出了"更进一步、更快一步"的总要求，并明确了"八个方面"重点任务、提出了进一步打开"五个通道"推动经济转型升级的具体要求。2016 年 9 月 G20 杭州峰会期间，习近平同志又对浙江工作提出了"秉持浙江精神，干在实处，走在前列，勇立潮头"的新要求。2018 年 7 月，习近平同志又专门对浙江工作做出重要指示，提出"干在实处永无止境，走在前列要谋新篇，勇立潮头方显担当"的新期望。总之，"八八战略"始终立足时代、引领时代，随着时代的发展而不断发展，随着实践的丰富而不断丰富，具有持久而旺盛的强大生命力。

四、"八八战略"和"四个全面"在精神上是契合的

2015 年 5 月，习近平同志在浙江考察时指出，"八八战略"和"四个全面"在精神上是契合的。这深刻说明，习近平同志主政浙江期间提出实施的"八八战略"和党的十八大以来以习近平同志为核心的党中央提出实施的"四个全面"战略布局在思想上是一脉相承的，在精神上是契合的，在战略上是衔接的，在逻辑上是一致的。当然，我们不能教条主义地简单地一对一地去生搬硬套，而是要从立场、观点和方法上去正确认识和把握两者的关系。初步研究，"八八战略"和"四个全面"的精神契合主要有以下几点：

（一）契合调查研究精神：坚持以调查研究开局，以调查研究起步，摸清吃透情况，掌握第一手资料。调查研究是我们党的优良传统和作风，是我们党的一项基本领导方法和工作方法，是我们党领导中国革命和建设、改革和开放、实现中国梦和中华民族伟大复兴的制胜法宝。正如习近平同志多次强调的，当县委书记一定要跑遍所有的村，当市委书记一定要跑遍所有的乡镇，当省委书记一定要跑遍所有的县市区。2002年10月，习近平同志一到浙江工作就马上深入各市、区县、机关、企业、农村、海岛、社区等，开展大量的调查研究，问计于基层，问计于群众，广泛听取方方面面的意见。正是在大量调查研究的基础上，习近平同志带领省委"一班人"坚持继承与创新的统一、中央精神与浙江实践的统一，谋划提出了"八八战略"。同样，党的十八大以来，习近平同志坚持以调查研究开局，以调查研究起步，走遍了祖国的山山水水，听民意、察民情、解民忧，进而提出了"四个全面"战略布局。正如习近平同志所说，"四个全面"是从我国发展现实需要中得出来的，是从人民群众的热切期待中得出来的，是为推动解决我们面临的突出矛盾和问题提出来的。可见，"八八战略"和"四个全面"都是在深入调查研究、摸清吃透情况、掌握第一手资料基础上形成的，都是在实事求是、顺应形势变化和发展规律的基础上形成的，都是在集中民智、广泛听取各方面意见建议基础上形成的，而不是口号化和拍脑瓜的产物。

（二）契合继承与创新精神：坚持继承与创新相结合，聚焦发挥优势，补齐发展短板，在前人基础上开拓创新。前人种树后人乘凉，千秋伟业代代相传。我们前进的基础都是前人打下的，坚持在继承中创新，在创新中发展，是历史唯物主义的基本精神。"八八战略"充分体现了坚持继承与创新相结合、聚焦发挥优势、补齐发展短板、在前人工作基础上开拓创新的历史唯物主义精神。"八八战略"的每一战略都是由两句话组成，前一句是聚焦浙江发展的特点和优势，后一句是补齐浙江发展的短板和不足，八个方面的优势和举措是一个有机的整体，相互联系、相互促进、相辅相成。党的十八大以来，我们党高举中国特色社会主义伟大旗帜，坚持继承与创新相统一，开创了党和国家各项事业的新局面。比如"四个全面"，过去中央就有全面建设小康、深化改革、依法治国、从严治党等部署，党的十八大以来，根据形势发展要求，把全面"建设"小康社会改为全面"建成"小康社会，其他加上"全面"并赋予新的要求，进而形成了"四个全面"的战略布局。再比如"四个自信"，2012 年 11 月，胡锦涛同志在十八大报告中提出，全党要坚定道路自信、理论自信、制度自信。2016 年 7 月，习近平同志在庆祝中国共产党成立 95 周年大会上明确提出，中国特色社会主义道路自信、理论自信、制度自信、文化自信。进而由"三个自信"发展为"四个自信"，并强调指出，"文化自信，是更基础、更广泛、更深厚的自信"。这都体现了继承与创新的统一。

（三）契合整体推进与重点突破精神：坚持顶层设计、系统谋划和统筹兼顾、协调推进相统一，在重点突破中整体推进。整体推进与重点突破相统一是唯物辩证法的基本原理，也是系统论和运筹学的基本方法。整体推进要注重抓主要矛盾和矛盾的主要方面，避免平均用力、齐头并进；重点突破要注重围绕整体推进的大局，抓住"牵一发而动全身"的重点领域和关键环节，以这些重点领域和关键环节为突破口推进整体上的协调发展。"八八战略"体现了整体推进与重点突破的统一。一方面，"八八战略"作为整体，内容涵盖了中国特色社会主义经济、政治、文化、社会和生态文明等"五位一体"建设的各个方面，符合科学发展观和"五个统筹"的要求；另一方面，每一个战略又是一个重点领域，如经济领域的重点包括体制机制创新、加强区域合作、先进制造业基地建设、推进城乡一体化、发展海洋经济、推动欠发达地区跨越式发展等；政治领域的重点是切实加强法治建设；文化领域的重点是积极推进科教兴省、人才强省，加快建设文化大省；社会领域的重点是加强基础设施建设、信用建设和机关效能建设；生态领域的重点是创建生态省，打造"绿色浙江"；等等。其实，深入研读不难看出，"八八战略"的每一战略也都体现了整体推进和重点突破的统一。同样，"四个全面"战略布局也是坚持整体推进和重点突破相统一。其一，"四个全面"在当前党和国家事业中是整体中的重点，是重中之重，关系到改革发展稳定、治党治国治军的大局，起着"牵一发而动全身"的作用。这"四个方面"抓好了，有利于党和国家整体事业的推进。其二，"四个全面"又构成一个整体，全面建成小康社会是奋斗目标，全面深化改革是动力，全面依法治国是保障，全面从严治党是保证。全面深化改革和全面依法治国如车之两轮、鸟之双翼共同推动全面建成小康社会奋斗目标的顺利实现，全面从严治党确保党始终成为中国特色社会主义事业的领导核心和实现前三者的根本保证。其三，"四个全面"的重点在"全面"，也就是补短板。虽说改革开放以来，我国在建成小康社会、深化改革、依法治国、从严治党等方面取得了长足进步和巨大成就，但也存在诸多短板，如在建成小康社会方面存在发展不全面、不协调、不平衡和不可持续等问题，在深化改革方面存在许多难啃的硬骨头，在依法治国方面存在许多不适应、不符合的问题，在从严治党方面面临"四大考验"和"四大危险"等。只有在"全面"上下功夫，在补齐短板上下功夫，在重点突破上下功夫，才能把党和国家整体事业推向前进。

（四）契合真抓实干精神：坚持立说立行，善作善成，一分部署，九分落实，确保决策部署落地生根。为政之道，重在落实。反对空谈、强调实干、注重落实是我们党一个优良传统，是领导工作中一个极为重要的环节，是衡量领导干部思想品质、工作作风和实际能力的一个重要标志。古人曰："道虽迩，不行不至；事虽小，不为不成。""空谈误国，实干兴邦。"这是千百年来人们从历史经验教训中总结出来的治国理政的一个重要结论。"八八战略"的提出，不是说过且过，而是说到做到，以"一分部署，九分落实"的精神，狠抓落实到位。习近平同志多次要求，对"八八战略"全省上下必须思想高度重视，必须摆上重要位置，必须结合实际贯彻，必须狠抓工作落实。对"八八战略"做出的总体规划和提出的各项任务，要一步一步地展开，一项一项地分解，一件一件地落实，一年一年地见效。这"四个必须"和"四个一"，足以证明狠抓"八八战略"落实的严肃性和坚定性。同样，"四个全面"战略布局也是把狠抓落实摆在十分重要的位置，包括研究制定贯彻落实"四个全面"的时间表、路线图、行动方案和政策举措等，还制定完善相应的法律规章，建立纪检监察、巡视制度等，以踏石留印、抓铁有痕的精神狠抓落实。

五、"八八战略"指引浙江发展取得历史性成就

在"八八战略"指引下，16 年来，浙江省委坚持一张蓝图绘到底，一任接着一任干，推动经济社会发展取得了历史性成就，实现了全方位、深层次、历史性的变革，极大地改变了浙江的山山水水、城乡面貌、发展格局和人民的生活水平，使浙江由偏重于经济的小我浙江发展成经济、社会全面发展的大我浙江，奋力在方方面面走在全国的前列。

（一）引领浙江走上全面协调可持续的科学发展道路。发展是硬道理，硬发展没道理。由于历史的多方面原因，浙江最初形成的是以民营企业、块状经济、专业市场、小城镇建设等为主的快速崛起的经济优势，而政治、文化、社会、生态等建设还比较滞后，即使经济发展也存在诸如"小低散"等的先天不足。习近平同志提出的"八八战略"，从深化体制改革、扩大区域开放、促进产业转型升级、统筹城乡发展、创建生态省、念好"山海经"、加强软硬环境建设、加快建设文化大省等方面进行了新的谋划，实际上是把浙江引领到全面、协调、可持续的科学发展轨道，形成浙江经济、政治、文化、社会、生态各个方面全面发展的新优势，打造中国发展明天的浙江样本。16 年来，浙江统筹协调

抓好经济强省、法治浙江、文化强省、平安浙江、美丽浙江和党的建设，全力打好以"五水共治"为突破口的转型升级组合拳，下大气力补齐科技创新、交通基础设施、生态环境、低收入农户增收致富、公共服务有效供给、改革落地等"六块短板"，扎实推进"两富""两美""两高"浙江建设，各方面工作都取得了重大进展。如同 2017 年 3 月 19 日《人民日报》第 1 版刊登的文章所说，浙江实体经济正质变，正由"低小散转向高精尖，高质量取代高增速"。浙江正由过去生产鞋子、袜子、矿泉水向生产汽车、飞机、机器人提升，由中低端制造向中高端制造提升，由无牌贴牌向优质名牌提升，由传统经济向新经济提升，由经济发展向政治、文化、社会、生态全面发展提升，率先探索打造新时代中国特色社会主义建设事业的浙江样本。

（二）推动经济社会发展迈上新台阶。从 2002—2018 年这 16 年间，浙江经济社会发展取得了显著成就，发生了巨大变化：三次产业增加值结构由 8.8∶51.2∶40.0 调整为 3.5∶41.8∶54.7，产业结构实现由"二三一"到"三二一"的变化；地区生产总值从 8004 亿元增加到 56197 亿元，居全国第四位；人均地区生产总值从16570元增加到98643元（按年平均汇率折算为14907 美元），居全国第五位；一般公共预算收入从 567 亿元增加到 6598 亿元，居全国第四位；城镇常住居民人均可支配收入从 11716 元增加到 55574 元，农村常住居民人均可支配收入从 4940 元增加到 27302 元，分别连续 18 年和 34 年位居全国各省区的首位；全面消除了人均年收入低于 4600 元的贫困现象，摘除了 26 个欠发达县帽子，提前实现不把贫困带入"十三五"的目标。总体上说，浙江经济体量和结构有了质的变化，民主法治和治理能力显著增强，文化大省和强省建设持续推进，平安浙江和社会事业全面发展，生态环境质量趋势性好转，党的建设各项工作再上新台阶，人民的满意度和幸福感有了很大提升。

（三）培养锻造了一支德才兼备、干净干事的"浙江铁军"。毛泽东同志说过："政治路线确定之后，干部就是决定的因素。"习近平同志高度重视干部队伍建设，特别是对"一把手"严抓严管。在省委十一届四次全会首次提出"八八战略"的讲话中，习近平同志就着重强调，要以抓好"一把手"为重点，进一步加强各级领导班子建设，切实解决作风建设方面存在的突出问题；要坚持正确的用人导向，用好的作风选人、选作风好的人，把适应现代化建设需要、既能干事业又能干成事业、群众公认、公道正派的人及时选拔到领导岗位上来。在习近平同志的领导下，中共浙江省第十一次党代会以来，历届省委在深入实施"八八战略"的实践中，都把建设高素质的干部队伍作为根本大计，把纪律作风建设挺在前面。一方面，全面加强好班长、好班子、好梯队建设，大力培养选拔敢于担当、善于作为的干部，不断提振干部队伍干事业、创新业的精气神；另一方面，坚持从严管理监督，从领导干部抓起、从纪律规矩严起、从制度笼子扎起，抓早抓小抓苗头，努力打造干部清正、政府清廉、政治清明、社会清朗的清廉浙江，进而培养打造一支有信仰、有定力、有能力，敢担当、敢负责、能干事的"浙江铁军"。这些干部经过多种考验，有的走上省内外和中央高层的领导岗位，担当起更重的责任，为党、国家和人民做更多的工作，为推进新时代中国特色社会主义事业提供了坚强的组织保证。

六、"八八战略"再深化重在践行六个第一

2018 年 7 月 8 日，习近平同志在浙江省委关于"八八战略"实施 15 年情况报告上作出重要指示。习近平指出，"八八战略"来自于大量的调查研究，体现出中央精神与浙江实际的结合，见效于浙江广大党员干部群众的共同奋斗。我欣慰地看到，在"八八战略"指引下，15 年来，浙江省委坚持一张蓝图绘到底，一任接着一任干，推动经济社会发展取得了历史性成就。

习近平强调，干在实处永无止境，走在前列要谋新篇，勇立潮头方显担当。希望浙江深入学习贯彻新时代中国特色社会主义思想和党的十九大精神，以改革开放 40 周年、"八八战略"实施 15 周年为新起点，

保持战略定力，秉持浙江精神，开拓创新、砥砺奋进，努力在决胜全面建成小康社会、夺取新时代中国特色社会主义伟大胜利的征程中继续走在前列。

习近平同志这一重要指示，是对浙江一系列重要指示精神的高度凝练，体现了对浙江工作的一贯要求；是对浙江 15 年来深入实施"八八战略"所取得历史性成就的充分肯定；是对浙江今后坚定不移沿着"八八战略"指引的路子走下去的谆谆嘱托和再动员、再部署；是对浙江广大干部群众的深切关怀和巨大鼓舞。我们一定要深入学习贯彻这一重要指示精神，以习近平新时代中国特色社会主义思想为指导，按照省委提出的"八八战略"再深化、改革开放再出发的部署，坚持以"八八战略"为总纲和总方略，坚定不移沿着"八八战略"指引的路子走下去，突出"四个强省"工作导向，统筹推进"六个浙江"建设，奋力实现"两个高水平"目标，在思想和行动上着力践行"六个第一"，以实际行动庆祝新中国成立 70 周年。

（一）始终把人民摆在心中第一位置。全心全意为人民服务，是我们党的唯一宗旨，是我们党一切工作的出发点和立脚点。"八八战略"的精神实质，就是聚焦如何发挥优势、如何补齐短板，推动浙江全面协调可持续发展，让浙江人民更好地享受改革开放的成果，有更多的获得感。2004 年，习近平同志主持专题研究为民办实事课题，领导省委、省政府制定出台《关于建立健全为民办实事长效机制的若干意见》，着力解决老百姓反映强烈的就业再就业、社会保障、科教文化、医疗卫生、基础设施、城乡住房、生态环境、扶贫开发、权益保障、社会稳定等十大民生问题，并纳入每年的政府工作报告。习近平同志还多次强调，心无百姓莫为"官"，凡是为民造福的事一定要千方百计办好，树政绩的根本目的是为人民谋利益，要拎着"乌纱帽"为民干事，为民办实事旨在为民、重在办事、成于务实，等等。

党的十八大以来，习近平同志多次强调："人民对美好生活的向往就是我们的奋斗目标。"2019 年 3 月 22 日，习近平出访意大利期间回答意大利众议长菲科提问时说："我将无我，不负人民。"彰显出习近平同志为人民"鞠躬尽瘁，死而后已"的决心。2019年，是习近平同志在浙江推行为民办实事长效机制15周年。元旦后的第一个工作日，省委、省政府启动"服务企业服务群众服务基层"活动，深入回应各方诉求，"办实每件事，赢得万人心"。我们一定要自觉践行以人民为中心的发展思想，时刻把群众的安危顶在头上，时刻把群众的冷暖挂在心头，全面推进富民惠民安民。要完善为民办实事长效机制，优先发展教育，高水平建设健康浙江，着力提高就业质量和社会保障水平，坚决打好低收入百姓增收攻坚战。要站在平安浙江建设15周年新起点上再出发，提升社会治理现代化水平，努力建设更高质量、更高水平的平安浙江，着力打造"平安中国"示范区。要千方百计办好医疗卫生"双下沉、两提升"、垃圾分类等民生实事、关键小事，让发展成果更多地惠及人民群众。要坚持深入基层、深入群众，尊重基层和群众的首创精神，问政于民、问需于民、问计于民，从群众中汲取智慧和力量，增强决策的科学性。要坚持面对面、心贴心、实打实地做好群众工作，把广大人民群众积极性、主动性、创造性充分调动起来，凝聚起全省人民高水平全面建成小康社会的磅礴伟力。

（二）紧紧抓住发展这个第一要务。发展是硬道理，是解决所有问题的关键，没有发展，一切无从谈起。但如何发展、怎样发展，需要进行新的认识和新的探索。"八八战略"聚焦发展，蕴含着对发展问题的哲学思考，其八个方面都是紧紧围绕发展这个第一要务展开的，强调要科学发展，是科学发展观在浙江的生动实践，是引领和推动浙江走全面、协调、可持续发展道路的行动指南。这包括民营经济和多种所有制经济共同发展、长三角地区一体化发展、产业转型升级发展、城乡一体化发展、资源环境可持续发展、山海协作发展、软硬环境发展、科教文卫事业发展等。习近平同志多次强调，要看GDP，但不能唯GDP；既要GDP，又要绿色GDP；绿水青山也是金山银山；科学发展首先要安全发展；等等。

　　党的十八大以来，习近平同志创造性地提出五大发展理念，多次强调要适应和引领经济发展新常态，推动经济高质量发展，不能简单以GDP论英雄，决不以牺牲环境换取一时的经济增长，发展决不能以牺牲安全为代价，发展绝不能以牺牲人的生命为代价，等等。习近平同志这些重要思想论述，赋予了马克思主义发展观丰富的时代内涵，揭示了"我们不仅要发展，而且要发展得更有质量、更有效益"这一深刻道理。我们要坚持高质量发展这个根本要求，以推进供给侧结构性改革为主线，向着高质量、均衡化的方向发展。要坚定不移打好转型升级系列组合拳，做大做强八大万亿级产业，大力实施数字经济"一号工程"，改造提升传统动能，大力培育新动能，全面振兴实体经济。要高度重视防控金融风险，确保经济平稳健康发展。要高度重视安全生产，把人民群众的生命安全放在首位。要以大湾区、大花园、大通道、大都市区建设为重点，促进区域协调发展。要紧紧抓住长江三角洲区域一体化发展上升为国家战略的机遇，加快构筑浙江新一轮改革开放的制高点和大平台。要积极参与长江经济带建设，全力做好对口支援和东西部扶贫协作，在"跳出浙江发展浙江"中谋得更大的发展。

　　（三）增强全面深化改革这个第一动力。40多年来，浙江在缺少丰富的陆域自然资源、缺少国家资金投入、缺少国家优惠政策的条件下，快速发展成为全国的经济大省，靠的就是吃"改革饭"，靠的就是率先形成以市场经济为取向、以民营经济为主力军的体制机制先发优势。"八八战略"第一条就是讲改革，提出进一步发挥浙江的体制机制优势，大力推动以公有制为主体的多种所有制经济共同发展，不断完善社会主义市场经济体制。2004年2月，习近平同志主持召开全省民营经济工作会议，制定出台《关于推动民营经济新飞跃的若干意见》，同时大力推动国有企业改革、提高利用外资质量、开展机关效能革命等方方面面的改革。习近平同志多次强调，发展出题目，改革做文章，从"两只手"看深化改革，务必改革开放促"三农"，深化改革是建设节约型社会的动力，等等。

党的十八大以来，习近平同志高举改革开放的大旗，提出坚定不移走改革开放的强国之路，改革开放是发展动力、重要法宝，改革开放是当代中国最鲜明的特色，做出全面深化改革、深化供给侧结构性改革、深化党和国家机构改革等一系列决策部署，明确了各项改革的方向、目标、方案、时间表和路线图。我们要在新一轮发展中抢占制高点、赢得新优势，必须要坚持改革、依靠改革、率先改革，做深化改革的先锋队和排头兵。中央交给浙江的几十项改革试点任务，特别是中国（浙江）自由贸易试验区、国家监察体制改革、生态文明示范区等重大改革试点，中央重视，全国关注，全省期待。我们要争当改革促进派、实干家，大胆试、大胆闯，力争取得更多可复制推广的制度创新成果。当前，浙江正在深入推行的"最多跑一次"改革，企业普遍叫好，群众纷纷点赞，得到中央的充分肯定和推广。这项改革实际上是供给侧结构性改革的制度供给，是政府"放管服"改革的重要内容，是践行以人民为中心发展思想的具体行动，也是浙江继续创造和保持社会主义市场经济活力的重要举措。这项改革已进入攻坚阶段，我们要发扬铁军精神，一鼓作气、乘势而上，在群众最渴望解决、最难办的事情上再加劲、再提速，不做数量文章、形式文章，而是重质量、看实效，真正把这项改革打造成浙江全面深化改革的又一金字招牌，撬动各领域改革。要以改革促开放，以积极参加长三角一体化和"一带一路"建设为统领，构建全面对内对外开放新格局。

（四）加快发展科技这个第一生产力。"科学技术是生产力"是马克思主义的基本原理。马克思曾指出："生产力中也包括科学"，并且说："固定资本的发展表明，一般社会知识，已经在多么大的程度上变成了直接的生产力。"1988 年 9 月，邓小平同志根据当代科学技术发展的趋势和现状，在全国科学大会上提出了"科学技术是第一生产力"的论断。"八八战略"在第八条加快建设文化大省中，明确提出建设科技强省的目标。2006 年 3 月，习近平同志主持召开全省自主创新大会，强调科学技术是第一生产力，自主创新是第一竞争力，提出加快建设创新型省份和科技强省，领导省委、省政府制定《关于建设创新型省份和科技强省的若干意见》。他还多次强调，要加强自主创新，推动科学发展，推动建立科技特派员制度，亲自谋划清华长三角研究院等大院名校引进工作，建成浙江网上技术市场，引领浙江发展走上以科技创新为第一生产力的道路。

党的十八大以来，党中央提出科技强国和创新强国战略。习近平同志多次指出，充分发挥科学技术是第一生产力的作用，科技创新上不去，中国就落下风，把发展基点放在创新上，赢得全球科技竞争主动权，等等。我们要认真学习领会这些精神实质，准确把握浙江科技创新所处的历史方位，下决心大干科技创新，加快打造推进高质量发展的创新引擎，率先建成创新强省。要全面实施科技新政，加快构建"产学研用金、才政介美云"十联动的创业创新生态系统，让创新真正成为高质量发展的第一动力。要在"互联网＋"科技创新上实现新突破，聚焦人工智能等产业创新主战场，实施数字经济"一号工程"，做强做大新零售、e－WTP、快递物流等新技术、新业态、新模式，加快打造新科技高地、新经济大省、新型贸易中心、新兴金融中心。要在科技体制改革上实现新突破，完善多元化资金支持的体制机制，深化推广一批改革试点，构建省市县三级联动的科技创新体系。要在创新平台建设上实现新突破，加快建设以之江实验室为核心的杭州城西科创大走廊、西湖大学和国家自主创新示范区，高标准高质量建设高新技术类特色小镇。要在科创产业发展上实现新突破，深入实施"中国制造2025浙江行动"、高新技术企业和科技型中小微企业"双倍增"计划、企业上市和并购重组"凤凰行动"计划，加快实现新旧动能转换。

（五）充分发挥人才这个第一资源作用。自人力资本理论诞生以来，人们对人才资源的地位和作用有了更加深刻、更加系统的认识。在推进我国社会主义现代化事业的进程中，我们党深深地认识到人才资源的重要价值，做出了"人才资源是第一资源"的科学判断。"八八战略"在第八条加快建设文化大省中，明确提出积极推进科教兴省、人才强省。2006年3月，习近平同志在浙江全省自主创新大会的讲话中强调指出，坚持以人才为本，建设造就一支结构合理、素质优良、实力强劲的创新人才队伍。自主创新，人才为先，人才为本。各级领导干部要强化人才资源是第一资源的意识，做到求贤若渴、爱才如命、惜才如金、唯才是用，以强烈的责任感和紧迫感来培养造就和使用好人才。提出要全面实施人才强省战略，加快推进"百千万科技创新人才工程"和"创新领军人才计划"，努力建设一支规模宏大、结构合理、素质优良的创新型人才队伍。同时，还要完善人才激励机制，更好地落实和完善技术要素参与分配的政策，加大科技奖励力度，充分调动创新人才和科技人员的积极性、创造性。

党的十八大以来，习近平同志高度重视人才强国建设，多次强调人才是第一资源，人才是最为宝贵的资源，人才是实现民族振兴、赢得国际竞争主动的战略资源，加快构建具有全球竞争力的人才制度体系，聚天下英才而用之，等等。当前浙江正在奋力推进"两个高水平"建设，比以往任何时候都更需要人才，更渴求人才，也更能成就人才。要全面落实人才强省工作导向，着力打造有利于人才成长的七大环境，即平安和谐、诚信友善的社会环境，尊重人才、见贤思齐的人文环境，鼓励创新、宽容失败的工作环境，待遇恰当、无后顾之忧的生活环境，山清水秀、宜居宜业的自然环境，公开平等、竞争择优的制度环境，开明清廉、干净干事的政治环境。要高度重视人才培养，让更多的本土人才脱颖而出；千方百计引进人才，让更多的海内外高层次人才来到浙江、留在浙江。要加快搭建人才干事创业的大平台，包括深入推进杭州城西科创大走廊建设，千方百计引进国内外著名高校，加快引进和建设一批顶天立地的国家实验室、重大科学装置、高端研发机构等。要进一步完善人才政策，认真实施好《高水平推进人才强省行动纲要》，谋划实施一批重大人才举措，切实解决好人才评价难、受益难、流动难等问题，着力打造人才生态最优省份。

（六）坚决扛起全面从严治党这个第一责任。中国共产党作为执政党，治国必先治党，治党务必从严。从严治党是中国共产党的重要原则，是改革开放和社会主义现代化建设条件下加强党的建设的基本方针和要求。2003 年 7 月，习近平同志在省委十一届四次全会部署"八八战略"的重大决策时就明确提出，努力把我省党建工作提高到新水平，要围绕"中心"，强化"核心"，充分发挥党的领导核心作用，切实解决作风方面存在的突出问题。

党的十八大以来，以习近平同志为核心的党中央坚定推进全面从严治党，党内政治生活展现新气象，赢得了党心民心，为开创党和国家事业新局面提供了重要保证。习近平同志多次强调，全面从严治党，确保党始终成为中国特色社会主义事业的坚强领导核心；党要管党首先要从党内政治生活管起，从严治党首先要从党内政治生活严起；坚持把纪律挺在前面，严明政治纪律和政治规矩；从严治吏，培养选拔党和人民需要的好干部；落实全面从严治党主体责任；等等。我们要深刻认识全面从严治党的重大意义，准确把握全面从严治党的基本要求和重点任务，树牢"四个意识"，坚定"四个自信"，坚决做到"两个维护"，以求真务实、勇于担当精神把党中央决策部署落到实处。我们要用习近平新时代中国特色社会主义思想武装头脑，发挥党委（党组）理论学习中心组示范带动作用，把真学、真懂、真信、真用习近平新时代中国特色社会主义思想作为检验党员干部马克思主义理论水平和治国理政能力的根本标准，推动"两学一做"学习教育常态化、制度化，认真抓好"不忘初心、牢记使命"主题教育。要压实压紧管党治党主体责任和监督责任，层层传导压力、逐级推动落实，推动全面从严治党向纵深发展。要认真贯彻落实新形势下党内政治生活的若干准则和党内监督条例，加强和规范党内政治生活，继续高标准从严执行中央八项规定精神，推动党风政风持续好转。要落实好干部标准，突出实干导向、担当导向，坚持以实绩论英雄，着力打造勇立潮头的"浙江铁军"。要坚持把纪律和规矩挺在前面，运用好监督执纪"四种形态"，以"零容忍"态度惩治腐败，切实维护政治上的"绿水青山"。要牢牢守住政治安全、经济安全、意识形态安全、社会安全、生态安全的底线，确保全省大局稳定。

总之，我们要确保习近平同志重要讲话精神和中央决策部署在浙江一个声音贯彻到底，确保习近平同志擘画的"八八战略"宏伟蓝图在全省一以贯之抓到底，不断在新的发展中彰显习近平新时代中国特色社会主义思想的伟大价值和真理力量，为"八八战略"再深化、改革开放再出发注入新的活力。

（本章系浙江省委宣传部编《党员学习参考》2019 年第一章的主要内容，其中《"八八战略"再深化　重在践行六个第一》载《政策瞭望》2019 年第 4 期、《浙江日报》2019 年 4 月 16 日；《关于"八八战略"再深化的几个问题》载《观察与思考》2019 年第 7 期。）

第二章　浙江推动全面质量发展的探索实践

　　质量是立国之本，强国之基。党的十八大以来，以习近平同志为核心的党中央把质量摆到突出位置，提出一系列关于全面质量的重要论述和决策部署。这包括明确提出以提高发展质量和效益为中心，把推动发展的立足点转到质量和效益上来，把提高产品和服务质量作为提升供给体系的中心任务；下最大气力抓全面提高质量，开展质量提升行动，提高质量标准，加强全面质量管理；坚持质量第一，推动质量变革，增强质量优势，建设质量强国，推动高质量发展。

　　15 年来，浙江持续推进质量强省建设，深入实施标准、品牌和知识产权"三大战略"，全力打好标准强省、质量强省、品牌强省和打造"浙江制造"品牌等"三强一制造"转型升级组合拳，坚持以"高标准引领、高质量支撑、高品质服务"等"三高"为举措，推动质监工作更进一步、更快一步融入"四个强省"和"六个浙江"建设，为浙江经济提质增效升级、实现"两个高水平"目标提供重要保证和支撑。

一、持续推进质量强省建设，率先构建大质量监管体系的体制机制

　　浙江是改革开放先行地和民营经济发源地，也是最早提出"质量立市""质量兴省"的省份。1987 年 8 月 8 日，温州针对当时广为存在的假冒伪劣产品现象，在杭州武林广场将温州企业生产的 5000 多双劣

质皮鞋付之一炬，最先竖起"质量立市"的大旗。1990年，省政府提出"练质量管理硬功，走质量取胜之路"。1994年1月，温州市委、市政府制定《关于开展"第二次创业"和"质量立市"的决定》，号召温州人民进行第二次创业，提出分步实施"三五八"质量系统工程，使温州市产品质量达到或超过全国平均水平。省里肯定和推广温州市的做法，在全省开展了"质量立市""质量兴省"的活动。

进入21世纪以来，浙江按照习近平同志提出的要在质量和水平上高于全国、在经济发展的质量和效益方面走在前列的要求，进一步做出"质量强省"的决策部署。2007年9月，省政府召开全省质量工作电视电话万人大会，明确提出"以质取胜，坚定不移地走质量强省之路"。会议强调，质量是一个国家或地区综合实力的象征，是一个民族整体素质的体现。质量问题不仅是一个经济问题，更是一个重大的政治问题。加强质量工作是提高经济增长质量的迫切需要，是促进节能减排的重要途径，是提高浙江产品竞争力的重要举措，是构建和谐社会的内在要求。会议要求，各级政府要充分认识加强质量工作的重要性和紧迫性，切实把质量工作列入重要议事日程。2009年10月，全省质量工作会议进一步强调，要从"大质量""大民生"的高度认识"质量强省"的新内涵，从提升发展质量、提高生活品质的高度认识"质量强省"的新目标，进一步加快"质量强省"建设步伐。随后在12月召开的全省经济工作会议上，对扎实推进"质量强省"建设做出明确要求和部署。

"质量强省"是涉及方方面面的系统工程，必须建立健全协同推进的体制机制。2010年4月1日，省政府决定成立浙江省"质量强省"工作领导小组，由分管副省长任组长，以省委宣传部、省发改委、省经信委、省教育厅、省科技厅、省公安厅、省监察厅、省财政厅、省人力社保厅、省环保厅、省建设厅、省交通运输厅、省水利厅、省农业厅、省林业厅、省商务厅、省文化厅、省卫生厅、省国资委、省国税局、省地税局、省工商局、省质监局、省安监局、省统计局、省海洋与渔业局、省旅游局、省法制办、浙江省食品药品监督管理局等 30 家单位为成员，制定了"质量强省"领导小组工作规则和下一步的工作重点，形成齐抓共管的工作格局。2011 年 3 月，省政府制定发布《关于加快建设质量强省的若干意见》，提出牢固树立全面、全程和全民的质量观，努力实现由产品质量向发展质量、由质量监管向质量建设、由"制造大省"向"品质强省"转变，通过大力实施知识产权战略、标准化战略和品牌战略，建立健全质量安全保障体系、质量技术支撑体系、质量诚信体系和质量评价体系，突出抓好产品质量、工程质量、服务质量、环境质量等重点领域的质量建设，促使全省质量基础建设明显加强、质量安全状况明显改善、质量创新能力明显提升、全社会质量意识明显增强、总体质量达到国内领先或国际先进水平。接着，全省 11 个市和绝大多数县（市、区）先后成立了由市（县）政府主要领导任组长的工作领导小组，制定了质量强市（县）实施办法，形成了"政府统一领导、质监牵头协调、部门共同推动"的"质量强省"建设的工作格局。

二、坚持高标准引领，抓好国家标准化综合改革试点，全面实施"标准化＋"行动，以高标准推动高质量发展

标准是对事物内在属性做出的统一规定，它以科学、技术和实践经验的综合为基础，经有关方面协商一致，由主管机构批准，以特定形式发布，作为共同遵守的准则和依据。标准决定质量，标准无时不有、无处不在，离开标准经济社会就会陷入混乱。

浙江历来高度重视标准化建设，是全国最早提出实施标准化战略的省份。尤其是 2006 年以来，浙江按照习近平同志提出的加强标准化工作实施标准化战略的要求和部署，把标准化摆到突出的重要战略位置。2007 年 10 月，省政府制定出台《关于加强标准化工作的若干意见》，要求着力创新标准化工作机制，全面加强农业、先进制造业、现代服务业和社会公共领域标准化工作，加快完善高新技术、特色优势产业、资源利用和公共安全等领域标准体系，大力推动标准的实施，强化对标准实施的监督，完善标准化服务体系，增强全社会标准化意识，提升标准化总体水平，为浙江经济社会发展提供强有力的技术支撑。2009 年 11 月，省人大常委会做出关于修改《浙江省标准化管理条例》的决定，更加明确了标准化在环境保护、食品安全、节能、企业产品标准、新产品开发等方面的依据、管理和奖罚原则。有关部门还先后制定了关于加强农产品质量安全和标准化工作、关于开展农田水利标准化建设、关于加快推进气象标准化建设、进一步推进企业安全生产标准化工作，建筑施工安全标准化管理规定、高等级公路标准化工地实验室建设、消防控制室及建筑消防设施管理标准化等一系列意见和规定，有效推动了浙江标准化战略的实施。

实践上，浙江用标准化提升企业发展、国际贸易、政府治理、美丽乡村等质量建设，探索出一些新鲜做法和经验。一是把规模以上工业企业主导产品采标率纳入"浙江省发展方式转变评价指标体系"和"市党政领导班子实绩考核评价指标体系"的重要指标，作为制定工业产业政策的重要依据。目前，全省规模以上制造业企业主导产品采标率超过 62% 。二是引导企业与国际标准和先进做法接轨，积极构建"应对技术性贸易壁垒信息服务平台"、开展国外通报评议和派员参加 WTO 总部的贸易磋商例会等，有效减少机电、纺织、皮革、橡胶、塑料、化工、玩具等出口企业直接损失数十亿美元，涉及产品总额超 1000 亿美元。三是总结推广杭州市上城区等地探索政府管理与公共服务标准化，实现政府职能标准化全覆盖，提升了政府公共服务质量。四是总结推广安吉美丽乡村建设标准化经验，2010 年，国家标准委授予安吉县"中国美丽乡村国家标准化示范县"；2014 年 4 月，浙江发布《美丽乡村建设规范》，成为全国首个美丽乡村省级地方标准；2015 年 5 月，国家质检总局、国家标准委在安吉示范和浙江规范的基础上，制定发布《美丽乡村建设指南》国家标准，使美丽乡村建设从一个宏观的方向性概念转化为可操作的工作实践，确保美丽乡村建有方向、评有标准、管有方法，使美丽乡村建设从浙江走向全国。

特别是 2016 年 12 月，国务院批复同意浙江开展国家标准化综合改革试点工作，成为全国最先获批的省份，把浙江标准化综合改革作为全国深化供给侧结构性改革的重要内容。根据《试点方案》，浙江明确提出了四大新突破、五大改革任务、七大标准体系建设的系统工程。即总体目标要在标准化管理体制上、标准化体系建设上、标准水平上和标准供给能力上实现新的突破；改革任务上着力体制改革、机制创新、新型"浙江标准"体系、"标准化＋"效应和改革支撑能力取得进展；标准体系上要从制造、环境、民生、服务、建设、农业、治理等进行全面构建。同时，提出实施"标准化＋"十个领域专项行动，形成一批可示范、可复制的"标准化＋"成果。到 2020 年，建成并理顺具有浙江特色的标准化工作体制机制；基本建成结构合理、衔接配套、覆盖全面、水平先进的新型"浙江标准"体系，"浙江标准"影响力不断提升；标准供给成为制度供给的重要支撑，"标准化＋"融入经济社会各领域，成为治理体系和治理能力现代化的重要标志，整体提升浙江发展的质量，为全国推进高质量发展提供标准化方面的参考样本。

通过开展国家标准化综合改革试点和实施"标准化＋"专项行动等，进一步提升了浙江的标准化水平。截至 2017 年，浙江已制定"浙江制造"标准 294 个，全部达到国际先进水平；"浙江制造"所覆盖的产品领域 100% 采用国际先进标准；全省有 38 个品牌培育试点县，培育企业 422 家、重点产品 53 个；114 家龙头企业获得 210 张认证证书，其中国际证书 38 张；共有地方标准 647 项，其中涉及公共服务及公共安全领域地方标准为 225 项。同时，4 个国际标准化技术委员会及工作组、40 个全国标准化技术委员会落户浙江。

三、坚持高质量引领，率先设立政府质量奖，以质量提升行动推动浙江产业和服务质量整体跃升

质量引领不仅是企业的事，更是政府和全社会的事。发达国家对质量计量和质量监管近乎苛刻。美国、德国、英国等 20 多个国家把计量（度量衡）写入宪法，作为中央事权和统一管理国家的基本要求。美国和德国的国家计量院院长都是由总统任命。美、德、英等主要发达国家政府对计量有统一、稳定的专项经费支持，并逐年增长。同时，发达国家还设立政府质量奖以资引领，目前国际上已有 80 多个国家建立了质量奖励制度，包括日本戴明奖、美国波多里奇国家质量奖、欧洲质量奖和英国质量奖等。

浙江是全国最早设立政府质量奖的省份。2010 年 5 月，省政府决定设立政府质量奖，并制定了《浙江省政府质量奖管理办法》，随后又多次进行修订完善。省政府质量奖是省政府对从事产品生产、工程建设、服务提供、环境保护的企业或其他组织（以下简称企业）实施卓越绩效管理、取得显著经济效益和社会效益的奖励，是浙江省最高质量奖项。首届浙江省政府质量奖，2010 年 11 月 18 日在浙江省人民大会堂颁发，比 2013 年首届中国质量奖提前了 3 年。目前，浙江省政府质量奖已连续举行了 8 届，树立了一批质量标杆，为增强企业质量意识、发扬工匠精神、追求卓越品质、引领和激励企业走"质量提升"和"质量强省"之路发挥了很好的作用。

为紧扣深化供给侧结构性改革主线，牢固树立质量第一意识，突出质量问题导向、目标导向，持续深入打好"三强一制造"转型升级组合拳，加强标准、质量、品牌和公共服务、质量技术基础、制度等供给，推动品牌梯度培育体系建设，全面提升经济社会发展的质量水平，2017 年 7 月，省政府办公厅印发《浙江省质量提升三年行动计划（2017—2019）》（以下简称《计划》）。《计划》提出，通过加强标准、质量、品牌和公共服务、质量技术基础、制度等供给，推动品牌梯度培

育体系建设，全面提升浙江经济社会发展的质量水平；通过深入实施八大万亿产业、十大传统产业、服务业、建筑业、生态环境和公共服务等六大质量提升为抓手，推动各行各业质量实现整体跃升。

在具体目标上，提出质量总体水平显著提升，到 2019 年，制造业质量竞争力指数达到 91 分，规模以上企业主导产品采标率达到 70% 以上，制造业产品质量合格率达到 95% 以上，农产品质量安全检测合格率达到 98% 以上，服务质量满意度达到 85 分。设区城市空气质量优良天数比例达到 82%，地表水省控断面水质达到或优于 Ⅲ 类比例达到 77%。质量基础更加扎实，到 2019 年，创建国家技术标准创新基地两家，新增主导制（修）订国际标准 10 个，主导制（修）订国家标准 180 个，制定"品"字标"浙江制造"标准 300 个，制定服务业地方标准 60 个，制定新型建筑工业化地方标准 6 个，完成并发布《浙江省绿色建筑设计标准》等地方标准 8 个。目前，这些目标任务正在扎实推进。

四、坚持品牌培育和严格认证，打造"浙江制造"品牌，建立"浙江制造"国际认证联盟，大力推进品牌强省建设

品牌是一个企业的灵魂，是一个企业生存和发展的价值支柱。同样，品牌也是一个国家和地区高质量发展的体现和标志。只有重视品牌，构筑起自身发展的灵魂，中国才能从"世界制造工厂"转变为"世界创造中心"。

浙江对品牌的醒悟比较早。早在 2004 年 12 月召开的全省经济工作会议上，习近平同志就前瞻性地指出，要坚定不移地走品牌发展之路，引导企业确立品牌意识，培育品牌、提升品牌、经营品牌、延伸品牌，做到无牌贴牌变有牌，有牌变名牌，培育更多的中国驰名商标和名牌产品，努力创造若干世界名牌，努力打造"品牌大省"。以后他又多次强调，实施品牌战略，坚定不移地走品牌发展之路，努力打造"品牌大省"。在政策举措上，2006 年 7 月，省委、省政府制定

《关于推进"品牌大省"建设的若干意见》，随后省政府召开全省品牌建设工作电视电话会议，提出要着重围绕制造业品牌、农产品品牌、服务业品牌、区域品牌、出口品牌、专业市场品牌、"老字号"和知名商号品牌等七个方面，加快建设"品牌大省"。2007 年 12 月，在全省经济工作会议上，时任省委主要领导进一步提出，加快推动"品牌大省"向"品牌强省"转变。2013 年，省里把标准、品牌、质量、制造等统筹谋划，协同推进，做出建设标准强省、质量强省、品牌强省，打造"品字标浙江制造"品牌的"三强一制造"重大决策部署。2016 年 9 月，省政府制定下发《浙江省标准强省质量强省品牌强省建设"十三五"规划》。

鉴于浙江是制造业大省，块状特色产业十分发达，具有一乡一品、一县一业的特色产业优势，温州皮鞋、绍兴轻纺、宁波服装、海宁皮衣、桐乡羊毛衫、义乌小商品、永康小五金、大唐袜业、嵊州领带等块状经济拥有广泛的市场占有率，省委、省政府在大力培育企业品牌的同时，把着力打造"浙江制造"的区域品牌摆到十分重要的位置。2014 年 9 月，浙江省人民政府办公厅制定下发《关于打造"浙江制造"品牌的意见》，提出按照"企业主体、市场认可、社会参与、政府监管"要求，综合运用经济、科技、法律、行政等手段，着力构建"浙江制造"品牌培育、发展和保护机制，形成一批品质卓越、技术自主、管理先进、美誉度高、带动力大、竞争力强，占据国内市场话语权和比肩国际先进水平的"浙江制造"品牌，并提出明确的目标任务和政策举措。

浙江创制的"品字标浙江制造"品牌是整体反映、综合体现浙江企业和产品形象的区域公共品牌，以"品"字图形为标识，以"高标准＋严认证"为主要方法，对符合高标准、高质量要求的浙江企业和产品通过第三方认证，使一大批高端浙货共同形成市场与社会公认的高端区域公共品牌。为提高"浙江制造"品牌的国际认可度，2016 年 6 月，成立浙江制造国际认证联盟，吸纳了美国 UL 公司、必维国际检验集团等 5 家国际认证机构加入。这有利于提升"浙江制造"在海内外市场的接受度，降低企业认证成本，助推产品进入国际市场，推动"浙江制造"标准融入"一带一路"建设，提高浙江经济的国际化水平。

经过多年精心培育和严格打造，浙江商标品牌总体水平位居全国前列。截至 2017 年，全省累计有效注册商标 154.5 万件，居全国第二位，其中拥有驰名商标 611 件，每万人发明专利拥有量 19.67 件，居全国第四位。同时，截至 2018 年 4 月底，全省累计发布 344 项"品字标浙江制造"标准，全部达到国际先进水平。有 172 家企业获得 270 张"品"字认证证书，其中国际合作认证证书 41 张。预计2018 年将新增"浙江制造"标准 500 个、培育"品字标"认证企业达到 500 家。计划今后五年内，全省制定实施 3000 个"浙江制造"标准，培育"品字标"企业 2000 家。届时，浙江制造的整体质量水平将有一个很大的提升。

五、坚持高品质服务，全面加强质量基础工作，提高全省质量监督体系的质量和效率

为引导地方政府进一步加强质量工作，强化质量安全责任，提升质量总体水平，2013 年 5 月 30 日，国务院办公厅印发《质量工作考核办法》，决定对各省、自治区、直辖市人民政府质量工作进行考核。考核主要从产品质量、工程质量、服务质量等领域的质量安全和质量发展两个方面进行，包括质量目标完成情况和质量措施落实情况。在国务院首次进行的 2014—2015 年度省级政府质量工作考核中，浙江被考核评为第一等次 A 级；在 2015—2016 年度省级政府质量工作考核中，浙江又被考核评为第一等次 A 级。浙江连续两次质量建设工作获国务院考评第一等次 A 级，位居全国第一方阵，是很不容易的。这既是国务院对省委、省政府重视质量建设工作的高度肯定，也反映出全省质监系统的质量基础工作走在了全国前列。

　　深入落实国家标准化综合改革试点，细化试点方案。率先制定印发《浙江省"标准化＋"行动计划》，积极推动构建政府与市场共治的标准化工作格局；抓紧建立层级清晰、协调配合的地方标准体系；加快新型"浙江标准"体系建设；联动推进"标准化＋"与"互联网＋""机器人＋"融入经济社会发展各个领域，形成一批可复制、可推广、可示范的改革成果。尤其是大力推进质量强省、标准强省、品牌强省建设，打好"浙江制造"品牌工作的组合拳，得到了国家考核组和国家质检总局的充分肯定，并在 2016 年全国质检工作会议上做了典型经验交流。

　　组织召开标准化高端论坛，扩大标准化工作影响力。2015 年 9 月，组织在北京召开"标准化与国家治理"高端研讨会，浙江提供了《习近平标准化思想与浙江实践》《发挥标准化在国家治理中的重要作用》等研究成果。2016 年 10 月，组织在北京召开"实施标准化战略　践行新发展理念"高端研讨会，省政府领导在致辞中指出，浙江是习近平总书记提出标准化战略的发源地和实践地。2017 年 6 月，组织在杭州召开"首届之江标准研讨会"，主题是标准推进"一带一路"互联互通。会上，省政府领导发表了题为《"浙江标准"联结"一带一路"》的致辞，提出"一带一路"建设给标准化工作提供了更加广阔的舞台，浙江省利用标准化这个重要工具，推动高水平小康社会建设和推动浙江的现代化发展，推动浙江与"一带一路"更加深度融合。这些高端论坛的举办，提高了浙江标准化工作的影响力。

　　率先实行政务办事标准化，以标准助力"最多跑一次"改革。通过不断深化"放管服"改革，浙江成为全国首批简化工业产品生产许可审批试点，率先对 17 类工业产品实施"先证后核"，形成 34 项质监办事事项网上办理的"零跑"机制，率先实施检验检测机构资质认定"自我声明"制度，减少 947 项审批事项办理，对三大类行政事业性收费实行"两停一转"，每年为企业减负 3 亿元。2017 年 5 月，全省实施《政务办事"最多跑一次"工作规范》，一年来，已制定实施 5 项省级标准，建立了一体化办事规范和办理流程，提出"一窗受理"、"一网通办"、容缺受理等配套制度体系的具体要求，明确数据共享的基础性规范，创造了多项全国第一。2017 年底，为打通省级办件量前 100 位高频事项中的信息孤岛，省数据管理中心牵头组织成立集中攻坚小组，26 个厅局及相关技术单位负责人集中办公，按照统一的格式、接口、系统等标准，逐项逐条地改，把 70 多亿条数据汇入统一数据仓，实现数据共享。2018 年 5 月，浙江起草的首个"最多跑一次"国家标准接受全国政务服务标准化领域十余位专家的研讨，并通过论证答辩，即将进入国家标准制定程序，从而推动浙江"最多跑一次"改革经验在全国复制和推广。

全面加强党的领导，把质量工作纳入法治化轨道。近年来，省质监部门把全面从严治党各项要求落到实处，打造一支勇立潮头的浙江质监铁军。在法治建设上，坚持把建设法治质监作为质监工作生命线，形成了"以法治为统领、凭法治来规范、靠法治来评价"的工作基准；地方立法工作不断推进，持续完善质监法规体系；依法行政水平不断提升，运用法治思维和方式助推质监工作；依法规范各级政府、各部门权力配置和运行程序。目前，省级部门行政权力事项已经从 1.23 万项精减到 4174 项；省级实际执行的行政许可事项已从 1266 项减少到 215 项，非行政许可审批事项全面取消，40 多个部门全部实行一站式网上审批。2017 年 2 月，省质监局在省直部门 2016 年度法治政府建设（依法行政）考核中，以综合评分位居第三的好成绩，再次获得"全省法治政府建设（依法行政）先进单位"称号，自 2007 年以来省质监局已连续 10 年获得此项荣誉。

六、深入推进全面质量发展的建议

当前，我国经济已由高速增长阶段转向高质量发展阶段。推动高质量发展是当前和今后一个时期确定发展思路、制定经济政策、实施宏观调控的根本要求。同时，还面临世界经济形势低迷和中美贸易摩擦复杂严峻的局面。无论从内在需求还是外在压力看，深入实施质量、标准、品牌三大战略，加强知识产权保护，提高自主创新能力，比以往任何时候都更加紧迫、更加重要。浙江作为习近平同志关于全面质量重要论述的重要萌发地，作为全国质量建设基础工作的先进省，应当在"质量强省"建设上"干在实处永无止境，走在前列要谋新篇"，为建设"质量强国"提供浙江新鲜经验和实践样本。

（一）认真学习深刻领悟大力践行习近平同志关于全面质量的重要论述。习近平同志关于全面质量的重要论述站位高远，全面系统，博大精深，针对性、指导性十分强，为我们聚焦聚力高质量发展指明了方向，提供了根本遵循。一是把习近平同志关于全面质量重要论述纳入全省纪念"八八战略"提出实施 15 周年活动的重要内容，纳入"习近平新时代中国特色社会主义思想在浙江的萌发脉络及实践"研究成果。二是把习近平同志关于全面质量重要论述研究成果上报国务院有关部门，供其参考。三是省"质量强省"工作领导小组和全省质监系统，通过集中学习或集中培训方式，深入学习领悟习近平同志关于全面质量的重要论述，以进一步武装思想，增强推动高质量发展的主动性和自觉性。四是报送省委宣传部，组织新闻媒体大力宣传习近平同志关于全面质量重要论述及浙江实践成果，以助推全省高质量发展。

（二）抓紧制定印发《关于开展质量提升行动的实施意见》。2017年 9 月 5 日中央印发了《中共中央国务院关于开展质量提升行动的指导意见》（中发〔2017〕24 号），这是党中央下最大气力抓全面提高质量，推动我国经济发展进入质量时代的高规格的纲领性文件。为认真学习贯彻中央文件精神，根据省委、省政府领导要求和工作部署，有关部门已拟就《关于开展质量提升行动的实施意见》，建议在抓紧征求意见的基础上报送省委、省政府主要领导，并以浙江省委、省政府的名义印发。考虑到 2017 年 7 月省政府办公厅印发过《浙江省质量提升三年行动计划（2017—2019 年）》，此次《实施意见》提出的主要目标是到2022 年。这样既与原来省里制定的三年行动计划相衔接，又比国家提出的到 2020 年目标略有超前，体现了"干在实处、走在前列"的精神。

（三）抓紧组建浙江省质量发展委员会。为进一步加强党对质量工作的全面领导，坚持"党管质量"，构建"党委领导、政府主导、部门联合、企业主责、社会参与"的大质量工作格局，建议把省"质量强省"工作领导小组提升为浙江省质量发展委员会，由省委或省政府主要领导担任委员会主任，党政有关部门和 11 市主要领导参加。下设办公室，建立质量工作"统一领导，条块负责"的统分结合工作机制。各级党政主要负责人作为推进质量提升的第一责任人，各职能部门要按照"一岗双责"的要求，既要承担推动分管行业发展的职责，也要对行业质量提升、质量安全负责。强化质量工作考核督察，将质量工作考核结果作为各级党委、政府领导班子及有关领导干部综合考核评价的重要内容。

（四）积极营造质量全民共治的良好氛围。鼓励社会各方参与质量提升行动，推进以法治为基础的社会多元治理，构建市场主体自治、行业自律、社会监督、政府监管的质量共治格局。强化质量社会监督和舆论监督，鼓励消费者组织、行业协会、第三方机构等开展产品质量比较试验、综合评价、体验式调查，引导理性消费选择。大力宣传"质量第一"理念，弘扬优秀质量文化，把质量文化和质量提升行动纳入各级党校、行政学院和各类干部培训院校教学计划，让坚持"质量第一"成为各级领导干部的自觉行动，让质量文化成为全社会的价值追求和时代精神。

（五）保持质监队伍的稳定性和发挥好其独特作用。多年来，浙江"质量强省"建设和质量监督工作之所以走在全国前列，得益于省委、省政府的强有力领导，得益于各级各部门的通力协作，也得益于全省质监系统广大干部群众和专家学者的创造性工作。当前，根据国务院机构改革方案，省质监局面临机构改革，其目的是加强市场监管，提高质量监管水平。因此，建议省委、省政府在机构改革中注意保持质监系统队伍的稳定性，使之人心不乱、队伍不散、任务不减，充分发挥他们在标准计量、检验检测、质量监管等方面的独特作用，继续为建设"质量强省"和"质量强国"，推进高质量发展，实现"两个高水平"贡献力量。

（本章系浙江省质监局 2018 年重点委托课题"习近平同志关于全面质量的重要论述与浙江实践"部分研究成果，载《预测与分析》2018 年第 25 期、《浙江经济》2018 年第 16 和 17 期；其中《习近平总书记关于全面质量重要论述与浙江实践》载《政策瞭望》2018 年第 9 期。）

第三章　浙江国有企业改革发展的探索实践

国有企业和民营企业，犹如人之两臂、鸟之两翼，浑然一体，不可或缺，都是中国特色社会主义经济制度的重要组成部分。15 年来，浙江按照习近平同志提出的关于国有企业改革发展的重要论述和党中央的决策部署，坚持"两个毫不动摇"的方针，坚持"在发展多种所有制经济中搞活国有经济"的思路，坚持"宜强则强、宜留则留、宜退则退"的原则，坚持"做强做优做大国有企业"的目标，坚持全面加强和完善党对国有企业改革发展的领导，以"干在实处、走在前列、勇立潮头"的精神，大力推进"转型强体、创新强企"，不断增强国有企业的活力、控制力、影响力和抗风险能力，不断创新国有企业改革、发展、党建的做法和经验，创造了国有企业改革发展的浙江样本。

一、浙江国有企业改革取得六大突破性进展

改革是发展的动力，尤其对在计划经济体制下成立发展起来的国有企业来说，改革是凤凰涅槃，改革是浴火重生。浙江的国有企业，正是通过一系列改革，才焕发了青春和活力。

（一）重组优化国有资本配置。以优化产业布局为导向，大力开展国有资本重组整合。深入整合全省港口、机场资源和省属高速公路、铁

路资产，加快打造海港集团、交通集团、机场集团等三大省级平台；完成省能源集团多轮重组，省农发集团重组黑龙江新粮集团，推进中化蓝天资产重组；加快整合省属医疗、职教、环保、金融等领域资源，组建省石油公司、省医疗健康集团、省职教集团、省环保集团、省数据管理公司等产业发展新平台。

（二）加快推进供给侧结构性改革。组织开展历史遗留问题大排查，认真部署开展"三供一业"（供水、供电、供热和物业管理）分离移交。到"十二五"末，有1.6万户居民、近5万人实现社会化管理。围绕去产能、加快清理低效无效资产、持续推进巨化集团改革脱困工作，关闭长广集团七矿并彻底退出煤炭领域，杭钢集团提前关停半山钢铁基地，减压400万吨钢铁产能，妥善安置1.2万余名职工。积极开展"僵尸企业"处置工作，有序退出房地产、水运、建材、煤炭等过剩领域。

（三）做强做优做大国有资本投资运营平台。从提高国有资本运营效率出发，探索产融结合、资本整合的有效模式。一是组建省级国有资本运营平台，调整省国资运营公司为省属一级企业，赋予新功能，为推进省属企业乃至全省国有企业深化改革、促进国有资本布局结构战略性调整增加新动力、打造新手段。二是打造新的省级交通投融资平台，合并重组省交通集团和省铁路集团。承担起全省高速公路、铁路等交通基础设施各项职能，推进全省现代交通"五大建设"、实施"万亿综合交通工程"。三是组建全省海洋港口投融资平台，以宁波舟山港为主，组建省属一级企业省海港集团，成为全省加强海港投资运营的主抓手、主平台和主力军，有力推动全省海洋资源的统筹整合和科学利用。

（四）以资产证券化为主线推进混合所有制改革。研究制定证券化的实施意见和总体方案，深化"一企一策"，加快重点企业上市培育。2013年，能源集团下属浙能电力完成全国首例"B转A"，成功实现主业上市；2015 年，物产中大完成省属国有企业首家整体上市。浙商证券成功实现 IPO。杭钢股份、浙江东方、江山化工等上市公司积极推进资产重组和深化改革。能源集团收购宁波海运、巨化集团收购菲达环保，巨化集团下属华江科技、机电集团下属诺和股份完成新三板挂牌，建设集团等一批企业先后实施股改或进行上市辅导、申报。截至 2017 年 6 月底，省属企业国有资产证券化率已达 52.5%。同时，积极开展国有资本与民营资本增量合作，依托浙交所建立省属企业混合所有制改革项目发布平台；推进省国资公司参与浙商创投混合所有制改革；选择 5 家企业开展首批混合所有制企业员工持股试点；探索市场化债转股工作，建设集团与债权银行签订框架合作协议。目前，省属混合所有制企业占比达 70.7%。

（五）加强国有企业法人治理结构建设。按照点面结合原则，加快推进政策研究、制度建设和企业试点，进一步建立和完善现代企业制度。一是健全企业法人治理结构。制定出台《董事会建设指导意见》《兼职外部董事管理办法》，开展外部董事试点。制定出台《外派监事会专职监事管理办法》，进一步发挥监事会监督作用。目前，除二轻集团外，其他省属企业均已建立董事会制度，外派监事会也实现全覆盖。二是推行干部人事制度改革。会同省委组织部制定出台《关于加强省属企业职业经理人制度的试行意见》，在物产中大、国贸、杭钢等省属企业二、三级层面开展试点。省属企业本级职业经理人制度试点工作也已展开。三是指导企业修订公司章程。将国资监管制度和党在公司治理中发挥的核心作用融入企业公司章程，督促企业根据发展实际及时修订完善章程内容。

（六）深化国资监管体制改革。按照从"管资产"逐步向"管资本"转变的改革方向，稳妥扎实推进。省国资委监管职能加快转变，建立起监管责任清单，不断优化调整国资委内设机构，把监管重点转到管好资本布局、规范资本运作、提高资本回报、维护资本安全上来。监管制度更加规范，持续做好制度"废改立释"，形成60多项规范性文件构成的监管制度体系。监管重点更加突出，对产权管理、财务管理、薪酬分配、风险管理等重点环节监督不断增加。监管方式日趋完善，逐步推行分类监管、依法监管、阳光监管和信息化监管工作，监管工作流程不断优化，国资监管和服务效能不断提升。不断加强外派监事会工作，逐步打造出一张由出资人、外派监事、审计、纪检监察、巡视等监督力量协同配合的国资国有企业合力监督网络。同时，市县两级国资监管体制也不断完善，全省58个县（市、区）组建了国资监管机构，监管覆盖面、规范化、有效性进一步增强。

二、浙江国有企业综合实力继续保持全国前列

改革是为了发展，发展是改革的目的。判断国有企业改革成功的重要标准就是国有资产保值增值，就是做强做优做大国有资本，就是增强国有企业的活力、控制力、影响力和抗风险能力。

（一）实现了国有资产保值增值。截至2017年底，全省共有各级国有企业10862户，全省企业国有资产总额10.44万亿元，负债总额7.18万亿元，净资产3.26万亿元；全省行政事业性国有资产总额12718亿元，负债4112亿元，净资产8606亿元。2017年全省国有企业实现营业收入15287亿元，利润总额946亿元，收入利润率6.2%，上缴税费581亿元。其中，省属企业资产总额达到1.1万亿元，净资产4452亿元，2017年全年实现营业收入7736万元，利润总额322亿元。这些指标均比15年前有了数倍的增长，省属国有企业的资产质量和收益能力连续多年在全国名列前茅。

（二）成长起一批"航母"级的国有企业。目前，省国资委监管企业达19家，下属全资、控股企业近2000家，省属企业主要分布在能源、交通、商贸物流、化工、建筑、装备制造、旅游、粮农等基础民生领域，国有资本在基础性领域和优势行业集聚度超过85%。物产中大集团、能源集团、交通集团、海港集团、国资运营公司等 5 家企业成为销售规模"千亿级"的企业，有 8 家企业入选中国国有企业 500 强，其中物产中大集团连续 6 年入选世界 500 强。这些大型国有企业投资建成了电力、机场、高速公路、化工等领域一批重大基础设施项目和重大产业项目，增强了对全省经济社会发展的支撑能力。

（三）国有资本布局结构持续优化。省级国有资本在关键领域和优势产业的集聚度进一步提高，分布在能源、交通、商贸物流等基础和优势行业的资产总额、营业收入、利润总额均占省属企业总量的 85% 以上。第三产业成为发展重点，国有资本比例达到 75%，金融业成为重要利润来源。"义乌通""融易通"等跨境电商综合服务平台培育初见成效。制定了《省属国有资本布局结构调整优化实施方案》，鼓励国有资本加快向战略性新兴产业拓展，加快退出不具竞争优势的产业。

（四）自主创新水平不断增强。国有企业突出创新驱动、有效投资和管理提升，成为自主创新的主力军、转型升级的先锋队。到 2017 年底，浙江省属国有重点制造类企业研发投入强度平均超过 3%，重点服务业企业新业态投资占比超过 50%，拥有博士后工作站 10 个、院士专家工作站 9 个、国家级重点实验室 5 个；累计获得发明专利 248 项，制定国家级行业标准 35 项，国家级品牌 5 个、省级品牌 39 个；拥有国家"千人计划"2 人、省"千人计划"14 人。科技创新日益成为国有经济发展的第一动力。

（五）服务经济社会发展能力不断提升。国有资本在基础性领域和优势行业集聚度达 85% 以上，近年来在电力、机场、高速公路、化工等领域投资建成了一批重大基础设施项目和重大产业项目，充分发挥了省属企业对全省经济社会发展的支撑作用。如，能源集团发电业务占全省统调机组 50% 左右，发挥全省能源安全供应主力军作用。交通集团建设高速公路营运里程占全省总里程的 66%，营运铁路里程超过 2500

公里。萧山机场客流量稳居全国十大机场之列。省海港集团实现全省海港资源整合重组后，成为实施海洋经济国家战略、参加"一带一路"建设、建设海洋经济强省的主抓手、主平台和主力军。2017 年宁波舟山港完成货物吞吐量 10.1 亿吨，成为世界首个超 10 亿吨大港，连续 9 年位居世界第一。完成集装箱吞吐量 2460.7 万标准箱，稳居世界第四，航线总数增至 243 条，其中远洋干线 117 条，成为世界瞩目的超级大港。

（六）开拓海外市场取得显著成效。按照"跳出浙江发展浙江"的要求，积极参加"一带一路"建设，大力开拓海外市场。目前，浙江国有企业在境外建立的公司多达 90 余家。如，省建投集团走向全球拓展业务，快速发展成为产业链完整、专业门类齐全、市场准入条件好的大型企业集团。现拥有各类企业资质 35 类 94 项，其中建筑工程施工总承包特级资质 4 项，甲级设计资质 8 项，其中获得资质为行业内最高资质的共计 19 类 45 项。同时拥有对外经营权、外派劳务权和进出口权，成为浙江省建筑业走向世界参与国际建筑和贸易市场竞争的重要窗口，生产经营业务遍布国内 31 个省市自治区和亚洲、南美洲、非洲、中东、欧洲等 10 多个国家和地区，承建了 500 余个海外项目，派出各类劳务人员和研修生 6 万余人次。在阿尔及利亚、日本、新加坡、中国香港等国家和地区有分支机构，拥有北非和东南亚 2 个百亿元海外市场。

三、浙江国有企业强"根"固"魂"优势得到强化

坚持党的领导、加强党的建设是国有企业的光荣传统，是国有企业的"根"和"魂"，也是国有企业的独特优势。浙江国有企业积极构建"大党建"格局，实现企业发展与党建工作同步共振、互促互进，为国有企业改革发展提供了坚强的政治保证。

（一）把企业党组织内嵌到公司治理结构。2004 年 7 月 14 日，成

立浙江省国资委党委，明确省国资委监管企业的党组织由省国资委领导。省国资委设立企业领导人员管理处（党建工作处），负责监管企业党的基层组织建设、党员发展和党员教育工作，指导所监管企业思想政治工作和企业文化建设，指导所监管企业召开党代会（党员大会）和有关审批事项。2006 年 2 月 20 日，为加强省属企业党的建设，省国资委又单独设立党建工作处。从 2006 年后，均按 11 个市和省直机关工委、省委教育工委和省国资委党委 3 个口子来布置，类似于企工委。2017 年根据省委统一部署，将省直部门和地方党委管理的 8 家省属企业党组织、51 家中央所属在浙企业党组织，统一纳入省国资委党委管理，并明确了相关企业党建工作管理规则。

（二）加强完善国有企业党建各项规章制度。先后制定出台了《省属企业党建工作检查考核办法》《全省国资国有企业系统党建工作创新成果评选办法》《省属企业推进党务公开意见》《关于在全省国资国有企业系统开展基层党建工作示范点创建活动的意见》《浙江省省属企业党风廉政假设责任制考核暂行办法》《浙江省属企业建立健全惩治和预防腐败体系 2013—2017 年实施细则》《浙江省国资委党委工作规则》《省属企业党委履行党建工作责任清单》等一系列文件。从严落实党建工作责任，建立"一张清单、双层述职、三项评价"制度，集中开展省属企业党委书记抓国有企业党建述职评议考核，构建主体明细、责任明确、有机衔接的党建工作机制。

（三）不断夯实国有企业党建基层基础工作。基层党组织基本实现"应建尽建"，按期换届基本实现"应换尽换"。加强企业领导班子和人才队伍建设，按照国有企业领导人员"20 字"标准，进一步完善省属企业领导人员管理体制机制、考核评价体系。突出党风廉政建设和反腐败工作，出台省属企业清廉国有企业建设意见和党风廉政建设党委主体责任清单、纪委监督责任清单，压紧压实"两个责任"，持之以恒反对"四风"，深入开展正风肃纪活动。认真做好省属企业巡视、执纪监督，督促抓好发现问题整改落实。

四、浙江国有企业改革发展的主要经验

浙江国有企业改革发展工作取得的成效主要得益于以下几方面的高度重视和精心谋划：

（一）省委、省政府高度重视周密部署。历届省委、省政府高度重视国有企业国资改革，按照习近平同志关于国有企业改革的重要论述和中央的决策部署，紧密结合浙江实际，整体设计、精心谋划国有企业国资改革路线图。省委主要领导亲自主持召开省属企业主要负责人会议，省政府主要领导多次调研省属企业听取汇报，多次就国有企业国资改革做出重要批示，省委常委会、省委财经领导小组会议对国有资本布局和战略性调整进行决策部署，特别是围绕"补短板"推进国有资本战略性重组。对于国有企业改革中重大的难点焦点问题，省领导亲自协调解决。

（二）构建完善浙江版"1＋N"的政策体系。党的十八届三中全会以来，浙江认真贯彻落实中央改革精神，率先出台《关于进一步深化国有企业改革的意见》（以下简称《意见》），并按《意见》要求，相继制订了分类监管、布局调整、资产证券化、信用管控、业绩考核、信息公开、责任追究、企业党建等20多项规范性文件，逐步形成了浙江版"1＋N"的政策体系，为规范有序推进省属企业分类改革、因企施策提供了政策遵循。

（三）扎实打好国有企业改革组合拳。从浙江实际出发，围绕"规划引领、功能分类、优化布局、聚焦主业"打好改革组合拳：发布省属企业改革发展"十三五"规划，明确"三强、三优、三好"目标和三大产业导向、六项任务、八大举措，将省属企业区分为功能类、竞争类，重新核定省属企业核心主业和培育主业，制定省属国有资本优化布局结构调整实施方案，从而有序落实推进了一系列全方位

的改革举措。

（四）有效激发企业改革发展活力。制定出台省属企业负责人经营业绩考核与薪酬核定办法及配套实施方案，按"一企一策"建立和推进有效管用的分类考核体系，发挥经营业绩考核的激励约束导向作用。重视发挥人才要素作用，积极推动省属企业深入实施"人才强企"战略，突出人本、资本、成本管理，大力引进培养各类人才，规范和探索科技要素入股、员工持股等激励办法，努力为企业转型升级、科学发展提供有力保障。

（本章系中国社会科学出版社 2018 年 10 月出版"浙江改革开放 40 年研究系列"之《国企改革发展浙江的探索与实践》的部分研究成果，其中《习近平同志关于国有企业改革发展的重要论述与浙江实践》载《预测与分析》2018 年第 37 期、《浙江经济》2019 年第 1 期、《观察与思考》2019 年第 1 期。）

第四章　浙江文化治理的探索实践和目标任务

2013 年 11 月，党的十八届三中全会提出，"全面深化改革的总目标是完善和发展中国特色社会主义制度，推进国家治理体系和治理能力现代化"。2019 年 11 月，党的十九届四中全会对坚持和完善中国特色社会主义制度、推进国家治理体系和治理能力现代化做出重大部署。国家治理体系是在党领导下管理国家的制度体系，包括经济、政治、文化、社会、生态文明和党的建设等各领域体制机制、法律法规安排，也就是一整套紧密相连、相互协调的国家制度。同时，这一制度体系应该也需要经过省域层面进行实验和探索。

根据《中共中央关于坚持和完善中国特色社会主义制度推进国家治理体系和治理能力现代化若干重大问题的决定》和《中共浙江省委关于认真学习贯彻党的十九届四中全会精神高水平推进省域治理现代化的决定》中有关文化治理的精神，回顾总结浙江文化治理的探索实践，揭示分析浙江省文化治理面临的问题，研究提出浙江省文化治理的目标任务，对打造文化强省，建设文化浙江，努力建设展示坚持社会主义核心价值体系、弘扬中华优秀传统文化革命文化社会主义先进文化的重要窗口等具有重大意义。

一、浙江文化治理的探索实践

浙江是中华文明的重要发祥地，历史悠久、人杰地灵、文化资源丰富、文化底蕴深厚。独特韵味别样精彩的浙江文化是支撑浙江经济快速发展和社会和谐稳定的深层原因和不竭动力。历届省委、省政府高度重视浙江文化的传承、弘扬与创新，早在 1999 年就率先提出发展文化大省。2003 年 7 月，时任浙江省委书记习近平同志在决策部署"八八战略"时，明确提出"进一步发挥浙江的人文优势，积极推进科教兴省、人才强省，加快建设文化大省"。

16 年来，省委、省政府按照"八八战略"提出的"加快建设文化大省"的决策部署，坚持一张蓝图绘到底，一任接着一任干，不断在文化建设上谋新招、布新局。2005 年 7 月，省委做出《关于加快建设文化大省的决定》，提出重点实施"八项工程"，加快建设"四个强省"，开启了浙江文化建设的新征程。2008 年 6 月，省委制定《浙江省推动文化大发展大繁荣纲要（2008—2012）》，延续重点实施文化建设"八项工程"，提出加快建设社会主义核心价值体系、公共文化服务体系、文化产业发展体系等"三大体系"。2011 年 11 月，省委制定《关于大力推进文化强省建设的决定》，明确提出从文化大省向文化强省迈进。2017 年 6 月，省第十四次党代会提出，在提升文化软实力上更进一步、更快一步，努力建设文化浙江。从"文化大省"到"文化强省"，再到"文化浙江"的发展，是浙江文化建设从量的积累向质的提升的递进，是先进文化发展道路在浙江的接力建设，是具有中国特色、时代特征、浙江特点的文化长卷渐次展开。

16 年来，浙江文化治理的探索实践，主要体现在文化引领力、文化创造力、文化传播力、文化服务力和文化竞争力这"五力并举"的提升上，并构成浙江文化治理的主要做法和基本经验。

（一）坚持高举旗帜，强化思想武装，着力提升文化引领力。浙江扎实推进马克思主义理论研究和建设工程、社会主义核心价值观引领和公民文明素质提升工程，"红船精神"、浙江精神广泛弘扬，中国梦和社会主义核心价值观深入人心，广大干部群众"四个意识""四个自信"更加坚定、"两个维护"更加坚决，文化引领力进一步提升。

1. 学懂弄通做实新思想。坚持以习近平新时代中国特色社会主义思想武装头脑，内化于心，外化于行：（1）强化理论武装。党的十九大以来，每年春节后上班第一天，省委理论学习中心组都举行习近平新时代中国特色社会主义思想专题学习会，以理论学习拉开全年工作序幕。各级党委（党组）理论学习中心组做到一把手亲自抓，形成了以上率下、以点带面、整体推进的学习格局。"学习强国"学习平台，全省总用户数突破 360 万，构筑起"乐学、善学"浓厚氛围。（2）丰富主题宣讲。党的十八大以来，省委、省政府领导深入高校做形势政策报告 130 多场次，听众超过 5 万人次。组织"千支宣讲团、万名宣讲员"等广泛开展宣讲活动，推动党的创新理论"飞入寻常百姓家"。（3）深化研究阐释。成立"红船精神"研究院和浙江"红船"干部学院，举办"红船论坛"；精心组织"习近平新时代中国特色社会主义思想在浙江的萌发与实践""红船精神""最多跑一次"改革等重大课题研究，形成高质量成果；制作播出《中国共产党为什么能：改革开放 40 年的浙江实践》电视理论对话节目；编写的《读懂"八八战略"》读本，发行量达 380 万册；编写的《红船精神问答》，入选第八届全国优秀通俗理论读物，推动党的理论创新广泛普及、深入人心。浙江"红船"干部学院开班 159 期以来，9700 余名学员在这里追寻初心。（4）推动成果转化。高标准开展"不忘初心、牢记使命"主题教育，通过彰显主题教育的"红船味""浙江味"，推动学习贯彻习近平新时代中国特色社会主义思想走深走实。深入开展"大学习、大调研、大抓落实"活动，推动了作风大转变、工作大提高、事业大发展。扎实开展"服务企业服务群众服务基层"活动，推动全省党员干部思想大解放、行动大担当、作风大改进。（5）弘扬浙江精神。2019 年 9 月 2 日，省委书记到省委党校讲授的开学第一课就是在新时代大力弘扬"求真务实、诚信和谐、开放图强"的浙江精神，为"两个高水平"建设提供强大精神力量。浙江卫视还制作了八集专题片《浙江精神》。

2. 守护意识形态主阵地。坚持把导向、强主流、管阵地、防风险一体化推进，打好打赢一系列意识形态领域主动仗、攻坚战：（1）落实意识形态主体责任。省委常委会会议先后 10 多次研究意识形态工作，把意识形态工作纳入常态化巡视巡察；出台《关于加强和改进党的新闻舆论工作的实施意见》等系列重要文件；连续 4 年开展意识形态工作责任制落实情况综合检查，各级各部门合力做好意识形态工作的意识明显增强。（2）加强意识形态阵地建设。浙报集团、浙江广电集团加快深度融合发展；深入推进县级融媒体中心建设，全省已有 82个县（市、区）挂牌成立融媒体中心。（3）创新思想政治工作平台。实施高校马克思主义学院质量提升、思政理论课教师素质提升和思政理论课教学效果提升三大计划，大力推进思政理论课改革创新，组织举办"思政星课堂"活动，打造"思政课程"和"课程思政"同心圆；实施"百校联百镇""双百双进"工程，在 257 个乡镇（街道、社区）建立思政课教学实践基地 356 个，活动覆盖全省所有高校、所有县（市、区）和超过 82% 的乡镇、街道。（4）改善网络舆论生态。持续深化"领航新征程""新时代、新征程"等主题宣传，组织开展"改革在身边""初心在身边"等系列主题活动；出台《浙江省党委（党组）网络安全工作责任制实施细则》；率先探索开展网络综合治理体系建设，持续开展网上专项整治行动，主旋律更加响亮，正能量更加充沛。

3. 打造精神文明新高地。坚持以社会主义核心价值观为引领，倡导以"务实、守信、崇学、向善"为内涵的当代浙江人共同价值观，强化教育引导、实践养成、制度保障，提高人民思想觉悟、道德水准、文明素养，提高全社会文明程度：（1）让每个人成为文明实践的主人。

深入推进新时代文明实践中心试点工作，因地制宜构建"实践中心—实践所—文化礼堂"格局。扎实推进桐庐县等 7 个全国试点、遂昌县等 11 个省内试点，建立乡镇实践所 234 个、农村实践站 3543 个、实践点 6766 个，志愿者达 245 万人，开展志愿服务活动 2.6 万场。（2）让"最美现象"从风景变成风尚。深入推进"最美浙江人"主题宣传，广泛开展"最美行业"创建，建成"最美浙江人"展示馆，开设"最美课堂"，举办"最美浙江人"微纪录片大赛，推进"浙江好人榜"建设，社会正气得到大力弘扬。（3）让公民道德素质持续提升。大力开展文明城市、文明村镇、文明单位、文明校园等创建，18 个市县成为新一轮全国文明城市提名城市；持续开展小城镇文明行动，全面推广"礼让斑马线"文明行动；加强好家风建设，探索推行"好家风信用贷"等激励机制；深入实施"春泥计划"，加强乡村学校少年宫建设等，文明新风尚得到大力弘扬。

（二）坚持守正创新，勇攀文化高峰，着力提升文化创造力。浙江深入实施优秀传统文化传承发展工程、文艺繁荣发展和高峰攀登工程、文化人才和文化名家培育工程，文化体制机制改革纵深推进，优秀传统文化实现创造性转化和创新性发展，优秀文化人才脱颖而出，文化创造源泉充分涌流，文艺精品佳作竞相涌现，浙江文化创造力显著提升。

1. 文化体制改革纵深推进：先后制定实施《浙江省文化建设"四个一批"规划（2005—2010）》《关于加快把文化产业打造成为万亿级产业的意见》《之江文化产业带建设规划》；2013 年和 2017 年两次召开文化产业发展大会；2015 年设立省国有文化资产管理委员会，86 个文化体制改革重点项目顺利推进。以"最多跑一次"改革为牵引，撬动文化领域各项改革，推进媒体深度融合发展和县域媒体体制机制创新、推进国有文化企业人才激励制度改革、继续深化农村文化礼堂长效机制建设等 3 项重点突破改革项目、推进文化投融资体制改革等 12 项重点改革项目。这一系列改革举措，激发出社会文化创新创造的活力。

2. 优秀传统文化焕发新彩：（1）钩沉历史文脉。深入实施第二期浙江文化研究工程，开展 160 多个项目研究，举办首届"浙学论坛"，编写《浙学未刊稿丛编》（第一辑），不断推出的精品成果汇成有中国气派、浙江特色的当代浙学品牌。（2）延续文化遗产。加强文化遗产保护传承，全省拥有江郎山、西湖、大运河（浙江段）、良渚古城遗址等 4 处世界遗产。尤其是 2019 年 7 月，在阿塞拜疆首都巴库举行的联合国教科文组织世界遗产委员会第四十三届会议上，良渚古城遗址成功列入《世界遗产名录》。大力推进历史文化名城名镇名村、历史文化街区保护和城市特色风貌管理，传统村落在新时代焕发新活力。（3）推动传承发展。实施戏曲保护振兴计划，传统戏曲特色县、特色镇、特色村快速涌现；建好用好图书馆、文化馆、博物馆、美术馆、非遗馆、文学馆和社科普及基地等设施，多渠道传播优秀传统文化。"非遗体验""我们的节日""国学文化进社区"等各种传统文化主题实践活动营造了参与、守护、传播和弘扬优秀传统文化的良好氛围。

3. 文艺精品佳作竞相涌现。大力实施文艺精品战略，推动各艺术门类精品迭出、异彩纷呈。（1）文学创作方面：黄咏梅《父亲的后视镜》获第七届鲁迅文学奖；麦家长篇小说《解密》在 35 个英语国家和 27 个西语国家上市，被 700 家图书馆收藏；近年来，浙江在全国重要文学奖项中摘取了 70 多项荣誉。（2）影视创作方面：近年来浙产影片基本稳定在 100 部以上，位列全国第二；浙产电视剧每年在 2500—3000 集、动画片在 25000—30000 分钟，数量均居全国第二；电视剧《可爱的中国》《麦香》获中宣部"五个一工程"奖。（3）戏剧创作方面：茅威涛等 40 人次获中国戏剧"梅花奖"，翁国生等 29 人次获文华"表演奖"，歌剧《呦呦鹿鸣》获中宣部"五个一工程"优秀作品奖，以精品和人才诠释"一部戏剧史，半部在浙江"。（4）美术创作方面：在"全国上下五千年中华文明历史题材美术创作"工程中，浙江有 22 幅作品入选，居全国首位。"百年追梦"——浙江美术创作工程和兰亭书法双年展等活动彰显了浙江的文化自信。（5）主题出版方面：《浙江文丛》顺利完成首期出版任务，《文澜阁四库全书》影印出版，图书《心无百姓莫为官——精准脱贫的下姜模式》获中宣部"五个一工程"特别奖。（6）"大系"钩沉历史文脉。2005 年习近平同志亲自批准、高度重视，由浙江大学、浙江省文物局编纂出版的"中国历代绘画大系"项目，是一项规模浩大的国家级重大文化工程，历经十余年努力，已出版《宋画全集》《元画全集》《先秦汉唐画全集》《明画全集》《清画全集》（共计 160 余册），编纂出版工作正在紧张进行，开创了中国绘画历史大型断代集成的先河。

（三）坚持宣传交流，讲好浙江故事，着力提升文化传播力。浙江深入实施媒体融合发展工程、网络内容建设工程、文化走出去工程，主流舆论持续巩固壮大，文化走出去成效明显，浙江故事广泛传播，浙江文化印记、文化符号更加鲜明，文化影响力持续扩大。

1. 正面主流舆论声势浩大。抓准重大节庆节点重点，组织开展"壮丽 70 年·奋斗新时代""爱国情、奋斗者""我和我的祖国"等集中宣传活动，启动"国企、老区、标志性项目"三大系列主题宣传；国务院新闻办举行庆祝新中国成立 70 周年浙江专场发布会，取得圆满成功；"辉煌 70 年浙江再出发"重大主题新闻发布活动已举行 30 场；开展民营经济高质量发展、"最多跑一次"改革、"三服务"和基层减负、长三角一体化发展等重大主题宣传，生动展示浙江实践、浙江经验。

2. 对外主题宣传持续升温。深入开展习近平新时代中国特色社会主义思想对外传播，推进《之江新语》多语种翻译出版工程；编制《潮起浙江》双语图册，推进《红船精神》多语种出版推广；举办"我和我的祖国"海外浙籍华人征文；组织"外国人看浙江"融媒体系列宣传报道、《我在浙江》外国人短视频和微纪录片摄制展播等活动；中国·浙江英文网连续三年获评"最具影响力外文版政府网站"；"印象浙江"英文网正式上线。

3. 对外文化交流有声有色。认真贯彻落实《关于进一步加强和改进中华文化走出去工作的实施意见》，举办欢乐春节、侨乡中国年等系列活动；深化"万家海外中餐馆同讲中国好故事"活动；香港"西泠学堂"进展顺利，澳门"西泠学堂"成功揭牌；组织评选"首届浙江省对外传播十大案例"；开展浙江文化印记和"浙江文化金名片"征集评选活动，已征集500余项。

4. 对外文化贸易快速增长。认真贯彻落实《关于加快发展文化贸易的意见》，全力推进浙江文化贸易创新发展。2018年，先后组织企业参加了戛纳影视节、俄罗斯国际书展等国际重点文化交易展会，积极打造"浙江服务　服务全球"服务贸易品牌；浙江出版企业先后与马来西亚、尼泊尔、吉尔吉斯斯坦等20多个丝路国家签订新闻出版贸易合作项目，图书、期刊等产品出口额从2011年的105万美元增长到2018年的650万美元。2018年，浙江文化服务进出口16.64亿元，同比增长10%，居全国第一方阵。

（四）坚持精准供给，提升文化品位，着力提升文化服务力。浙江深入实施基本公共文化服务提升工程，公共文化服务体系日益完善，文化产品服务精准供给水平明显提高，基本公共文化服务标准化均等化高水平实现，人民群众文化获得感显著增强。

1. 高标准构建服务体系。加快构建现代公共文化服务体系，要求"100%的市、县（市、区）完成规定场馆建设要求，100%的县（市、区）建有城市书房、完成县级图书馆文化馆法人治理结构改革和图书馆分馆建设任务，100%的乡镇（街道）建有省定三级以上综合文化站、按要求组建乡村文艺团队，100%的省级中心镇和人口5万人以上的乡镇（街道）落实文化下派员制度、建有文化馆分馆，100%的农村文化礼堂按照省定标准规范运行"。2012—2018年，全省一般公共预算安排基本公共文化服务年均增幅超过10%。标准化体系日趋完善，目前有省级地方标准12个、市级标准11个、县级标准31个，与《标准》和100个市县制定的基本公共文化服务实施目录（标准）共同组成了覆盖面广、要求细致、程序规范、相对完善的公共文化服务标准体系。在全国公共文化服务标准化试点和基层综合性文化服务中心建设试点考核中，浙江名列第一。

2. 高质量完善设施网络。之江文化中心建设、大运河文化带（浙江）加快建设；公共图书馆、文化馆、美术馆免费开放；中国丝绸博物馆、浙江音乐厅等"老场馆"焕发新魅力。乡镇（街道）综合文化站和村（社区）文化活动中心实现全覆盖。在城市，城市文化公园、社区文化家园、企业文化俱乐部闪亮街道社区和企业、"城市书房""文化驿站"让市民心有所栖。在乡村，农村文化礼堂寓学教、礼仪、娱乐于一体，推动教育教化、乡风乡愁、礼节礼仪、家德家风、文化文艺"五进"礼堂，成为农民精神殿堂。各地已累计建起1.23万余家农村文化礼堂；全省人口500人以上的村有望在2022年实现文化礼堂全覆盖。手机登录浙江省公共图书馆信用服务平台，只需支付宝芝麻信用达到550分，就能免证、免押金借阅浙图及11家市级图书馆的所有藏书，平台上自由选择点击，一周内快递到家。

3. 高效率丰富产品供给。近年来，全省年均送戏下乡2万场次、送书200万册次、送电影30万场次、送讲座展览4000余场次、开展"文化走亲"活动1000余场次、培训基层文化队伍10万人次，让文化深深扎根浙江乡土。把文化的种子"种下去"，"百名专家联百村四季行动""百名教授回乡走进百家文化礼堂"等活动涵盖了2100多项服务内容，供村民"下单"，乡村也有了与时俱进的文化活动。从"送文化"到"秀文化"，省新农村建设题材小戏会演等展演赛事接连不断，"我们的村晚""我们的家训"等活动让群众当起主角，一支支来自农村、社区的文艺队伍，让群众积蓄已久的文化创造热情激情迸发。浙江"图书馆之夜"、衢州"文化加油站"、温州"城市书房"、舟山"淘文化"、丽水"乡村春晚"等一大批文化品牌纷纷涌现，多样的文化服务产品供给不断丰富群众的文化生活。

到2018年末，全省共有公共图书馆103个，文化馆101个，文化站 1374 个，博物馆 337 个，隶属文化部门艺术表演团体 64 个。广播、电视人口综合覆盖率分别为 99.73% 和 99.80%。共有影视制作机构 3368 家，其中上市公司 26 家；全年制作电视剧 52 部 2358 集，动画片 54 部 19393 分钟；制作影片 117 部，电影票房收入 48.9 亿元；图书出版社 14 家；公开发行报纸 95 种，出版期刊 233 种；新闻出版营业收入 23.4 亿元。

（五）坚持深度融合，挺进万亿产业，着力提升文化竞争力。浙江深入实施万亿级文化产业推进工程，加快推进文化产业提质增效和转型升级，聚力打造全国文化内容生产先导区、文化产业融合发展示范区、文化产业新兴业态引领区，文化整体竞争力显著提升。

1. 打造文化产业发展支撑平台。2018 年 4 月，省政府常务会议审议通过了由省委宣传部会同省发展规划研究院、杭州市委宣传部编制的《之江文化产业带建设规划》，目标是依托"一带一核五极多组团"空间布局，力争把"之江文化产业带"打造成为全省文化产业发展的主引擎地带、全国文化产业发展的重要增长带。同时，加快推进浙东唐诗之路、钱塘江唐诗之路、瓯江山水诗之路、大运河诗路"四条诗路"；做强横店影视文化产业实验区、中国（浙江）影视产业国际合作实验区等一批文化产业大平台；培育打造文化产业重点县（市、区）、文化类特色小镇、重点文化产业园区、文化创意街区。目前，全省拥有各类文化产业园区 140 多个，多数园区文化产业产值占比超 70%，产业集聚力逐步显现。

2. 做大做强文化市场主体。文化市场主体快速成长，"党报上市第一股"浙报传媒完成新一轮资产重组；浙江广电集团、浙江出版联合集团成为主营业务超 100 亿元的文化集团；以阿里影业、华策影视为龙头，全省 1400 余家影视企业串联成一个庞大的产业群；5 家文化企业入选全国"文化企业 30 强"、2 家获提名，入选数量名列全国各省（区、市）第一；宋城、乌镇、大运河、鲁迅故居等文旅项目实现了遗产保护与开发的双赢。目前，全省上市文化企业达 39 家，100 余家文化企业成功登陆"新三板"。

3. 大力发展新兴文化业态。各类文化业态竞相发展，电影、电视剧和动画片产量分别约占全国的 1/12、1/4、1/5；数字阅读、数字出版、网络剧、互联网娱乐等"文化＋科技"新兴文化业态突飞猛进，杭州数字出版基地集聚数字出版企业近 400 家，年产值超过 100 亿元；中国移动、中国电信和华数传媒等三大数字内容投送平台全面建成，中国移动手机阅读基地（咪咕数媒）覆盖近 5 亿用户，年收入超 65 亿元；中国国际动漫节、义乌文交会、杭州文博会已连续举办十多届，闻名中外。目前，浙江文化产业综合指数和生产力指数位居全国第四，影响力指数位居全国第三，文化产品出口蝉联全国第二，2018 年全省文化服务进出口 16.64 亿元，覆盖 184 个国家和地区，居全国第一方阵。根据浙江提出打造文化产业"万亿级"目标，到 2020 年，文化产业总产出达到 1.6 万亿元，增加值 GDP 占比达 8%。

二、浙江省文化治理面临的问题

毋庸讳言，与时代新发展、中央新要求、群众新期待、形势新变化相比，浙江文化发展和治理仍存在一些短板，文化发展的不平衡、不充分、不适应、不全面等"四不问题"还不同程度地存在，亟待研究破解和治理完善。

（一）文化发展不平衡：公共文化服务体系和服务水平在地区、城乡间还存在较大差距。为客观评价全省和各设区市的文化发展水平，自 2011 年起，省委宣传部、省统计局等部门每年开展浙江省文化发展指数编制工作，通过对文化资源支撑力、文化价值引领力、公共文化服务力、文化产业竞争力、区域文化创新力和公众评价六大领域指标进行测算，形成年度评价报告。

根据 2018 年浙江文化发展指数报告，全省 11 个设区市的文化发展指数排名为：杭州 131.82、金华 113.29、宁波 112.91、湖州 111.76、嘉兴 110.55、丽水 109.87、舟山 109.54、台州 101.74、绍兴 100.85、衢州 100.13、温州 85.81。很明显，最高的杭州与最低的温州相差 46.01，前三位与后三位的极差也十分明显，表明区域间文化发展的不平衡还比较突出。2016 年最高值与最低值差距为 41.83 个指数点，2017 年的差距收窄至 38.09 个指数点，2018 年又扩大到 46.01 个指数点，说明缩小地区文化发展差距成效还不稳定，也并不容易。

另根据浙江省社科院研究，浙江文化发展水平不平衡主要体现在城与乡、不同地区之间的发展水平、建设成效等方面。例如，农村的公共文化设施多为小型和单一功能场所，大型、综合性文化场馆相对较少。农村和边远、贫困地区基础设施明显落后于城市和经济发达地区。萧山区拥有体育场馆 37 个、剧场和影剧院 17 个、公共图书馆图书藏量 2793 千册，而淳安县分别是 10 个、2 个和 427 千册，洞头区则只有 1 个、1 个和 261 千册。

（二）文化发展不充分：文化产业增加值占 GDP 比重不高，其整体实力和竞争力还不强。根据 2018 年全省文化发展指数及各领域数据，各领域对浙江省文化发展指数的贡献度从大到小排序为：文化价值引领力（39.53%）、公共文化服务力（31.17%）、区域文化创新力（15.89%）、文化资源支撑力（6.84%）、公众评价（4.13%）、文化产业竞争力（2.44%）。文化产业竞争力垫底，贡献度最低，这似乎不合想象，而事实确实如此。

根据中国人民大学的研究成果，中国省市文化产业发展指数由产业生产力、驱动力和影响力三个分指数构成。生产力指数主要关注投入，包括人才、资本、资源等核心要素；驱动力指数主要关注外部环境，包括市场、政策和创新环境；影响力指数主要关注产出，包括经济效益和社会效益。在这三个分指数中，2018 年浙江前两个指数均居第四位，而反映经济效益和社会效益的影响力指数不仅落在北京、江苏、上海之后，也落后于山东、广东、湖南等省。

另据湖北大学等研究的《文化建设蓝皮书：中国文化发展报告（2018）》，浙江文化发展指数虽排名第三，但文化生产分类指数则跌出全国前列，甚至不如四川、河南、广东、山东等省，表明文化生产能力略显不足。

值得注意的是，虽说 2018 年浙江文化产业增加值占 GDP 比重达到 7.5%，高出全国平均水平 3.2%。但也要看到，近年来各省市纷纷把文化产业作为优先打造的亮点和增长点。2018 年北京文化产业增加值占 GDP 比重为 9.6%，居全国之首；广东文化产业增加值连续 16 年居全国第一，其中深圳文化产业增加值占 GDP 比重已超过 10%；上海文化产业增加值占 GDP 比重表面看是 6.8%，但加上文化相关产业增加值则超过 25%，湖南、安徽、四川、陕西、河南、河北、吉林、黑龙江等省都有各自的文化发展亮点。比较而言，浙江的文化产业优势并不突出，若与发达国家文化产业增加值占 GDP 比重如美国（25%）、日本（20%）、欧盟（10%—15%）、韩国（15%）等相比，差距更大。

（三）文化发展不适应：文化产品供给尚不能满足广大人民群众高质量、多样化的需求。随着经济发展和生活水平的提高，城乡、地区、老、中、青群体等对文化的需求呈现多元化、区域化、个性化的趋势，当老年人兴高采烈跳着广场舞的时候，年轻人则热衷于动漫、创意、二次元、网红、追星，尤其在移动互联网、大数据、云计算、5G 等技术广泛应用的新时代，多样化、个性化、高质量的快餐文化越来越成为消费热点。

目前浙江文化产品和服务与人民群众日益增长的文化需求还不适应，广受欢迎的精品力作还不多，文化产品的数量、质量有待提高；外贸文化产品发展相对滞后，对经济增长和转型升级的贡献率有待提升；文化遗产保护与构建优秀传统文化传承体系还不适应，抢救保护任务依然繁重，合理利用机制有待健全；"互联网＋"时代的到来和高新科技的日益发展，文化与其他产业的融合越来越紧密，推动文化生产方式和传播方式面临深刻变革。从 2018 年全省文化发展指数及各领域数据看，浙江的文化公众评价偏低，仅为 4.13%，为六大指数的倒数第二位，说明群众对文化供给还不大满意。

同时，浙江文化知识产权问题日益突出，涉网案件增长迅速，著作权案占比最高。2018 年，浙江涉网知识产权案件量大幅提升，新收和审结涉网知识产权民事一审案件 15625 件、13227 件，分别是上一年的 2.6 倍、2.4 倍。在新收的涉网案件中，著作权案件最多，共 8619 件，占涉网案件总数的 55.16%，其中侵害作品信息网络传播权案件 5128 件，占涉网著作权案件的 59.5%；从涉网案件在各类案件的比重来看，涉网专利权案件占比最高，共 3196 件，占专利案件总数的 64.5%，其次是涉网商标权案件，共 3220 件，占商标案件总数的 62.09%。举证难、赔偿低、周期长是知识产权审判面临的三大难题。

（四）文化发展不全面：对文化的认知和重视不够，把文化融入经济、政治、社会、生态等建设全过程尚有较大空间。目前，对文化还存在较大误区，缺乏大文化的认知和自觉，这与 2003 年 7 月习近平同志在"八八战略"中提出建设文化大省，包括建设科技、教育、卫生、体育等四个强省的大文化战略部署，尚存在较大差距。一谈起文化，往往局限于哲学社会科学、文学艺术、历史古迹等精神文化，尚缺乏从物质文化和制度文化等全面部署和推进。

从大文化的视野看文化浙江建设，我们在物质文化以及在科技、教育、卫生、体育等四个强省建设方面还存在较大差距。从科技看，目前浙江区域创新能力居全国第五位，综合科技进步水平居全国第六位，均低于经济总量居全国第四的位次，鲜有进入"无人区"的科技，而卡脖子的科技很多。从教育看，在 2018 年 9 月教育部官方网站公布世界一流大学和一流学科（简称"双一流"）建设高校及建设学科名单中，浙江只有 3 所，排在全国第 12 位，不仅远低于北京（31 所）、江苏（15 所）、上海（13 所），而且大大低于四川（8 所）、湖北（7 所）、陕西（7 所），也低于天津（5 所）、广东（5 所）、辽宁（4 所）、黑龙江（4 所），这无疑会影响浙江的创新和发展后劲。同样，浙江的全民健康和全民健身也存在较大的提升空间。

以上问题的存在，反映了浙江文化治理能力与建设文化浙江的目标还不适应，文化资源配置效率不高，社会力量参与文化建设的广度和深度不够，文化发展方式有待进一步转变；文化人才与文化快速发展还不适应，拔尖文化人才匮乏，经营管理人才紧缺，文化人才队伍建设有待进一步加强；文化体制机制建设还不完善，凝聚部门共识和组织协调还需加强，相关制度和政策亟待完善。

三、浙江省文化治理的指导思想、目标和原则

（一）研究提出的依据。党的十九大提出实现"两个一百年"奋斗目标和实现社会主义现代化分为"两个阶段"安排的时间表和路线图，即到 2020 年全面建成小康社会，到 2035 年基本实现社会主义现代化，到 21 世纪中叶把我国建成富强民主文明和谐美丽的社会主义现代化强国。这是社会主义现代化建设各个领域包括经济、政治、文化、社会、生态等具体目标设定的基本依据。

党的十九届四中全会提出，坚持和完善中国特色社会主义制度、推进国家治理体系和治理能力现代化的总体目标是：到我们党成立一百年时，在各方面制度更加成熟更加定型上取得明显成效；到 2035 年，各方面制度更加完善，基本实现国家治理体系和治理能力现代化；到新中国成立一百年时，全面实现国家治理体系和治理能力现代化，使中国特色社会主义制度更加巩固、优越性充分展现。

根据党的十九大和十九届四中全会精神，浙江省委提出高水平推进省域治理现代化的主要目标是：着力固根基、扬优势、补短板、强弱项，争当省域治理现代化排头兵，成为展现中国特色社会主义制度优越性的重要窗口。到我们党成立一百年时，"最多跑一次"牵引各领域改革全面突破、全面见效，数字化变革全面推进、全面深化，在省域治理上积累形成一整套更加完善的制度体系，为高水平全面建成小康社会提供更有效能的坚实保障；到 2035 年，基本实现省域治理现代化，形成与全面建成"六个浙江"相适应的高水平整体治理效能；到新中国成

立一百年时，高水平全面实现省域治理现代化，形成高水平全面建设社会主义现代化的强有力制度保障。

（二）浙江省文化治理的指导思想。根据上述中央和省委精神研究提出浙江省文化治理的指导思想是：高举习近平新时代中国特色社会主义思想伟大旗帜，全面贯彻党的十九大和十九届四中全会精神，坚持以"八八战略"为总纲，坚持发展中国特色社会主义文化，紧紧围绕高水平推进浙江省域治理体系和治理能力现代化，以传承中华优秀传统文化、培育社会主义核心价值观、弘扬浙江精神为主线，以改革创新、科技进步、开放包容为动力，以完善文化治理体系、提升文化治理能力为着力点，充分发挥以文化人、以文惠民、以文强省的作用，进一步提升文化引领力、文化创造力、文化传播力、文化服务力、文化竞争力，走出一条具有时代特征、中国特色、浙江特点的文化建设之路，为在高水平全面建成小康社会基础上高水平推进现代化浙江提供强有力的文化支撑。

（三）浙江省文化治理的目标。根据上述中央和省委精神，浙江文化治理的目标应包括近期目标、中期目标和远期目标，体现更进一步、更快一步和高水平、现代化的要求。为此，研究提出浙江省文化治理的目标是：到我们党成立一百年时，文化浙江建设全面推进，文化治理体系初步形成，文化治理能力明显提高，初步建成文化强省，为高水平全面建成小康社会提供更有效能的文化支撑；到 2035 年，文化浙江建设全面提升，文化治理体系基本形成，文化治理能力进一步提高，基本实现省域文化治理现代化，基本建成文化强省，为高水平基本实现社会主义现代化浙江提供强有力的文化支撑；到新中国成立一百年时，文化浙江建设全面实现，文化治理体系全面形成，文化治理能力全面提高，省域文化治理现代化全面实现，高水平建成文化强省，为高水平全面建成社会主义现代化浙江提供更全更强更有力的文化支撑。

（四）浙江省文化治理的原则。根据上述浙江文化治理的指导思想和目标，研究提出浙江文化治理的主要原则是：

1. 坚持习近平新时代中国特色社会主义思想指导。把习近平新时代中国特色社会主义思想、习近平新时代文化思想与习近平主政浙江期间的文化大省建设思想统一起来，学思践悟，融会贯通，以更进一步、更快一步的使命担当坚定文化自信，大力弘扬"红船精神"、浙江精神，树立大文化的理念和战略，把文化融入经济、政治、社会、生态文明建设各个领域和全过程，走出一条具有时代特征、中国特色、浙江特点的文化建设之路。

2. 坚持中国特色社会主义先进文化前进方向。以人民为中心，坚定中国特色社会主义文化发展道路，牢牢掌握意识形态工作领导权，以社会主义核心价值观和浙江人共同价值观为引领，加强思想道德建设，坚守中华文化，弘扬浙江文化，坚持"二为"方向和"双百"方针，发展先进文化，创新传统文化，扶持大众文化，引导流行文化，改造落后文化，抵制有害文化，巩固基层文化阵地，促进在全社会形成积极向上的精神追求和健康文明的生活方式，提高公民素质和全社会文明程度。

3. 坚持文化事业与文化产业并举。遵循文化发展规律，把握文化的意识形态和商品的"双重"属性，坚持文化事业与文化产业"两手抓，两手硬"。繁荣文化事业，坚持社会效益优先，大力发展文化事业，推进城乡、区域文化协调发展，不断提高基本公共文化服务均等化水平和群众文化参与度，推动文化发展成果共享，满足群众多样化的文化需求，使全体人民有更多认同感、获得感和幸福感。振兴文化产业，坚持"文化＋"理念，积极转变文化发展方式，促进文化与其他领域深度融合，提高经济中的文化品质，提升文化产业增加值在国民经济中的比重，不断增强文化产业的市场竞争力。

4. 坚持文化科技化和科技文明化。以大数据、云计算、智能化等为标志的新一轮科技革命极大改变着人类的生产方式和生活方式，引发文化理念、文化思维、文化形态和文化需求的深刻变革。要顺应文化科技化发展趋势，把现代新科技、"黑科技"等注入文化领域，大力推进文化治理数字化，实现文化科技化发展。同时，要顺应科技文化文明发展趋势，用先进文明的文化理念和文化思维引导科技研发和应用，守住人类文明的底线，实现科技文明化发展。

5. 坚持不拘一格降人才。积极创造优秀文化人才脱颖而出、文化创造源泉充分涌流、文艺精品佳作竞相涌现的宽松环境。持续加大文化人才培育、引进力度，发展壮大高层次人才队伍，明显改善基层文化队伍结构，推动实现人才数量多、人才类型多、育才手段多、招才方式多、用才平台多，形成层次清晰、特色鲜明、有高原有高峰的文化人才体系，使浙江成为富有创造活力的文化人才高地。

6. 坚持改革创新、开放包容、兼收并蓄。深入推进文化体制改革，加快文化理念创新、制度创新、发展方式创新和文化科技创新，培育文化发展新动力，拓展文化发展和传播空间。加快建立科学有效的文化治理体系与运行机制，完善文化政策法规，增强文化治理能力，提高文化法治化水平，形成浙江文化发展体制机制新优势。坚持浙江文化引进来和走出去并重、走出去与走进去并举，讲好浙江故事，兼收并蓄各国优秀文明成果，构建多层次、宽领域对外文化交流新格局，全面提高文化开放水平。

四、浙江省文化治理的思路

根据党的十九届四中全会和省委十四届六次全会精神，今后一个时期，浙江省文化治理的总体思路应聚焦聚力中央提出的建立完善五个方面的制度和机制，即坚持马克思主义在意识形态领域指导地位的根本制度，坚持以社会主义核心价值观引领文化建设制度，健全人民文化权益保障制度，完善坚持正确导向的舆论引导工作机制，建立健全把社会效益放在首位、社会效益和经济效益相统一的文化创作生产体制机制，以更进一步、更快一步的使命担当，率先探索建立浙江省域文化治理制度和机制，为全国省域文化治理的制度和机制建设提供浙江样本和方案。在工作层面上，应着力建立以下制度。

（一）完善文化治理科学规划制度。科学治理离不开科学规划。要坚持一张蓝图绘到底，把文化发展和文化治理纳入国民经济和社会发展总体规划，并列为专项规划。要搞好文化建设前后规划、年度规划、五年规划和长期规划的衔接，尤其要搞好文化大省建设"八大工程"和文化浙江建设"十大工程"的衔接。要聚焦"两区两高地"的目标搞好规划，即把浙江建设成为公民素质优良、社会文明进步的示范区，文化事业繁荣、文化产业发达、文化名家荟萃、文化氛围浓郁、文化印记鲜明的文化发展先行区，成为在全国具有重要影响的文化高地、文明高地的文化发展和治理的目标。要聚焦"五个一批"搞好规划，即搭建一批文化大平台、做强一批文化大企业、培育一批文化新品牌、打造一批文化新标识、抓好一批重点文化项目，使浙江文化改革发展各项主要指标走在全国前列。

（二）完善文化治理政策保障制度。从浙江实际出发，根据国家文化发展和治理的政策法规，加快文化领域地方立法进程，将文化浙江建设重大政策举措适时转化为法规规章，为文化发展和治理发挥引导推动、规范保障作用。系统梳理浙江推进文化改革发展已有政策措施，根据实际需要制定完善财政扶持、金融支持、土地使用、市场准入、企业认证、项目落户、人才保障、薪酬制度等配套政策。加大公共财政对文化建设的投入力度，建立与经济发展水平相适应、与文化浙江建设需求相对应的文化投入机制，重点支持哲学社会科学发展、公共文化服务体系建设、优秀传统文化传承弘扬、媒体融合发展、文化精品创作生产、中华文化走出去等。健全政府投入与社会投入相结合的多元化资金投入机制，支持社会机构等参与文化建设、提供文化产品和服务。同时，提高文化政策的公开性和透明度。

（三）强化文化治理科学考评制度。建构完善城乡公共文化服务体系，优化城乡文化资源配置，推动基层文化惠民工程扩大覆盖面、增强实效性，健全支持开展群众性文化活动机制，鼓励社会力量参与公共文化服务体系建设。探索建立文化发展和治理评价指标体系，加强对文化发展和治理重大项目资金使用、实施效果、服务效能等方面的监督和评估。探索设立文化产品、文化服务质量监测机制，研究制定公众满意度指标，建立群众评价反馈机制和第三方评价机制，强化督促、检查和考核工作，推动文化发展和治理各项任务落到实处。

（四）加强文化治理组织领导制度。文化发展和治理是社会主义事业的重要内容。各级党委、政府要把文化发展和治理工作摆在更加突出的位置，作为评价地区发展水平和发展质量的重要方面，作为考核评价领导班子和领导干部的重要内容，与经济社会建设一同部署、一同推进、一同考核。切实提高各级领导干部的文化意识、文化素养，提升驾驭文化工作能力、领导意识形态工作能力，推动文化建设与经济建设、政治建设、社会建设、生态文明建设和党的建设协调发展。建立省文化发展和治理机构或领导小组，加强宣传部门对文化和旅游工作的直接领导，配强配齐文化和旅游部门的领导班子，及时协调解决文化发展和治理中的问题。

（五）形成文化治理齐抓共管制度。文化治理是全社会的事，是大家的事，要建立健全党委统一领导、党政齐抓共管、有关部门各负其责、全社会积极参与文化发展和治理的新格局。人大、政协积极履行职能，发挥民主党派、人民团体和社会各界积极作用，发挥人民群众的主体作用，激发全社会文化创造活力，共同推进文化发展和治理。党委宣传部门要发挥牵头抓总作用，加强对文化发展和治理的统筹协调指导。宣传文化系统要自觉贯彻落实中央和省委决策部署，发挥文化发展和治理主力军作用。各地各部门要结合实际制定推进文化发展和治理的政策举措，狠抓落实，确保实效。

五、浙江省文化治理的对策

浙江文化发展和治理有着较好的基础，完全有条件在推进省域文化治理现代化方面大胆探索，率先实践。

（一）深化文化建设内涵，建构大文化发展格局。习近平同志在

"八八战略"中提出的建设文化大省并确立的大文化理念和习近平总书记一再强调的"文化自信是更基础、更广泛、更深厚的自信",是高度契合和一脉相承的,都是站在历史和全局的高度看待文化,需要我们深刻领悟和持久践行。

浙江应着眼于物质文化、精神文化、制度文化相统一的大文化视野,牢固树立大文化理念,深刻认识和把握文化的基础性、引导性、融合性、渗透性、包容性等特点,坚持把文化融入经济、政治、社会、生态文明以及党的建设全过程,继续深入推进科技强省、教育强省、卫生强省、体育强省等各项工作,为建设文化浙江打下坚实的基础。

(二)深化文化价值提升,增强文化软硬实力。文化是灵魂,灵魂是有个性的。由于地理环境、自然条件、历史进程不同,文化具有很强的特质性和差异性。习近平同志曾深刻指出"'浙商文化'是浙商之魂"。深化浙江文化价值的提升,应双管齐下,既要提升精神文化和制度文化的软实力,又要提升物质文化的硬实力,做到软实力不软,硬实力更硬。

提升浙江文化软实力,要坚持中国特色社会主义先进文化,注重弘扬与创新具有"浙味"的优秀传统文化、"红船精神"、浙江精神、浙商精神,以及"务实、守信、崇学、向善"的浙江人共同价值观等,牢牢把握舆论宣传真实、客观、向上的话语权和主导权,讲好"浙里"故事,以此作为浙江发展"干在实处、走在前列、勇立潮头"的精神动力。

提升浙江文化硬实力,要锚定建成全国文化内容生产先导区、文化产业融合发展示范区和文化产业新业态引领区的目标,深入推动文化产业发展"八大计划",使文化产业成为浙江具有较大市场份额和竞争力的产业。深化"文化+"行动,促进文化融入产业、企业和产品全流程全过程,全面提升工业、农业、建筑业、商贸业、新经济、新业态、新模式等的文化含量和文化品位。大力扶持文化领军人物,培育文化龙头企业,打造文化发展平台,择优文化产业项目,建设文化产业集群,提升文化产业价值链和附加值。

（三）深化数字文化科技支撑，抢占网络文化制高点。当前，人类正进入数字化时代和数字文明时代，无论历史古迹遗存、现实财富创造，亦无论物质产品、精神产品都可以数字化了。建立在数字技术基础上的数字文化和网络文化，正颠覆性地改变人类的生产方式和生活方式。浙江正在实施的数字经济"一号工程"，应把数字文化和网络文化的价值创造纳入其中，并引领经济转型升级和高质量发展。

深化数字文化科技支撑。数字文化即是运用数字技术对文化资源和文化产品数字化的过程，包括利用 VR、AR、3D 等数字技术以及互联网、大数据等平台实现文化传播的时空普及与内容升级，具有创新性、体验性、互动性的文化服务与共享特点。这里，关键要掌握数字化技术及其在文化领域的开发平台和应用软件。这方面，浙江尚属短板和拥有很大发展空间。

抢占网络文化制高点。网络文化是以网络信息技术为基础、在网络空间形成的文化活动、文化方式、文化产品、文化观念的集合。网络文化是现实社会文化的延伸和多样化的展现，同时也形成了其自身独特的文化行为特征、文化产品特色和价值观念和思维方式的特点。谁占有网络文化的制高点和话语权，谁就拥有未来。为此，浙江应增强网络文化产品供给能力，办好网上图书馆、网上博物馆、网上展览馆、网上剧场等，大力发展网络游戏、网络动漫、网络音乐、网络影视等网络文化产业，增强文化产业的总体实力。同时，依法加强网络空间治理，加强网络内容建设，营造风清气正的网络空间。

（四）深化文化产权保护，提高文化原创能力。文化艺术产品的价值在其原创性和唯一性。当前，知识产权已成为文化发展的重要资源和文化企业竞争力的核心要素。但在现有法律制度下，文化领域知识产权侵权成本低，举证和维权难度大，被侵权现象突出，许多文物真假难辨，许多文化作品被假冒侵权，甚至李鬼打败了李逵。因此，深化文化产权保护、提高文化原创能力已刻不容缓。

发挥知识产权对文化建设的促进作用，关键要聚焦文化知识产权举证难、赔偿低、周期长这三大问题，可考虑运用区块链技术解决举证难问题，大幅度提高侵权成本解决赔偿低问题，运用网上审判解决周期长问题。为此，需要加快营造良好的保护文化知识产权的环境，这包括：探索建立适应文化工作规律和发展要求的知识产权保护工作机制，建立符合文化系统自身特点的知识产权保护制度，做到有办事机构、办事人员和工作经费，保障知识产权保护的有效开展。全面开展知识产权清理和统计工作，开展知识产权确权、登记、评估工作，为知识产权的运用打好基础。开展文化知识产权保护试点示范工作，探索针对不同门类、不同性质的文化单位、文化产品与服务开展知识产权保护的经验做法，并及时总结推广。加强文化知识产权的宣传，增强企业或个人对知识产权的创造、运用、转化和防护能力，严格市场监管，一经发现假冒侵权行为，立即启动查处程序。完善诚信建设长效机制，健全覆盖全社会的征信体系，加强失信惩戒。

（五）深化文化体制改革，提高文化治理能力。改革既是经济发展的动力，也是文化发展的动力。比较而言，文化体制改革尚滞后于经济体制改革，应成为浙江改革尤其是"最多跑一次"改革的重点领域和关键环节。

加快理顺文旅关系，协同推进大文化发展。根据 2018 年国家机构改革，新组建的文化和旅游部门面临三层关系的进一步明确和理顺：一是原文化部门和旅游部门的关系。机构合并易，机制理顺难。如对基础统计，文化产业、旅游业是继续分开统计还是合并统计，以及统计的规范性和可比性。二是宣传部门和文旅部门的关系。各级党委宣传部在新闻出版、电影等领域增加了行政职能，在文旅融合方面强化了归口领导，亟待明确宣传部门归口管理文旅部门的职责范围和工作机制。三是文旅部门和各有关部门的关系。发展大文化涉及经济、政治、社会、生态等方方面面，仅靠宣传部门、文旅部门是远远不够的，需要建立一个高层次组织协调机构来顶层设计、统一谋划和部署。

改革文化体制机制，实现参与主体的多元化。应充分发挥市场在文化资源配置中的决定性作用，政府实现"由办文化到管文化、由微观管制到宏观监管、由面向文化部门到面向整个社会"的转变，大力支持、鼓励和引导各种文化主体成长，加快国有文化企业在股权激励、员工持股等方面探索，形成百家争鸣百花齐放、社会广泛参与、各类人才辈出、佳品力作充分涌流等的文化氛围，使人民群众的文化需求得到充分满足。

完善文化政策和法规，提高文化治理法治化水平。对国家已出台的相关法律规章，浙江应及时研究制定实施细则；对尚无明确法律条文的实践课题，应大胆探索解决办案和建立地方规章，为国家相关立法储备资源。重要的是，各级党委政府应树立文化法治意识，增强文化法治思维，提高文化执法水平，营造文化法治氛围。

六、关注后疫情文化产业的趋势变化

2020年开年以来暴发的新冠肺炎疫情，虽然目前中国得到有效控制，但全球疫情仍不乐观。

这次暴发的疫情正值春节期间，也是文化消费的旺季，突然经济社会一度停摆，对文化企业、文化产业和文化消费带来前所未有的打击。初步预计，在此次疫情防控期间（保守估计疫情控制到4月份进入基本平稳期，到6月份进入完全控制期）文化产业直接损失可达12592亿元至19322亿元。新冠肺炎疫情对2020年全年文化产业造成的直接损失大约8959亿元，潜在损失约2890亿元。

在以线下为主的部分文化产业领域受到巨大冲击的同时，互联网文化娱乐消费却迎来了高涨的人气。QUESTMOBILE数据显示，春节期间，在中国网民互联网消耗时长方面，视频、游戏两大领域占比上涨了38%，新闻资讯也上涨了9%。短视频、直播等互联网文娱消费新增用户增加迅猛，而云展览、云旅游、云演唱会、云蹦迪等网络化新型文化娱乐活动涌现。

进入后疫情，文化产业将出现以下趋势变化，值得密切关注：

（一）文化产业将加速数字化、智能化、虚拟化，5G、人工智能、云计算、大数据、虚拟现实等数字技术的发展和应用速度加快，数字文化产业占比快速提高，新兴业态持续涌现。

（二）文化产业整体加速整合，大量中小企业消失，市场份额进一步向优质企业集中，文化产业的发展从要素投入型转向内生效率提升型。

（三）内容创作生产企业和文化服务企业的平均人员规模减少，专业人士自由职业化倾向越来越强，企业数字化管理、在线办公将成为趋势。

（四）互联网文娱平台超级内容生态进一步强化，平台在产业链的地位进一步提升，平台成为文化产业内容流、数据流、资金流的关键。

（五）短视频、长视频、直播、游戏、网文、资讯等互联网文娱平台将加速融合，超级平台将出现。

（六）云演唱会、云综艺、云展览等新型模式将持续发展和创新，非现场的互联网娱乐模式将逐渐取代部分现场活动。

（七）视频、直播与社会、商业、娱乐、消费结合更加紧密，万人万物万事皆可视频、直播，视频、直播连接万人万事万物，视频、直播技术和模式将不断创新。

（八）文化产业融资来源发生结构性变化，新型金融服务（数字文化供应链金融）占比和作用快速提升，股权融资难度加大且只有新兴业态受到资本关注，上市和上市后再融资占整体融资的比重将有所提升。

（九）文化产业与相关产业融合进一步强化，以数字化和线下场景体验为主的融合方式、渠道、类型将大幅增加，融合型专业服务企业大有发展。

（十）文化产业园区发展迎来拐点，办公用房需求大幅度下降，部分文化产业转型或退出市场。

随着上述文化产业的十大变化，浙江文化治理体系和治理能力也必然需要进一步完善和提高。

（本章系浙江省人民政府研究室 2019 年重大委托课题"浙江省文化治理对策研究"成果，其简要本发《调查与思考》2020 年 6 月 1 日，得到省政府领导批示；与郭璇合作《浙江省文化治理面临的问题与建议》载《政策瞭望》2020 年第 7 期。）

第五章 浙江践行"两山"理念的探索实践

浙江自然资源系统作为自然资源的主管部门，承担着对自然资源开发利用和保护进行监管、建立空间规划体系并监督实施、履行全民所有各类自然资源资产所有者职责、统一调查和确权登记、建立自然资源有偿使用制度、负责测绘和地质勘查行业管理等重要职责，是开发利用和保护自然资源的第一道关口和第一道防线。

15 年来，在省委、省政府的坚强领导下，全省自然资源系统坚持以"绿水青山就是金山银山"为指导，坚持理念先行、规划引领、集约高效、保护优先、生态治理、因地制宜、科技支撑、改革创新、法治保障，科学规划布局生产、生活、生态空间，做好经济社会发展资源保障和生态环境保护工作，努力争当深入践行"两山"理念的先行者和排头兵，为推动浙江高质量发展、建设美丽浙江、高水平谱写实现"两个一百年"奋斗目标的浙江篇章贡献力量。

一、坚持理念先行，实行绿色发展的目标导向和空间布局

理念是行动的先导，是做好一切工作的出发点。习近平同志指出："绿水青山就是金山银山。这是重要的发展理念，也是推进现代化建设的重大原则。"① 全省自然资源系统坚持以"两山"理念为指导，围绕省委、省政府的决策部署，按照生态优先、绿色发展的目标导向和空间

---

① 习近平：《推动我国生态文明建设迈上新台阶》，《求是》2019 年第 3 期。

布局，忠于职守，尽职尽责，努力把浙江大地的每一寸国土规划好、利用好、守护好。

（一）举旗定向，提高站位，聚焦聚力创建生态省、打造"绿色浙江"的战略目标和空间布局。2002年10月习近平同志到浙江工作后，带领省委一班人做出创建生态省、打造"绿色浙江"的战略部署，领导制定《关于建设生态省的决定》（2003年6月）、《浙江生态省建设规划纲要》（2003年8月），开展"千村示范、万村整治""811"环境污染整治行动和循环经济"991行动计划"，推进"腾笼换鸟""凤凰涅槃"，研究布局杭州湾、温台沿海和浙中城市群及三大产业带建设等，擘画了浙江生产、生活、生态"三生融合"的绿色发展蓝图。

历届省委、省政府按照"八八战略"和创建生态省、打造"绿色浙江"的战略部署和空间布局，一张蓝图绘到底，一任接着一任干。2010年6月，省委十二届七次全会做出《关于推进生态文明建设的决定》，强调坚持生态省建设方略，以深化生态省建设为载体，打造"富饶秀美、和谐安康"的生态浙江，努力把浙江建设成为全国生态文明示范区。2014年5月，省委十三届五次全会做出《关于建设美丽浙江创造美好生活的决定》，强调坚持生态省建设方略，把生态文明建设融入经济建设、政治建设、文化建设、社会建设各个方面和全过程，努力实现天蓝、水清、山绿、地净，建设"富饶秀美、和谐安康、人文昌盛、宜业宜居"的美丽浙江。2017年6月，省第十四次党代会明确要求，"深入践行'绿水青山就是金山银山'的重要理念，大力开展'811'美丽浙江建设行动，积极建设可持续发展议程创新示范区，推动形成绿色发展方式和生活方式，为人民群众创造良好生产生活环境""在提升生态环境质量上更进一步、更快一步，努力建设美丽浙江"。同年7月，省委、省政府印发《浙江省生态文明体制改革总体方案》，提出到2020年，构建起由自然资源资产产权制度、国土空间开发保护制度、空间规划体系、资源总量管理和全面节约制度等八方面组成的生态文明制度体系。2019年3月，省委办公厅、省政府办公厅出台《浙江省领导干部自然资源资产离任审计实施办法（试行）》，标志着浙江领导干部自然资源资产离任审计制度从试点阶段进入全面推行阶段。根据《办法》，对任期内严重损毁自然资源资产和破坏生态环境的领导干部，将实行终身问责。所有这些都为自然资源系统深入践行"两山"理念、更好履行职责指明了方向、锚定了坐标、明确了任务。

（二）协同发力，统筹推进，研究制定推动绿色发展的国土空间布局。为深入践行"两山"理念，推动省委、省政府关于生态优先、绿色发展目标导向和空间布局的落地生根，全省自然资源系统协同有关部门参与省政府具体政策的研究制定。据不完全统计，2005 年到 2018 年，参与以省政府及省政府办公厅发文的相关政策文件 53 个，内容广泛涉及加强重点建设项目用地、低丘缓坡综合开发利用、改进垦造耕地、低效用地再开发、"三改一拆""空间换地""坡地村镇"建设、矿产资源勘探、海域海岛海岸线利用等。如 2014 年，省国土资源厅根据省委、省政府关于"空间换地"的要求部署，提请省政府下发《关于实施"空间换地"深化节约集约用地的若干意见》，围绕加快空间布局优化、实施差别化产业用地政策、加强工业用地出让管理、提升工业用地利用效率、提高城市土地利用效益、加强建设用地批后监管等方面，制定实施一系列推进"空间换地"的激励约束政策。

同时，以国土资源厅、省海洋与渔业局、省测绘与地理信息局，以及省自然资源厅单独或联合有关部门制定下发的具体操作性文件通知 157 个，内容广泛涉及土地开发利用保护、矿地综合开发利用、海洋综合管理、测绘与地理信息管理等方方面面。特别是围绕省委、省政府的中心工作，开展了大量的空间落地工作。如对原绍兴县（后改为柯城区）开展企业投资项目高效审批试点、海宁市要素市场化配置综合配套改革试点、嘉善县域科学发展示范点建设、舟山群岛新区行政审批制度改革试点、德清县开展城乡体制改革试点、义乌国际贸易综合改革试点、"坡地村镇"建设用地试点、矿地综合开发利用采矿权试点、加强"三改一拆"后土地利用、无居民海岛使用权"招拍挂"、海洋测绘安全生产管理、加强矿权管理、深化林权改革等都研究制定了具体的空间落地政策。

（三）坚持不懈，久久为功，助推全省生态文明建设取得显著成效。15 年来，经过全省上下努力和自然资源系统的助力，浙江生态文明建设取得显著成效。2019 年 5 月，生态环境部在北京主持召开浙江生态省建设试点验收会，来自各个领域的 9 位专家（其中 6 名为院士）组成的验收专家组对浙江生态省建设工作给予很高评价，一致同意浙江生态省建设试点通过专家验收。同年 6 月 4 日，生态环境部复函浙江省委、省政府同意浙江省通过生态省建设试点验收，成为全国 16 个开展生态省建设试点的第一个。

丽水市率先探索生态产品价值转化途径，核算绿色 GDP 即 GEP，打造"丽水山耕"品牌，实现"点绿成金"。2018 年 11 月，国务院办公厅印发《关于对国务院第五次大督查发现的典型经验做法给予表扬的通报》，其中对丽水市探索生态产品价值转化途径实现"点绿成金"予以表扬；2019 年 1 月，国家长江办正式发文支持丽水成为全国首个生态产品价值实现机制试点城市；2019 年 3 月，省政府印发《浙江（丽水）生态产品价值实现机制试点方案》；2019 年 10 月，中科院生态环境研究中心发布的《丽水市 2018 年 GEP 核算报告》认为，2018 年丽水市生态产品总值为 5024.47 亿元，比 2017 年 GEP 增加了 351.58 亿元，增幅 5.12%。2018 年 4 月 26 日，习近平总书记在武汉主持召开深入推动长江经济带发展座谈会上指出："浙江丽水市多年来坚持走绿色发展道路，坚定不移保护绿水青山这个'金饭碗'，努力把绿水青山蕴含的生态产品价值转化为金山银山，生态环境质量、发展进程指数、农民收入增幅多年位居全省第一，实现了生态文明建设、脱贫攻坚、乡村振兴协同推进。"[1] 这就是著名的"丽水之赞"，推动了"丽水之干"。

从全省看，浙江生态文明建设遍地开花，硕果累累。到 2019 年，

---

[1]　习近平：《在深入推动长江经济带发展座谈会上的讲话》，新华社 2018 年 6 月 13 日。

全省累计建成国家生态文明建设示范市 1 个，国家生态文明建设示范县（市、区）10 个，国家"绿水青山就是金山银山"实践创新基地 5 个，省级生态文明建设示范市 5 个，省级生态文明建设示范县（市、区）38 个。建成国家级生态市 2 个，国家级生态县（市、区）39 个，国家级生态乡镇 691 个，国家环境保护模范城市 7 个，省级生态市 5 个，省级生态县（市、区）67 个，省级环保模范城市 15 个。根据 2018 年浙江省森林资源公告，全省森林覆盖率为 61.2%（含灌木林），完成水土流失治理面积 454.5 平方公里。

总体上说，习近平总书记期待的"让绿色成为浙江发展最动人的色彩"正在浙江大地一步一步展开，正在成为浙江最绚丽动人的画卷。

二、坚持规划引领，率先探索"多规合一"规划体系和工作格局

规划是融合多因素、多要素地对未来发展战略性、整体性、长期性、操作性的综合谋划和行动方案。习近平总书记高度重视规划的引领性，强调要"切实把生态文明的理念、原则、目标融入经济社会发展各方面，贯彻落实到各级各类规划和各项工作中"。"城市规划建设的每个细节都要考虑对自然的影响，更不要打破自然系统。"① 并对主体功能区规划、土地利用规划、城乡规划等空间规划融合为统一的国土空间规划、实现"多规合一"等做出重大决策部署。浙江坚持把"两山"理念融入各级各类规划，率先探索构建节约集约利用资源和空间布局的规划体系。

（一）率先编制土地利用总体规划，积极探索构建"三生融合"的空间规划布局。改革开放以来，基于人多地少、民营经济发达、工业和城镇建设用地需求迫切的省情，加上政府行动力强的工作基础，浙江一直高度重视土地利用总体规划的编制工作。早在 1999 年 6 月，就率先

---

① 中共中央文献研究室编：《习近平关于社会主义生态文明建设论述摘编》，北京，中央文献出版社 2017 年版，第 10 页、第 48 页。

编制并经国务院批准实施《浙江省土地利用总体规划（1997—2010年)》，成为全国第一个获批的省级土地利用总体规划。《规划》旨在科学合理划定土地利用空间，坚持耕地"占补平衡"，加大土地整理、复垦力度，科学有序开发利用土地资源。

2003—2005年，浙江依据《中华人民共和国土地管理法》，按照国务院有关要求和《全国土地利用总体规划纲要（2006—2020年)》，又编制了《浙江省土地利用总体规划（2006—2020年)》，并于2009年8月经国务院正式批准。总的指导思想是，全面落实科学发展观，深入实施"八八战略"，认真贯彻最严格保护耕地制度和最严格节约用地制度，统筹保障发展与保护资源，正确处理当前与长远、局部与整体、需要与可能的关系，发挥政府对土地调控作用，促进经济转型升级，促进浙江省土地资源的可持续利用。总体目标是，使全省土地节约集约用地水平和生态环境质量继续保持全国领先水平，实现全省城乡共同富裕、生态环境友好和文化全面繁荣；创建良好的具有浙江山海特色风光、田园特色风光和自然生态风光的省域城乡人居环境；建设具有比较发达的生态经济、优美的生态环境、和谐的生态家园、繁荣的生态文化、可持续发展能力全国先进的省份。这为优化全省土地利用结构和布局、强化土地利用空间管制、促进经济社会又好又快发展擘画了蓝图。

在国家有关战略规划指导下，浙江围绕生产、生活、生态等又进一步编制了产业、城市、城乡、主体功能区等空间规划。如编制三大产业带规划，即《浙江省环杭州湾产业带发展规划》(2003)、《浙江省温台沿海产业带发展规划》(2004)、《金衢丽地区生产力布局与产业带发展规划》(2004)；编制城市群规划，即《浙江省环杭州湾地区城市群空间发展战略规划》(2004)、《浙江省温台地区城市群空间发展战略规划》(2004)、《浙中城市群规划（2008—2020)》(2011)；以及制定《浙江省统筹城乡发展推进城乡一体化纲要》(2005)和编制《浙江省主体功能区规划》(2013)、《浙江省海洋功能区规划（2011—2020年)》(2012)、《浙江省海洋主体功能区规划》(2017)、《浙江省矿产资源总体规划（2000—2005 年）》和后续的《浙江省矿产资源总体规划（2009—2015 年）》《浙江省矿产资源总体规划（2016—2020 年）》等，这些规划都把落实最严格的耕地资源、海洋资源、矿产资源保护和节约集约利用作为指导思想，体现了生产、生活、生态"三生融合"的原则。其中，《浙江省主体功能区规划》（2013）是浙江省国土空间开发的战略性、基础性和约束性浙江省主体功能区规划。据此，浙江省人民政府先后批准了全省 11 个市级、80 个县级和 1804 个乡级土地利用总体规划，为全省实现土地用途管制奠定了基础。

（二）率先探索"多规合一"规划试点，积极推进国土空间规划的整体性、系统性、融合性建构。为解决地方规划多头管理、内容冲突、空间规划体系不健全等问题，2014 年，开化县率先探索以"五个统一"为重点的"多规合一"试点，即构建"统一的规划体系"、绘制"统一的规划蓝图"、建立"统一的技术标准"、搭建"统一的信息平台"、探索"统一的管理机制"，将主体功能区规划、城乡规划、土地利用规划、环境功能区划等融合到一张县域图上，编制了《开化县空间规划（2016—2030 年）》。2016 年 2 月 23 日，在中央深改组第 21 次会议上，习近平总书记听取开化县委书记"多规合一"试点情况汇报后，认为开化试点经验是可行的，值得肯定。2019 年 6 月，开化县"多规合一"成果获首届"中国城市治理创新奖"优胜奖。"多规合一"的核心是一本规划、一张蓝图，推动绿色发展和高质量发展。据统计，开展"多规合一"试点的 2014—2016 年，开化县淘汰搬迁企业 123 家，生态移民 1 万余人，同时引进大批绿色项目，传统的工业园也转变为生态工业园，有力推动了绿色生态发展。同时，2014 年，嘉兴市被列为全国"多规合一"唯一四部委"综合性"试点，探索出"市县一体＋全域统筹＋六改联动"的嘉兴模式。

在开化县和嘉兴市探索"多规合一"试点经验的引领下，2016 年 3 月，浙江省政府与国家发改委、国家测绘与地理信息局签订《省级空间性规划"多规合一"试点合作协议》，按照中办、国办印发的《省级空间规划试点方案》，结合浙江实际，以主体功能区规划为基础，以全省域为对象，"先布棋盘"，落实生态、农业、城镇"三类空间"和生态保护红线、永久基本农田、城镇开发边界"三条红线"；"后落棋子"，以"三区三线"为基础，对各类空间性规划核心内容进行整合与创新，着手编制形成"多规合一""一本规划"蓝图绘就的国土空间规划体系，推动浙江探索"多规合一"的国土空间规划体系走在全国前列。

（三）率先探索规划、数据、标准、空间、管理、信息协同机制，形成"六统一"的国土空间规划工作新格局。规划涉及多部门、多学科、多领域，工作千头万绪、错综复杂。15年来，浙江推进国土空间规划编制把规划、数据、标准、空间、管理、信息等协同考虑，统筹谋划，建立健全"六统一"的工作格局。一是构建"统一的规划体系"。按照分级分类型、全域全要素、全程全方位的"四梁八柱"，建立由省、市、县、乡镇四个层级以及总体规划、详细规划、专项规划三种类型共同构成的国土空间规划体系。二是运用"统一的基础数据"。把第三次全国国土调查成果作为国土空间规划的现状基本底图和底数，形成扎实完备的国土空间规划数据基础和底版底图。三是制定"统一的技术标准"。起草浙江省国土空间规划分区分类指南和市级、县级、乡镇级总体规划及详细规划编制技术要点等系列技术规范，有效规范全省各级各类国土空间规划科学编制。四是绘就"统一的空间蓝图"。完成一大批省级规划专题研究，形成省级国土空间总体规划和大湾区、大都市区生态修复，海洋等国土空间专项规划，以及大花园、大通道两项重大战略空间研究成果。五是完善"统一的管理机制"。加大用地、用矿、用海、用林等自然资源要素配置的区域统筹力度，保障规划稳步实施。严格落实边界管控，对重要空间控制线"划区定界"。六是搭建"统一的信息平台"。按照数字政府建设要求，基于国土空间基础信息平台，与国土空间规划编制同步建设国土空间规划实施监督信息系统，加快形成覆盖全省、动态更新、权威统一的国土空间规划"一张图"。

三、坚持集约高效，率先实行"亩均论英雄"，让寸土生寸金

发展经济与保护环境是人类永恒的主题。作为追赶型工业化、城市化、现代化的国家和地区，如何在加快经济社会发展的同时加强资源和环境保护，探索走出一条"用最少的资源环境代价取得最大的经济社会效益"的发展道路，是一个重大的理论和实践课题。习近平指出，"经济发展不应是对资源和生态环境的竭泽而渔，生态环境保护也不应是舍弃经济发展的缘木求鱼，而是要坚持在发展中保护、在保护中发展"。"要大力节约集约利用资源，推动资源利用方式根本转变，加强全过程节约管理，大幅降低能源、水、土地消耗强度。"① 浙江按照发展与保护并重要求，率先实行"亩均论英雄"，让寸土生寸金，闯出了一条节约集约利用资源、高效保障促进经济社会发展的新路子。

（一）集约高效用地，不断深化"亩均论英雄"，千方百计提高土地利用效率。浙江素有"七山一水两分田"之称，可利用的土地资源十分紧缺。改革开放以来，随着工业化、城市化快速发展，土地供需矛盾日益凸显。习近平在浙江工作期间高度重视节约用地，指出："要十分注意节约用地，提高土地利用效率，既要满足城市化对建设用地的合理需求，又要保持耕地总量的动态平衡。"② 鼓励各地要"腾笼换鸟""凤凰涅槃"，探索集约节约用地的有效途径。

1. 不断深化"亩均论英雄"。2006 年上半年，当时的绍兴县首次提出"亩产论英雄"，即以提高"亩产效益"为核心，围绕节约集约用地、节能降耗减排等重点，促进经济增长方式从粗放到集约、从量的扩张到质的提高转变。这一做法得到省委、省政府的充分肯定，后来发展为全省"亩均论英雄"的要求。2013 年，省委、省政府在总结绍兴改

---

① 中共中央文献研究室编：《习近平关于社会主义生态文明建设论述摘编》，北京，中央文献出版社 2017 年版，第 19 页、第 45 页。

② 习近平：《干在实处 走在前列 推进浙江新发展的思考与实践》，北京，中共中央党校出版社 2006 年版，第 508 页。

革实践的基础上，启动了以"亩产效益"为导向的资源要素市场化配置改革试点，并于2014年向24个县（市、区）推广，探索区域性要素交易制度，破除要素配置中的体制性障碍，以此提高土地配置质量和效率。2015年9月，省政府印发《关于全面开展县域经济体制综合改革的指导意见》，全面建立以"亩产效益"为导向的资源要素市场化配置机制。2018年1月，省政府印发《关于深化"亩均论英雄"改革的指导意见》，建立深化"亩均论英雄"改革工作领导小组，提出腾笼换鸟、机器换人、管理增效、设计赋值等"提高亩均效益十法"。"亩均论英雄"成为新时代浙江产业结构调整、经济发展方式转变、迈向高质量发展的重要政策和制度。

通过深入实施"亩均论英雄""标准地""亩产倍增"行动计划和城镇低效用地再开发，全省资源节约集约用地水平不断提高。2016年至2019年末，全省共盘活存量建设用地64.4万亩，完成城镇低效用地再开发49.9万亩。到2018年底，全省建设用地面积1997.6万亩，低于国家下达浙江的2020年末建设用地总规模目标。全省土地开发强度12.6%（控制在期末目标值的13%以内）。2013—2018年，全省规模以上工业企业亩均税收由12.6万元增至28万元，亩均增加值由85.8万元增至104.7万元，分别提高了2.22倍和1.22倍。

2. 开展城镇低效用地再开发。2011年6月，省政府与原国土资源部签署《关于创新国土资源管理机制共同推进浙江海洋经济发展示范区建设合作协议》，提出探索建立建设用地内涵挖潜新机制。2012年4月，省政府出台《浙江省人民政府关于推进低效利用建设用地二次开发的若干意见》，明确提出采取"协商收回、鼓励流转、协议置换、退二优二、退二进三、收购储备"等多种方式积极稳妥推进我省低效利用建设用地的二次开发。2013年，原国土资源部同意浙江为城镇低效用地再开发试点省；2014年，省政府下发《关于全面推进城镇低效用地再开发工作的意见》，并成立由分管副省长任组长的推进城镇低效用地再开发领导小组，连续5年召开现场会，对深入推进城镇低效用地再开发做出部署安排。各级各部门上下联动、相互配合，统筹谋划、主动作为，狠抓落实、深入推进，取得显著成效。一是有效破解了土地保障难题。截至 2020 年 6 月 30 日，全省完成城镇低效用地再开发项目涉及面积约 69 万亩。2019 年，存量建设用地占比由 2014 年的 32% 提高到 41%，增加了土地的有效供给。二是显著提高了土地利用效益。在完成再开发的地块中，工矿仓储用地的平均容积率从 0.8 提高到 1.7，投资强度从 106.6 万元/亩提高到 322.9 万元/亩，亩均产出从 103.3 万元提高到 360.9 万元，亩均税收从 13.3 万元提高到 40.3 万元。三是积极促进了产业升级和经济高质量发展。通过城镇低效用地再开发，推进了整治和淘汰"低小散"企业，为城市提供了 15 多万亩公共基础设施用地，美化了城市环境，有效促进了经济、社会、文化和生态效益的综合提升。

3. 新增建设用地计划分配与存量建设用地盘活相挂钩。2016 年，省国土资源厅下发《关于进一步改进和完善新增建设用地计划管理的意见》，提出改进新增建设用地计划指标使用管理，将新增建设用地计划分配与存量建设用地盘活相挂钩，构建"增量撬动存量"的激励机制。2016 年至今，全省（不含宁波）已根据存量土地盘活情况核定新增建设用地计划指标 13 万多亩，进一步激励了各地眼睛向内挖潜存量，全面提高了全省土地节约集约利用水平。

（二）集约高效用矿，大力推进绿色矿山建设，实现矿产开发与环境保护协调发展。矿产资源是经济社会发展的重要物质基础和维系生态环境的天然屏障。浙江矿产资源已发现固体矿产 115 种，查明资源储量 83 种，非金属矿产丰富，部分矿种探明资源储量位居全国前列。以探明资源储量而言，明矾石、叶蜡石居全国之冠，萤石、伊利石、铸型辉绿岩居全国第二，饰面闪长岩居全国第三，沸石、硅灰石、透灰石、硼矿、膨润土、珍珠岩等列前十名之内。多数矿床规模大，埋藏浅，开采条件好。习近平在浙江工作期间高度重视矿产资源的可持续发展，指出："矿产资源方面，加强对省内采矿作业的安全检查和效益评估，果断关闭一些效益差、对环境建设不利的矿点，眼光向外，充分利用外部资源，确保资源有效供给特别是战略资源的安全。"①

浙江按照"确保资源有效供给"的要求，以开展绿色矿山建设专项行动为抓手，大力推进矿业绿色发展体制机制建设。率先制定实施绿色矿山建设"五化"标准，即资源利用集约化、开采方式科学化、生产工艺环保化、企业管理规范化、闭坑矿区生态化，落实矿山企业建设绿色矿山主体责任，倒逼矿山企业从"只采不治""先采后治"向"边采边治""环境优先"的绿色矿山开发利用模式转变。以科技促转型，大量矿山废石、尾矿、生产废水得到二次利用，资源利用水平显著提高。建立了粉尘防治公开承诺、省级挂牌督办等制度，矿容矿貌得到有效改善。为贯彻落实中央和省委、省政府关于加强矿产资源开发与保护精神，2005 年，省国土资源厅制定《浙江省绿色矿山创建指南（试行）》和《浙江省绿色矿山考核办法》，率先提出"资源利用集约化、开采方式科学化、生产工艺环保化、企业管理规范化、闭坑矿区生态化"的绿色矿山创建标准，确定了 10 家矿山作为第一批试点单位，在全国率先开展绿色矿山建设行动。2008 年 6 月，在两批试点经验的基础上，省国土资源厅会同省环保厅联合出台了《浙江省省级绿色矿山创建管理暂行办法》，详细规定了省级绿色矿山的申报程序、验收命名、优惠政策等内容，并及时召开了全省绿色矿山创建工作现场会，对全省绿色矿山创建工作进行了部署。2017 年 5 月，原国土资源部等六部委《关于加快建设绿色矿山的实施意见》下发后，又及时进行转发并启动浙江省绿色矿山建设三年行动，推动绿色矿山建设进入新阶段。截至目前，全省通过第三方评估的矿山 268 家，54 家矿山纳入全国绿色矿山名录。

（三）集约高效用海，坚持海洋经济发展与海洋环境保护相统一，

---

① 习近平：《干在实处 走在前列 推进浙江新发展的思考与实践》，北京，中共中央党校出版社 2006 年版，第 60 页。

协调推进海洋经济强省建设和海洋蓝色屏障建设。浙江是海洋大省，海域辽阔，海岸线长，海岛众多，海洋资源丰富。习近平在浙江工作期间高度重视海洋，把海洋摆在十分突出的战略位置，做出"加快建设海洋经济强省"的重大决策，全面系统阐述了浙江发展海洋经济、建设海洋强省的战略意义、战略目标、战略任务、战略布局和战略措施，形成科学完整的"经略海洋"战略思想。在实施加快建设海洋经济强省战略中，习近平十分强调海洋环境保护，提出"保护海洋环境是生态省建设的重要组成部分"。把"正确处理发展海洋经济与海洋环境保护和生态建设的关系，高度重视海洋环境综合治理"① 作为"经略海洋"的重大原则和重要任务。

　　浙江坚持把海洋作为生态省建设的重要内容，强化节约集约用海导向，实行发展海洋经济与保护海洋环境"两手抓"，围绕加快建设海洋经济强省和建设海洋经济发展示范区、海洋生态文明建设示范区、舟山群岛新区等一系列国家战略的实施，推动海洋经济向质量效益型转变、海洋开发方式向循环利用型转变、海洋科技向创新引领型转变。政策举措上，在全国率先推进岸线统筹管理和自然岸线"占用与修复平衡"机制，制定海域使用权和无居民海岛使用权"招拍挂"、用海申请目录等办法，推行用海用岛审批规范化，进一步厘清公益性、经营性用海界线，提高审批效率。颁布海域使用基准价测定规程、评估规范等地方标准，推进海域有偿使用制度落实，提高用海门槛。严格执行国家围填海计划管理和海洋功能区划制度，探索实施围填海计划指标差别化管理，合理安排用海需求。率先完成全省历史围填海处置方案上报，创设性提出"60% 产业建设、25% 生态空间、15% 基础设施"的空间功能布局原则，统筹推进生态保护与资源节约利用。

　　通过强化节约集约用海导向，深入开展"两山"理念海上实践行

---

① 习近平：《干在实处　走在前列　推进浙江新发展的思考与实践》，北京，中共中央党校出版社 2006 年版，第 222 页。

动取得了显著成效，既有力推动了海洋经济强省建设，又有效遏制了海洋生态环境恶化势头。据统计，2018 年，全省实现海洋生产总值 7965 亿元，比 2003 年的 710 亿元增长了 11.22 倍，占全省地区生产总值的比重达 14.17%，比 2003 年的占 7.7% 增长了 1.84 倍。海洋三次产业结构比例由 2003 年的 18∶36∶46 调整到 2019 年的 6.7∶34.2∶59.1，渔业比重大幅下降，工业比重略有提升且结构优化，海洋运输服务业大幅上升，整体结构更趋合理，更具发展的可持续性。同时，近岸海域水质环境总体保持稳中趋好态势，近海渔业资源逐步出现向好趋势。根据《2018 年浙江省生态环境状况公报》，全省近岸海域水体质量呈改善趋势。一、二类海水占 39.6%，三类海水占 17.6%，四类和劣四类海水占 42.8%。目前，已拥有象山县、玉环市、洞头区、嵊泗县等 4 个国家级海洋生态文明示范区，已建国家级、省级海洋自然保护区、特别保护区和海洋公园 14 个，面积 2000 平方公里以上，海洋蓝色生态屏障逐步形成。

总体上说，浙江在人多地少、人均自然资源拥有量低的条件下（人均耕地 0.54 亩，仅为全国人均水平的 36%；以全国平均指数为 100 计，人均自然资源拥有量综合指数为 11.5，仅略高于上海及天津，居全国倒数第三位），通过节约集约高效利用土地、矿产、海洋等自然资源，有效保障了经济社会快速发展，助推了工业化和城市化的基本实现，被国内外专家广泛赞誉为由资源小省发展为经济大省。2003—2019 年，浙江地区生产总值从 9200 亿元增加到 62352 亿元，增长了 6.77 倍；人均生产总值从 19730 元增加到 107624 元（按年平均汇率折算为 15601 美元），增长了 5.45 倍；一般公共预算收入从 706.5 亿元增加到 7048 亿元，增长了 9.97 倍；城镇居民人均可支配收入从 13180 元增加到 60182 元，农村居民人均可支配收入从 5431 元增加到 29876 元，分别增长了 4.57 倍和 5.50 倍，分别连续 19 年和 35 年居全国省区第一位。同期，全省城市化率也由 50.0% 提高到 70.0%，提高了 20%，城市化率由 1978 年低于全国 3.4% 到 2019 年高于全国 9.4%。

四、坚持保护优先，强化土地、矿产、海洋、森林等保护力度

自然资源和生态环境具有破坏易、修复难、后果严重的特点，必须把保护放在首位，摆在优先的位置，防患于未然。正如习近平所说："生态环境没有替代品，用之不觉，失之难存。'天地与我并生，而万物与我为一。''天不言而四时行，地不语而百物生。'当人类合理利用、友好保护自然时，自然的回报常常是慷慨的；当人类无序开发、粗暴掠夺自然时，自然的惩罚必然是无情的。人类对大自然的伤害最终会伤及人类自身，这是无法抗拒的规律。"① 坚持保护优先就是要坚持预防为主，强化土地、矿产、海洋、森林等自然资源保护力度，划定"三区一带多点"的生态保护红线基本格局。

（一）按照"像保护大熊猫一样保护耕地"② 要求，持续实施一系列耕地保护重大工程。浙江耕地紧缺，寸土寸金，如何加强耕地保护，高效利用，让寸土生存金，历来是省委、省政府高度关注和着力解决的问题。早在 2002 年 10 月，浙江省第九届人大常委会就制定了《浙江省基本农田保护条例》，提出"对基本农田实行特殊保护，促进农业生产和社会经济的可持续发展"。接着，省委、省政府及省国土资源部门围绕严格耕地保护、土地有偿使用、占补平衡等制定了具体政策和办法，打出一套造地保障、土地整治、耕地保护，数量、质量、生态"三位一体"保护耕地组合拳，成为全国第一个将耕地保护补偿机制全面覆盖到所有永久基本农田的省份。

持续开展实施系列耕地保护重大工程。主要包括：一是"百万"造地保障工程。2009 年，省政府下发通知，实施"百万"造地保障工程，提出 2008—2012 年，全省力争完成新增耕地面积 106 万亩。二是"812"土地整治工程。全省"百万"造地保障工程圆满完成后，省国

---

① 习近平：《推动我国生态文明建设迈上新台阶》，《求是》2019 年第 3 期。
② 习近平：《像保护大熊猫一样保护耕地》，新华社 2015 年 5 月 26 日。

土资源厅提请省政府实施"812"土地整治工程，即 2013—2017 年，全省计划垦造耕地 80 万亩、建成高标准农田 1043 万亩、农村土地综合整治建设用地 20 万亩。三是"611"耕地保护工程。2016 年 3 月，省国土资源厅下发《"611"耕地保护工程实施方案（2016—2020 年)》，提出到 2020 年底，全省力争完成垦造耕地 60 万亩（其中水田 10 万亩），耕地质量提升 1000 万亩，农村土地综合整治 10 万亩。四是"152"耕地生态建设保护工程。2018 年 7 月，省国土资源厅下发《浙江省"152"耕地生态建设保护工程实施方案》，提出 2018—2022 年，全省建设、改造和提升高标准农田 1000 万亩、垦造和补充耕地 50 万亩、复垦农村建设用地 20 万亩。五是实施"711"土地质量地质调查工程。2016 年，省国土资源厅印发《浙江省土地质量地质调查行动计划（2016—2020 年)》的通知，到 2020 年底完成 70 个县（市、区）的耕地、100 个农业"两区"的土地质量地质调查，建立 1000 万亩永久基本农田示范区土地质量档案，建成较为完善的永久基本农田土地质量（地质环境）监测网络和土地质量地质信息管理系统。这一系列耕地保护重大工程的实施，增加了浙江有效耕地面积，促进了耕地的规模化、标准化，提升了耕地质量，确保耕地占补平衡和耕地保护目标得到有效落实，有效保障了重点工程、产业项目和民生工程用地需求，为促进浙江经济社会又好又快发展提供了土地要素保障。

明确加强耕地保护的目标任务和工作举措。严格保护耕地是浙江永恒的课题。2018 年 2 月，省委、省政府制定《关于加强耕地保护和改进占补平衡的实施意见》，提出进一步严格保护耕地，改进占补平衡管理，为全面实施乡村振兴战略、推进"两个高水平"建设奠定良好的资源基础。总体目标是，到 2020 年，确保全省耕地保有量不少于 2818 万亩，永久基本农田保护面积不少于 2398 万亩，永久基本农田示范区不少于 1000 万亩，粮食生产功能区不少于 800 万亩，累计建成 2004 万亩高标准农田，耕地保护制度更加完善，占补平衡管理更加规范，节约集约利用水平不断提高，实现数量、质量、生态"三位一体"耕地保护新格局,力争在全国率先建成国土资源节约集约示范省。省自然资源部门创新工作举措,提出五个方面的创新试点:选择基础条件比较好的27个县(市、区)开展"村级耕地保护监督员""耕地保护补偿基金"永久基本农田保护"田长制"、"优质土壤基地"和设施农业用地管理制度创新等,推动新时代浙江耕地保护更上一层楼。目前,全省划定永久基本农田2398万亩,划定永久基本农田示范区1003.2万亩,高于国家下达的保护任务和省政府提出的目标。

(二)按照"加强矿产资源勘查、保护、合理开发"[①]要求,调整优化勘查开发布局结构,不断提高矿产资源保护水平。为促进矿业发展和生态环境保护,省人大常委会早在2000年4月就制定颁布了《浙江省矿产资源管理条例》,并于2013年12月进行了修订。省政府组织率先研究制定《浙江省矿产资源总体规划(2000—2005)》《浙江省矿产资源开发利用与保护规划(2001—2005)》和《浙江省矿山生态环境保护与治理规划(2002—2016)》等一系列专项规划,以及市、县矿产资源规划,建立全省矿产资源规划体系。2011年11月,省政府制定印发《关于加强矿产资源勘查工作的意见》,提出要不断增强重要矿产资源保障经济社会发展的能力。

严格按照"规划禁采区内关停,规划限采区内收缩,规划开采区内集聚"的要求,强化规划分区管理,严禁在"两路两侧"、四边区域新设经营性采矿权。按照"控点、做大、做强"的思路,严控采矿权数量,严格开采规模准入,加大矿产开发整合力度。经过布局结构的不断优化,经过15年绿色矿山建设,浙江矿产资源得到有效保护和高效利用。一是矿山企业规模化集约化程度大幅提高。矿山企业总数从最高峰的1.3万多家减少到目前的731家,矿山占用土地总面积从375平方公里减少到131平方公里,大中型矿山占比达63%,单矿平均年开采

---

① 中共中央文献研究室编:《习近平关于社会主义生态文明建设论述摘编》,北京,中央文献出版社2017年版,第45页。

规模从 4.2 万吨提高到 63 万吨，矿山规模化水平大幅度提升。二是矿产资源保护面积大幅增加。禁采区面积从 2005 年的 2 万平方公里增加到 4.53 万平方公里。矿产资源开采区面积从 2005 年的 1 万平方公里减少到了 4580 平方公里，80% 以上的矿山集聚在开采区内，全省六大砂石、六大石灰石、四大萤石矿产开发基地基本成型。三是矿山生态环境大幅改善。湖州市纳入全国绿色矿业发展示范区建设试点。全省形成了一批各具特色的绿色矿山标杆，90% 以上生产矿山按照矿山粉尘防治要求达标运行，使矿山重现绿水青山。

（三）按照"发展经济绝不能以牺牲海洋生态环境为代价"[①] 的要求，多措并举守住浙江海洋生态安全底线。浙江海域量大面广，且承接长江入海口，保护海洋环境难度极大。为保护海洋资源，防治污染损害，改善海洋环境，维护生态平衡，保障人民健康，促进经济社会可持续发展，早在 2004 年 1 月，省人大常委会就制定颁布了《浙江省海洋环境保护条例》，2015 年 12 月又进行了修订，成为浙江保护海洋环境的法律依据。15 年来，省委、省政府无论在发展海洋经济、建设海洋经济强省，还是在贯彻落实浙江海洋经济发展示范区、舟山群岛新区等国家战略中，都把保护海洋环境挺在前面。2017 年 3 月，省政府办公厅印发《浙江省海洋生态建设示范区创建实施方案》，在所有沿海县（市、区）开展生态创建，全方位提升全省海洋生态文明建设水平。

2017 年 11 月，《浙江省海洋生态红线划定方案》正式发布，实施多措并举，守住浙江海洋生态安全底线。一是在全国率先开展海洋生态红线制度试点和入海污染物总量控制试点，海陆联动推进近岸海域和重点海湾污染防治。二是率先全面推行"滩长制"，被列为全国"湾（滩）长制"试点省份。三是率先提出并逐步建立自然岸线"占补平衡"机制，启动"美丽黄金海岸带"整治修复。四是率先立法保护海

---

① 《一步一履总关情——习近平总书记在浙江考察纪实》，《浙江日报》2015 年 5 月 30 日。

洋渔业资源特别是幼鱼资源。2016 年 12 月，浙江省人大常委会通过《关于加强海洋幼鱼资源保护促进浙江渔场修复振兴的决定》，以地方人大专项决定形式为海洋渔业资源保护工作提供法制保障，在全国范围属首例。五是完善海洋防灾减灾体系。2011 年起，逐步建立全国首个省、市、县三级海洋灾害应急指挥机构，全面实施海洋灾害综合观测网、预警网、信息服务网、应急指挥体系、风险评估与区划等五大工程，建成全国站点数量最多（144 个）、类型最全（潮位、生态、雷达、浮标、平台）和覆盖面最广（延伸到领海基线）的海洋自动化观监测网络，率先完成了沿海 34 个县、279 个乡镇的风险调查和评估，先行先试的方法和成果已上升为全国灾害综合风险普查的指导意见和典型案例。六是率先划定重点海湾、重要河口区及其重要生态空间并形成技术指南，划定方案经省政府同意后报自然资源部，为全国做出了示范。近 5 年来，浙江建设国家级海洋特别保护区 2 个、国家级海洋牧场示范区 4 个、鱼类产卵场保护区 10 个，放流水生生物苗种 100 亿余单位。

（四）按照"把我国森林资源培育好、保护好、发展好"[①] 要求，大力开展"森林浙江"建设和"大花园建设"。森林具有丰富的物种、复杂的结构、多种多样的功能，被誉为"地球之肺"，是维系生态安全的绿色屏障。改革开放初期，浙江大部分是荒山，森林覆盖率只有 30% 多。1997 年 6 月，为保护、培育和合理利用森林资源，省人大常委会制定颁布《浙江省森林管理条例》，并分别于 2004 年 5 月和 2017 年 11 月两次修订。接着，又制定出台《浙江省松材线虫病防治条例》(2004)、《浙江省公益林和森林公园条例》（2017）、《浙江省古树名木保护办法》（2017）等法律法规。2014 年 10 月，省委、省政府制定《关于加快推进林业改革发展全面实施五年绿化平原水乡十年建成森林浙江的意见》，持续开展"五年消灭荒山、十年绿化浙江"（1989 年）、

---

① 习近平：《一代人接着一代人干下去　坚定不移爱绿植绿护绿》，《人民日报》2014 年 4 月 5 日。

"森林城市"（2007）、"四边三化"（2012）、"大花园建设"（2018）等行动，把森林覆盖率和蓄积量列入省对市党政领导班子实绩考核评价指标体系，使保护森林生态资源成为全省的共识和共同行动。

经过40多年特别是深入践行"两山"理念以来的努力，浙江森林培育和保护工作取得显著成效，全省森林覆盖率从1979年的36.44%发展到2019年的61.15%，提高了24.71%，位居全国前列。到2018年，全省共建立省级以上自然保护区26个、森林公园127个、湿地公园49个。"东方宝石"朱鹮重返浙江故地、"植物大熊猫"百山祖冷杉世界首例胚胎培养获得成功、长兴扬子鳄种群不断扩大；90%以上的濒危野生动物栖息地以及80%以上的濒危野生植物划入了保护范围，生物多样性得到保护。森林生态功能极大显现，据监测，截至2017年底全省森林植被碳储备量2.58亿吨，森林生态服务功能价值5779亿元。

（五）按照"划定并严守生态保护红线"① 要求，划定"三区一带多点"的全省生态保护红线基本格局。生态保护红线，指在生态空间范围内具有特殊重要生态功能、必须强制性严格保护的区域，是保障和维护国家生态安全的底线和生命线。划定生态保护红线是习近平总书记和党中央的重大战略决策，事关国家生态安全和永续发展。2017年11月，省政府办公厅发布《浙江省海洋生态红线划定方案》，划定全省海洋生态红线区面积1.41万平方公里，占管理海域面积31.72%；大陆自然岸线保有率为35.03%，海岛自然岸线保有率为78.05%；划定海洋生态红线区105片，管控级别分为禁止类和限制类。

接着，2018年7月，省政府印发《浙江省生态保护红线划定方案》，划定生态保护红线总面积3.89万平方公里，占全省国土面积和管辖海域的26.25%。其中，陆域生态保护红线面积2.48万平方公里，占全省陆域国土面积的23.82%；海洋生态保护红线面积1.41万平方公

---

① 中共中央办公厅、国务院办公厅《关于划定并严守生态保护红线的若干意见》2017年2月7日印发。

里，占全省管辖海域面积的 31.72%。划定全省生态保护红线基本格局呈"三区一带多点"："三区"为浙西南山地丘陵生物多样性维护和水源涵养区、浙西北丘陵山地水源涵养和生物多样性维护区、浙中东丘陵水土保持和水源涵养区，主要生态功能为生物多样性维护、水源涵养和水土保持。"一带"为浙东近海生物多样性维护与海岸生态稳定带，主要生态功能为生物多样性维护。"多点"为部分省级以上禁止开发区域及其他保护地，具有水源涵养和生物多样性维护等功能。这对浙江深入践行"两山理念"、全面推进大花园建设、实现绿色发展和高质量发展具有重大意义。

五、坚持生态治理，全方位推进生态修复与综合治理

环境损害和污染的原因十分复杂，必须坚持生态修复与综合整治相结合，既要停止人为干扰破坏，依靠生态系统的自我调节能力与自组织能力使其向有序的方向进行演化，又要加强污染治理，把已经污染的环境治理好。浙江对生态环境修复治理觉醒得比较早，2003 年 10 月 11日，时任浙江省委书记习近平同志在与省委党校部分学员座谈时就明确指出："加强环境保护和生态治理，是我省保障经济和社会持续发展的当务之急、重中之重。"① 随后，浙江持续开展了"千村示范、万村整治"工程、"811"环境污染整治行动、循化经济"991"行动计划、"五水共治""四边三化""三改一拆"以及"五气共治""五废共治"等，推动浙江走上生态修复与综合治理相结合、人与自然和谐共生的发展道路，让浙江大地重现"天蓝、水清、地绿"。

（一）深入推进土地生态修复和治理，形成农田连片与村庄集聚的土地保护新格局、生态宜居与集约高效的农村土地利用空间结构。省委、省政府高度重视土地修复和治理，1997 年以来，省级和大部分市

---

① 习近平：《干在实处　走在前列　推进浙江新发展的思考与实践》，北京，中共中央党校出版社 2006 年版，第 190 页。

县均已编制三轮国土整治专项规划，规划期限分别是 1997—2010 年、2011—2015 年、2016—2020 年，并作为国土整治行动实施的依据。2005 年以来，省委、省政府就国土整治工作专门发文 15 个。其中，2014 年 9 月，省人大常委会制定颁布《浙江省土地整治条例》，成为全国第四个就土地整治进行立法的省份，标志着浙江国土整治工作迈入法制化新阶段；2018 年 8 月，省政府办公厅印发《关于实施全域土地综合整治与生态修复工程的意见》，进一步明确了全域土地综合整治与生态修复工程的总体要求、主要任务、政策措施和工作保障。同时，省国土资源厅等部门也制定出台规范性文件近 30 个，对垦造耕地、农村建设用地复垦、低丘缓坡开发、滩涂围垦、城乡建设用地增减挂钩、生态修复等国土整治各项工作进行规范；制定省级国土整治技术标准 12 项，涵盖专项规划编制、整治潜力调查、工程实施、规划设计、资金预算定额、工程验收评价、耕地质量评定等全业务流程。

2018 年以来，浙江全面实施乡村全域土地综合整治与生态修复，制定实施三年行动计划，提出到 2020 年，全省实施 500 个以上乡村全域土地综合整治与生态修复工程，覆盖 300 个乡镇、2000 个行政村，其中建成 100 个示范工程。目前，全省已批准实施 410 个工程，共涉及 85 个县（市、区）1436 个行政村 248 万名农民，土地面积 1140 万亩，计划总投资 1000 亿元（至 2020 年 3 月 26 日已投资 394 亿元）。总体来看，全省乡村全域土地综合整治与生态修复工程开局良好、有序推进，在促进乡村空间重构、产业重整、环境重生等方面已经取得初步成效，已建成高标准农田 12 万亩，新垦造耕地 3.5 万亩，复垦农村建设用地 1.12 万亩，盘活存量建设用地 3780 亩，建设美丽清洁田园 1.87 万亩，治理污染土地 1500 亩，建立农村土地民主管理制度 194 项。

（二）深入推进矿山生态修复和治理，实施"边开采、边治理"，增强建设绿色矿山内生动力。改革开放初期，由于多方面原因，浙江对矿产资源存在重开发利用、轻生态环境保护治理问题，造成矿山生态环境严重破坏。为加大矿山治理力度，实现矿产资源开发和生态环境保护良性循环，浙江率先建立完善"谁开采、谁保护，谁破坏、谁治理"的矿山生态环境治理和恢复机制。省政府先后制定实施《浙江省矿山自然生态环境保护与治理规划》（2002）、《关于切实加强矿山自然生态环境保护和治理工作的通知》（2003）、《浙江省矿山生态环境保护与治理规划（2016—2020年）》等文件，持续开展"百矿示范、千矿整治""四边三化"废弃矿山治理和深化"四边三化"废弃矿山治理等专项行动，把废弃矿山治理与土地复垦、村庄整治、新农村建设、旅游资源开发、景观建设等结合起来，既消除了矿山边坡安全隐患，又改善了生态环境。到2018年，全省铁路、县级以上公路、河道两侧可视范围内已累计完成废弃矿山治理1236处，治理率达到54.31%；共完成废弃矿井治理2525个，治理率达90%以上。

接着，2018年，省国土资源厅、省"三改一拆"行动领导小组办公室印发《浙江省废弃矿山生态修复三年专项行动实施方案》，全面实施省废弃矿山生态修复三年专项行动，计划累计治理废弃矿山811个。至今累计开工治理废弃矿山724个，开工率为89.27%，累计通过交工验收矿山496个，交工率为61.16%。2019年8月，省自然资源厅、省生态环境厅印发《浙江省露天矿山综合整治实施方案》，提出以"全面摸排、综合整治、生态修复、严格管控"为手段，到2020年底前，全面完成全省露天矿山综合整治工作，资源利用更高效、矿容矿貌更美化、生态环境更优化、开发秩序更有序的露天矿山综合整治工作取得明显成效。

（三）深入推进海洋生态修复治理，扎实开展"蓝色海湾"整治和海岸线生态修复。针对长期以来过度捕捞和粗放经营造成的近海渔业资源枯竭和环境污染问题，浙江逐渐加大海洋生态修复和治理力度。2013年6月，省政府决定开展《浙江渔场修复振兴计划》，实施渔场修复振兴"五大行动"计划。即开展专项执法行动、"百万千瓦减船转产"行动、"生态修复百亿放流"行动、基础能力提升"百船千名"行动及"海洋意识强化百千万"行动。2015年，浙江深入推进近岸海域污染防治，在全国率先推行海洋环境月度通报制度，对"三湾一港"（台州港、台州湾、三门湾、乐清湾）、6大入海河流和48个排污口提高监测频次，实施月度监测，以近岸海域水环境质量来反映流域"五水共治"成效。2016年，浙江印发《关于开展入海排污口专项整治工作的通知》，将入海排污口整治提上议程。省环保厅专项制定《关于开展非法和设置不合理入海排污口整治工作的通知》，全面清理非法设置、设置不合理、经整治后仍无法达标排放的入海排污口。2017年12月，省海洋与渔业局印发《浙江省水生生物增殖放流实施方案（2018—2020年）》，旨在科学有序开展水生生物增殖放流工作，助推浙江渔场修复振兴。同时，根据国家部署，积极开展"蓝色海湾"整治行动，温州、宁波、舟山、台州相继获得国家"蓝色海湾"整治行动的奖补资金支持，在温州市洞头区承办了全国"蓝色海湾"整治行动项目推进现场会。

2018年3月，经省政府同意，省海洋与渔业局发布《浙江省海岸线整治修复三年行动方案》（2018—2020年），提出到2020年完成全省342.58公里海岸线整治修复，确保全省大陆自然岸线保有率不低于35%、海岛自然岸线保有率不低于78%，构建水净岸洁、生态和谐、文景共荣的"黄金美丽海岸线"。经过持续开展"蓝色海湾"整治和海洋海岸线生态修复，浙江近岸海域生态环境逐渐有了明显改善。数据显示，2018年，浙江近岸海域一类、二类海水面积占39.6%，比上年提升7.5%；四类和劣四类海水面积下降8.3%，达到实施常规检测以来最好水平，近海海洋渔业资源也出现了好转迹象。

（四）深入推进钱塘江源头区域山水林田湖草保护修复试点。2015年10月，党的十八届五中全会提出，筑牢生态安全屏障，坚持保护优先、自然恢复为主，实施山水林田湖生态保护和修复工程。按照国家统一部署，2016年10月，财政部、国土资源部、环境保护部联合印发《关于推进山水林田湖生态保护修复工作的通知》。2018年10月，《浙江省钱塘江源头区域山水林田湖草生态保护修复工程试点实施方案》

通过竞争性评审，入围国家山水林田湖草生态保护修复第三批试点工程，获得中央财政 20 亿元专项补助支持。随后，自然资源厅会同相关厅局印发《浙江省钱塘江源头区域山水林田湖草生态保护修复资金管理办法》《浙江省钱塘江源头区域山水林田湖草生态保护修复工程试点三年行动计划（2019—2021）年》《浙江省钱塘江源头区域山水林田湖草生态保护修复项目管理办法》等试点管理制度，试点工程共涉及实施 7 大类 79 个重点项目。截至 2019 年 12 月底，已开工 73 个，占92.4%。已立项的 783 个子项目中，已开工 761 个、开工率 97.2%，已验收子项目 252 个、完成率 33.1%，达到了阶段性预期目标。

六、坚持因地制宜，率先探索开展生态"坡地村镇"建设

浙江素称"七山一水二分田"，耕地总量和人均耕地少，长期面临保障发展和保护耕地的"两难"局面，但山地特别是低丘缓坡资源较为丰富，是土地的重要后备资源。在坚持生态环境保护的前提下，如何充分利用山坡地资源进行建设用地开发，从而减少对平原优质耕地的占用，减轻耕地占补平衡压力，切实解决建设用地保障问题，打通"两山"转化通道，助推乡村振兴与农旅产业融合发展，把生态环境的优势转化为生态经济的优势，是浙江迫切需要研究解决的土地利用出路问题。习近平同志指出，"要念好'山海经'"。"就'山'而言，我省'七山一水两分田'，70% 以上是山地和丘陵，这方面大有文章可做。"[①]这为我们充分利用山地和丘陵资源打开了思路。

（一）围绕"建设山上浙江，发展生态经济"的战略目标，探索开展生态"坡地村镇"建设。全省低丘缓坡综合利用工作历经 2006 年开始的造田造地、2011 年开始的"台地产业"试点两个开发利用阶段。党的十八大以来，随着国家实施严格占补政策和省委、省政府提出建设

---

① 习近平：《干在实处 走在前列 推进浙江新发展的思考与实践》，北京，中共中央党校出版社 2006 年版，第 209 页。

"两美"浙江战略的实施，环境保护力度不断加大，原来成片开发利用低丘缓坡的"台地产业"试点难以为继，以建设占用平原优质耕地而补充滩涂围垦造地和山坡造田造地的模式已走到尽头，促使全省低丘缓坡综合利用工作面临着新的抉择。

2014年下半年，省国土资源厅组织专项调研活动，广泛征询各方意见，制定了《全省开展"坡地村镇"建设用地试点工作方案》及《全省低丘缓坡综合利用"坡地村镇"建设用地试点"三个一"行动计划》等配套政策，下发了项目建设用地、林业用地等使用审批管理具体操作意见。2015年初，原国土资源部、国家土地督察上海局为此做了专项调研，给予高度评价和支持。同年4月，经审慎研究，在总结国家级低丘缓坡综合开发利用"台地产业"建设用地试点经验基础上，经省政府批示，省国土资源厅联合8部门制定下发了《关于开展"坡地村镇"建设用地试点工作的通知》和相关配套文件，明确了工作目标、原则、任务、要求、措施等内容，对如何开展试点作了全面安排，以确保试点工作规范有序开展。在省委、省政府领导下，建立了国土、农办、发改、财政、环保、建设、交通、水利、林业9部门参加的"省推进低丘缓坡综合开发利用工作联席会议制度"，统筹协调推进试点工作。联席会议下设"坡地村镇"试点工作办公室，负责试点政策协调落实、试点项目组织实施、试点工作督导评估等日常工作。

（二）按照"整体谋划、制度先行、逐步推进、规范实施、结果可控"原则，分批分期组织实施生态"坡地村镇"建设试点。自2015年下半年起至2017年，全省38个县（市、区）共申报试点项目379个、建设用地24000亩，省自然资源厅按照"符合要求、总量控制、好中选优、确保实效"的原则，对村庄建设项目应保尽保、城镇建设项目保障重点、旅游建设项目好中选优、特色产业建设项目适度安排，从中选取了条件较为成熟的184个项目，经各成员单位联审、联席会议核准，先后分三批核准实施了项目146个、建设用地9571亩。其中，村庄类项目18个、建设用地746亩；城镇类项目18个、建设用地2214亩；

农旅类项目 98 个、建设用地 5594 亩；绿色产业类项目 12 个、建设用地 1017 亩。

为确保各地准确领会和把握试点政策、规范实施试点项目，每年每批试点项目核准后，省自然资源厅都举办一期专项培训班，邀请相关专家宣讲试点政策和技术要求，累计培训 800 多名人员。在试点推进过程中，省自然资源厅每年对各试点项目进行一次实地督导，并召开一次试点项目实施推进会，以指导面上政策和总结完善工作，总结试点工作开展情况，研究推进试点工作措施。2015—2017 年，省自然资源厅先后组织召开了 4 次联席会议和 2 次联络员会议，定期听取试点工作开展情况汇报，研究解决试点工作重大问题和推进政策措施。同时，积极督促和指导各试点项目所在县（市、区）建立健全由政府牵头、部门参与的试点工作协调机制。到 2017 年底，全省已有 24 个县（市、区）建立由政府领导挂帅、部门负责人参加的试点工作领导小组或试点项目推进协调小组等工作协调机构。

为确保试点工作每一个环节、每一个流程都有章可循、规范运作、结果可控，2018 年以来，省自然资源厅先后制定下发了《关于做好低丘缓坡开发利用推进生态"坡地村镇"建设的若干意见》以及试点项目申报和审查、用地管理、负面清单、实施验收等 15 个配套规范性政策文件。同时，还建立了试点项目进度月报制度、项目进展通报制度、试点项目实施评估制度和试点项目退出机制，定期对试点项目实施情况进行专项督查，切实加强试点项目实施全程监管和指导工作。《浙江国土资源通讯》还专设了"低丘缓坡综合开发利用专刊"，已先后编发 35 期，动态报道全省试点工作推进情况、地方典型做法和成效，推动试点工作更好更有效地开展。目前，在不断研究完善落实试点政策和全面验证试点政策应用成效的基础上，拟由省政府发文、覆盖全省的《浙江生态"坡地村镇"建设指南（试行）》正在编制中，将试点政策常态化、普惠化，深入推进全省低丘缓坡地资源开发利用工作。

（三）立足探索、立足创新、立足成效，建立"开发与保护并重，建设与环境融合"的山坡地开发利用新机制。省自然资源厅从土地利用顶层设计入手，在不突破国家现行法律法规的前提下，注重体现差别化、精细化，注重符合山坡地土地利用管理实际，注重满足新产业新业态土地利用需求，着力提高自然资源管理效率和开发利用效益。经过5年多探索与实践，已逐步形成了涵盖项目选址、设计、用地、建设、验收、登记发证等全过程的山坡地开发、利用、管理新机制。

山坡地开发利用新机制主要有五点：一是"多规合一、精准用地"。按照"依山而建，依势而就"的要求，结合土地利用总体规划调整完善，落实试点项目建设用规划空间。做好土地利用总体规划与城乡规划、林地保护利用规划、水土保持总体规划、环境保护规划等相关规划的衔接工作，实现试点项目建设用地空间、布局"多规合一"，确保试点项目能够顺利落地。二是"点状布局、垂直开发"。按照"房在林中、园在山中"的要求，试点项目区块内的建筑实行依山顺势、错落有致、间距适宜的建设规划布局；建设用地按建筑落地面积进行等量开发，对未纳入建设用地开发的部分作为生态保留用地，尽量避免对建筑周边原始生态林地的占用。三是"征转分离、分类管理"。按照"用多少、征多少，建多少、转多少"的原则，对试点项目区内建设占用的土地，须办理农用地转用和土地征收手续，按建设用地实施管理；作为生态保留用地的，可以根据项目开发需要办理征收手续后，仍按原土地用途进行管理，以提高建设用地有效供给。四是"点面结合、差别供地"。按照"具体项目、具体政策"的原则，试点项目中实施点状布局单体开发的建设地块，可以按地块独立供地；实施点状布局整体开发的，可以实行多个单体建筑开发建设地块组合供地。试点项目区内生态保留用地可以采取流转（租赁）方式供地；项目区内符合划拨用地条件的，也可以采用划拨方式供地。五是"以宗确权、一证多宗"。按照"依法办理、简捷方便"的原则，对项目区单个地块供地的，以地块为宗地进行确权登记发证；对项目区内各地块组合供地的，以各地块为宗地进行确权登记，可按地块不同规划用途或产权管理需要核发多宗地一本证书或单宗地一本证书。对办理只征收不转用的生态保留用地，参照国有农用地的登记要求进行确权登记发证。

5 年来，浙江充分利用坡地资源，积极构建"两山"转化用地保障机制，走出了一条统筹"保耕地、护生态、促发展"的低丘缓坡资源开发利用新路子。2018 年，浙江"坡地村镇"建设在"2018 中国三农发展大会"上被评为"2017 中国三农创新十大榜样"，被省政府列为"2018 年度省政府部门改革创新项目"，产生了很好的生态效益。

七、坚持科技支撑，深入实施"数字国土"工程

数字国土是支持构建国土资源管理的信息系统。早在 1999 年 10 月，国家启动数字国土工程建设，浙江随之开启了探索。2003 年 7 月，时任浙江省委书记习近平同志在决策部署"八八战略"中，明确提出"坚持以信息化带动工业化，推进'数字浙江'建设"。这为浙江"数字国土"工程建设指明了方向。2017 年底，省委经济工作会议提出，把数字经济作为"一号工程"来抓，深化数字浙江建设，并出台一系列政策举措，提出建设国家数字经济示范省，制定数字经济五年倍增计划，推动政府数字化转型等。这为新时代浙江深入实施"数字国土"工程，不断推进自然资源管理的数字化、网络化、智能化建设进一步明确了目标任务。

（一）构建国土空间基础信息平台，形成统一的空间规划管控工作底图、底线和底板。在杭州、宁波、嘉兴等地多年探索"智慧城市""智慧国土"工作的基础上，2012 年 8 月，省国土资源厅印发《关于加快推进全省国土资源信息化建设的意见》，提出以实施"金土工程"为抓手，以建设"智慧国土"为目标，以"一张图""四平台"和"三体系"建设为重点，构筑以信息化为支撑的国土资源管理运行体系，创新管理模式，规范管理方式，提升管理效能，不断提高服务能力和管理水平。2014 年 4 月，省国土资源厅组织实施《浙江省国土资源信息化建设"六网"行动计划》，建设省、市、县三级国土资源"一张图"

核心数据库，完善统计监测工作体系，增强统计数据的及时性、有效性和准确性。2018年8月，省国土资源厅印发《关于深化全省国土资源系统"最多跑一次"改革的实施意见》提出，深入推进数字国土工程建设，着力构建国土空间基础信息平台，整合全省国土、测绘、水利、农业、林业、住建等国土空间基础数据，建立完善各类国土空间数据资源体系，形成全省统一的各类空间规划管理的工作"底图""底板"和"底线"。统筹各类国土资源信息系统建设，按照"全打通、全归集、全共享、全对接、全统一、全覆盖"的要求，推进数字国土、智能国土建设，通过技术融合、数据融合、业务融合，实现全省国土资源数据共享体系。

随后，2018年12月，浙江省国土空间基础信息平台上线，平台统筹全省主体功能区规划、城乡规划和土地利用规划等各类空间性规划数据，整合生态保护红线、永久基本农田、城镇开发边界三条红线，实现空间基础数据的归集与共享，为山水林田湖草整体保护、系统修复、综合治理奠定了数据与技术基础。根据省政府2019年全省数字化转型工作评估结果，国土空间信息平台功能上线率、市县贯通率和绩效达成率均达到100%，完成省政府对"8＋13"重大项目的考核要求。目前，全省已归集10000余项空间数据，共计5亿个图斑，实现了遥感影像、土地调查、基本农田、土地规划和土地管理等信息的"站立"查询分析应用，有力推动了集数字化、网络化、智能化为一体的"智慧国土"建设。

（二）增强测绘科技支撑，提高自然资源管理和环境治理的精准度。测绘在国土资源利用、环境保护、城乡建设规划等工作中承担着土地测量、测绘各种地图等基础性工作。15年来，省自然资源厅（原省测绘与地理信息局）大力推进地理信息融合作用，不断增强测绘对自然资源和环境保护精准管理的支撑。

为国土空间规划编制提供1∶2000比例尺基础地理信息资源，可同时支撑省、市、县（市、区）、乡（镇）四级国土空间规划编制工作。

助力第三次全国国土调查，为全省第三次全国国土调查工作输出工作底图，同时针对存量数据现势性较差的 9 个县市区域开展无人机补充航摄，充分保障了调查工作进度和成果质量。在"除险安居"三年行动中，为 1454 个地质灾害隐患点区域提供了高精度地表精细模型，实现了地灾隐患点管理"上图入库"，为快速、高效完成野外调查，提高地质灾害调查成图的精度和质量提供了坚实的基础。在国土空间生态修复动态监测工作中，以基础地理信息数据作为项目空间建库基础底图参考，建立海洋生态修复和矿山生态修复空间数据库，利用多时相影像数据对项目进行影像全息监测。利用中高分卫星遥感影像，为全省重大项目用地审批现状核查、疑似违法用海监视监测、违建别墅清查整治摸排等工作提供技术支持工作，显著提升了管控能力。

充分利用数字城市的建设成果，开展新农村建设测绘保障示范项目。项目收集整合乡镇、村庄的行政区域概况、人口信息、经济信息、基础设施、土地利用、基层组织、劳动力资源、特色产业等八大类，100 余个小类的属性数据和精品观光带、中药材生产区域、绿道规划等多项空间数据，结合电子地图综合展示，为政务决策工作提供了准确、全面、翔实的数据支撑。通过开展新农村基础地理信息数据采集与建库、新农村专题地理信息数据处理与建库、新农村专题地图制作以及开发一系列涉农地理信息系统等工作，为天台县、磐安县、淳安县、龙泉市、安吉县、景宁畲族自治县的新农村信息化建设提供了测绘基础保障。

提高生态环境专项整治智能化水平。2014 年建成全省"清三河（黑河、臭河、垃圾河）"行动地理空间数据库，精准定位全省 6346 条黑河、垃圾河、臭河，为治水部门提供了翔实、准确、可视的数据支持。充分利用无人机遥感等技术，对全省范围内主要河流进行无人机遥感监测，让治水隐患无所遁形。根据作战指挥管理一张图、一张网、一个平台、一个指挥中心的原则，每年编制"五水共治"系列指挥作战专题地图，研发省、市、县三级"五水共治"综合信息平台及浙江省河道督查 App 和 Web 端，为督查人员提供了可随身携带的"活地图"，见证了义乌佛堂排污口等多条河流"由黑到清"的转变。

积极融入全域土地综合整治与生态修复工作，形成全国示范效应。2017 年 3 月，省国土资源厅联合杭州市委、市政府在杭州市西湖区双浦镇开展农村全域土地综合整治试点项目，采用地理信息系统分析、航空航天遥感技术等最新测绘地理信息技术手段，整治工作取得显著成效，得到自然资源部的高度肯定，并作为样板在全国推广。近年来，测绘地理信息助力杭州市区（滨江、大江东、下沙）、建德、永嘉、衢江、开化、常山等地区开展各类整治类项目，当年设计类项目个数约150 个，面积约 7000 亩。

（三）实施"科技兴海"战略，提高科学护海用海能力，形成空—天—岸—海立体化监测网络。浙江对科技兴海高度重视，早在 2003 年8 月召开的全省海洋经济工作上，时任省委书记习近平那就明确提出，深入实施"科技兴海"战略，加快人才培养和引进，大力推进海洋科技创新和进步。经过十余年不懈努力，浙江科技兴海取得显著成效。2017 年 2 月，舟山国家远洋渔业基地被授牌为国家"科技兴海"产业示范基地，成为集码头、冷链服务、口岸监管、后勤配套和水产品交易市场等设施功能于一体的海洋生物资源集散中心。2017 年 10 月，舟山LHD 模块化大型海洋潮流能发电项目成果通过专家鉴定，一致认为该成果总体上达到国际领先水平，成为目前世界上唯一一台实现全天候稳定发电并网的潮流能项目，使浙江乃至我国一跃成为国际海洋能开发的佼佼者。

特别在科技监测海洋环境方面取得突破性进展。率先启动省县海域动态监管能力建设项目，通过无人机、监测车、卫星遥感、现场监测、视频监控等手段综合利用，形成了空—天—岸—海立体化监测网络，为摸清浙江海域资源家底、促进海洋资源集约节约利用提供了精准数据保障和决策支撑。率先在全国推行海洋环境季度监测通报和全省 6 大河流、52 个陆源入海直排口等重点目标月度监测通报制度，海洋环境趋势性监测站位由 101 个增加到 345 个，实现海洋功能区监测站位全覆盖，监测频次由一年 1 次加密为一年 4 次，监测指标由 20 多项增加到 30 多项。建成全国站点数量最多、类型最全、覆盖面最广的海洋自动化观监测网络，设立各类海洋环境监测站位 2000 余个，监测项目覆盖水文、气象、化学、微生物、生物和生态等七大领域共 116 项，累计获得各类监测观测数据共 100 余万组，同时加强海洋生态环境监测评价，在全国范围内率先推出季报、月报评价产品，海洋生态环境监测卓有成效。加强涉海工程建设项目环境监管，积极推行"双随机"检查，有效落实了海洋生态环境保护措施。开展海洋空间资源保护与利用分析评价，从系统角度，对海域使用、岸线利用、渔业资源、生态系统等保护利用和开发情况做了整体性评价，为后续陆海统筹、空间规划等工作奠定了扎实基础。

（四）持续开展"科技兴林"行动，努力打造全国林业科技标杆省。浙江高度重视科技对林业的支撑作用，率先开展"科技兴林"行动。自 2001 年以来连续召开全省林业科技创新大会，连续 19 年开展"科技兴林奖"评选活动。2003 年，省政府与中国林科院开展了全面科技合作，启动了全国首个林业现代化发展战略研究与规划，为全国做出了省院合作的示范。2004 年以来，连续开展了 15 年林业科技周活动，成为全国林业科技服务的品牌。2007 年，湖州市被国家林业局列为第一批国家现代林业示范市；2015 年 12 月，浙江被国家林业局列为"全国深化林业综合改革试验区"；2017 年 1 月，浙江又被列为全国唯一的一个"现代林业经济发展试验区"。

坚持"科技兴林"取得显著成效。多项林业研究成果在全国独占鳌头，科技贡献率和成果转化率在全国遥遥领先，大大高于全国平均水平。"十二五"期间，浙江省林业科技贡献率达到 62%，科技成果转化率增至 65%，有力地促进了林业增效和林农增收，推动浙江林业改革发展走在了全国前列。科技创新让浙江林业实现从资源小省到产业大省的跨越，浙江林地资源虽然仅占全国 2%，但全省林业产业年生产总值超过 6200 亿元，约占全国林业总产值的 8%。率先探索林业"一张图"和智慧林业云平台创立管理新模式，林业信息化率达到 82.7%。率先开展省级种质资源库认定工作，获得国家授权的林业植物新品种 128 个，通过国家审（认）定的林木品种 42 个。航空护林从无到有，森林消防实现从人力扑救到机械化、数字化、专业化灭火的历史跨越，森林火灾发生率和成灾率逐年下降并有效控制在低位。林业有害生物疫情总体继续下降，野生动物救护管理与疫源疫病监测防控成效明显，突发事件应急处置能力不断提升。

八、坚持改革创新，率先探索资源配置市场化的体制机制

改革是动力，是解决一切问题的基础和关键。解决生态环境问题，建设生态文明，是一场涉及生产方式、生活方式、思维方式和价值观念的革命性变革，更需要改革推动。习近平同志指出："要正确处理发展和生态环境保护的关系，在生态文明建设体制机制改革方面先行先试，把提出的行动计划扎扎实实落实到行动上，实现发展和生态环境保护协同推进。""要深化生态文明体制改革，尽快把生态文明制度的'四梁八柱'建立起来，把生态文明建设纳入制度化、法治化轨道。"① 浙江作为改革开放的先行地，在率先推进要素市场化配置、资源有偿使用、土地滩涂治理、"坡地村镇"建设、谁污染谁治理等方面大胆试大胆闯，走出了一条以改革创新推动生态文明建设的新路子。

（一）率先探索土地资源配置市场化，积极开展农村土地制度改革三项试点，促进土地资源保护有效、流动有序、利用高效。早在 1989年 5 月，温州乐清县投标出让了全县第一块国有土地使用权，成为全省全国国有土地使用权第一标，开启了市场化配置国土资源的改革探索。1992 年 3 月，省政府颁布《浙江省城镇国有土地使用权出让和转让实

---

①　中共中央文献研究室编：《习近平关于社会主义生态文明建设论述摘编》，北京，中央文献出版社 2017 年版，第 27 页、第 109 页。

施办法》，这标志着土地有偿使用制度改革全面展开。接着，1999 年 6 月，国务院批准《浙江省土地利用总体规划（1997—2010）》，这是全国第一个获批的省级土地利用总体规划，为全省实现土地用途管制制度奠定了基础。2012 年 4 月以来，省政府出台《关于推进低效利用建设用地二次开发的若干意见》等系列政策，对开展低效用地再开发做出制度安排。

2015 年以来，浙江率先开展农村土地征收、集体经营性建设用地入市和农村宅基地制度改革三项试点：（1）农村土地征收改革，主要是缩小征地范围，建立"一评估、二协商、三公告、四协议"征地程序和土地征收社会稳定风险评估机制，完善被征地农民合理、规范、多元的保障机制。德清县通过集体经营性建设用地入市，带动了当地农民就业，政府收取的土地增值收益调节金返还用于农村基础设施和公共服务设施建设，农村经济社会发展后劲明显增强。（2）农村集体经营性建设用地入市改革，主要是设计"自主入市、委托入市、合作入市"三种形式，分类确定就地入市、调整入市、整治入市三条途径，建立"五统一"制度，坚持收益共享。目前，德清、义乌两地共入市土地 215 宗，面积 1541 亩，交金额 5.02 亿元。（3）农村宅基地制度改革，主要是完善宅基地多种分配制度，建立宅基地有偿使用制度，建立宅基地自愿有偿退出机制，开展宅基地使用权抵押贷款等。义乌市在全国首创首提、先行先试宅基地"三权分置"制度，开展宅基地资格权有偿转让。这些改革试点创造了全国入市第一宗、集体建设用地抵押第一单及农民住房财产权（宅基地使用权）抵押贷款第一单等多个"全国第一"，形成了一批"可复制、能推广、利修法"的改革成果，为《土地管理法》修法提供了浙江经验。其中，宅基地"三权分置"写入了《中共中央国务院关于实施乡村振兴战略的意见》；集体经营性建设用地使用权抵押贷款、集体经营性建设用地入市增值收益调节金征收和使用等做法写入国土资源部、财政部、国家银监会文件，成为全国抵押贷款管理暂行办法和增值收益调节金征收办法的蓝本；德清县入市收益分配办法写入浙江省人大《浙江省农村集体资产管理条例》。

（二）率先探索以招拍挂方式取得海域和无居民海岛使用权，推行养殖用海"三权分置"管理体制改革。长期以来，为了加强海域使用管理，促进海域的合理开发和可持续利用，探索科学管海用海之路，浙江在海洋区划规划、海洋资源管理、海洋综合执法、海洋生态保护和海洋减灾防灾等方面不断进行体制机制创新，为大力发展海洋经济和保护海洋生态环境提供动力。自 2013 年 3 月 1 日起施行的《浙江省海域使用管理条例》和自 2013 年 6 月 1 日起施行的《浙江省无居民海岛开发利用管理办法》中都明确提出，"工业、商业、旅游、娱乐和其他经营性项目用海以及同一海域有两个以上相同海域使用方式的意向用海者的，应当通过招标、拍卖、挂牌方式取得海域使用权""旅游、娱乐、工业等经营性用岛的无居民海岛使用权应当通过招标、拍卖、挂牌等方式取得"，率先要求通过招拍挂方式取得经营性用海用岛的使用权，以提高海域使用价值。而早在 2011 年 11 月，宁波象山县大羊屿无居民海岛使用权拍卖成为全国无居民海岛"第一拍"。2016 年以来，温州苍南县在全省率先推行养殖用海"三权分置"管理体制改革，探索养殖用海所有权、经营权、承包权"三权分置"并行，实施"二级发包"制度，提供"一证到底"用海法治保障，走出了一条"规范管理、人海共荣"的海域养殖管理的新路子，取得了生态保护、产业发展、乡村治理的多项改革成效。

2017 年 2 月，在严格执行国家围填海总量管理制度的前提下，省海洋与渔业局联合省发改委印发《围填海计划差别化管理暂行办法》，旨在建立指标安排与指标使用效率、产业导向、省级重点项目完成情况等内容挂钩的管理机制，提高用海用岛生态门槛，禁止落后产能和"三高"项目用海，倒逼沿海地区加快海洋产业结构优化，促进了海洋资源要素有效保护与高效配置的有机结合。同时，进一步建立健全重大项目用海用岛机制，推行重大项目用海（岛）"即报即审""专人跟进制""咨询商议制"等制度，切实保障了浙江海洋经济示范区等一批国家重大项目加快落地。

（三）深化林权配套制度改革，激活林业发展活力。自1981年在全国率先开展稳定山权林权、划定自留山和确定林业生产责任制的"三定"以来，经历了完善林权制度、延长承包期、深化配套改革等阶段，探索出林地所有权、承包权和经营权"三权分离"，林业股份合作制、林地经营权流转和林业金融改革等创新性做法和经验，极大地激发了林业生产积极性。2006年以来，丽水市把深化集体林权制度改革作为盘活林业资源的关键性举措积极探索，取得了政策制定、机构建设、流转促活、抵押贷款、减免税费和合作经营六个方面突破，有效地激发了林业发展活力，促进了丽水新农村建设。2007年8月，省委、省政府召开全省深化林权制度改革工作电视电话会议，提出在巩固山林延包工作的基础上，以推进相关配套制度改革为重点，进一步做好深化林权制度改革的各项工作。其中包括：坚持家庭承包经营制度不动摇，稳定和完善林业生产责任制，让林农多得实惠，使生态受到保护；要创新林权管理制度，按照"依法、自愿、有偿"的原则，规范森林、林木和林地使用权的合理流转，从制度上保障林业活起来、林农富起来；要拓展林业投融资渠道，大力改进林业金融服务，加快森林资源转变为资产的步伐；要以深化林权制度改革为动力，转变林业发展方式，大力推进现代林业建设。这一系列改革有力推动了浙江由林业资源小省发展为林业产业大省。

（四）率先实现不动产交易登记全过程、全流程"最多跑一次"，深化自然资源管理"放管服"改革。2017年初，省委、省政府部署开展"最多跑一次"改革，不动产登记是"最多跑一次"改革的重点突破领域。2017年3月，省国土资源厅、省建设厅、省地税局联合印发《关于协同推进全省不动产登记"最多跑一次"工作的通知》，对55项不动产登记业务类型实施"最多跑一次"。2018年以来，不动产登记"最多跑一次"改革继续深化，实现了交易税收登记"一窗受理，集成办理"；实现了"不动产登记权属证明"网上申请、自助下载打印；实现了不动产登记与电水气、数字电视、网络宽带等相关事项联动服务；完成了不动产登记"最多跑一次"事项"八统一"梳理，统一编制32个事项37个流程；拓展了"互联网＋不动产登记"服务；推进了不动产登记与电水气等相关事项联动服务，全省全面实现联动办理；扩大了不动产登记范围，全面实现了海域不动产登记；统一开发了"不动产权属证明"网上申请系统，支持各地实现"不动产权属证明"查询零跑路。由此在全国率先实现不动产交易登记全过程、全流程"最多跑一次"，获得了企业和群众的普遍好评。

2018年10月，浙江省自然资源厅挂牌成立，省自然资源厅系统按照机构改革"四合"要求和省委、省政府推进政府数字化改革要求，围绕自然资源管理"两统一、六方面"核心职责要求，聚焦国土空间基础信息平台、不动产登记"一窗云平台"建设，持续扩大经济社会效应，继续打好"网上办""掌上办"攻坚战等重点工作。目前，省自然资源系统"网上办""掌上办"实现率达到100%。

九、坚持法治保障，依法依规护卫美丽浙江建设

法律规章的权威和生命力在于执行。推动"两山"理念落地，推进生态文明建设，既要科学立法，更要严格执法。习近平同志指出："政府要强化环保、安全等标准的硬约束，对不符合环境标准的企业，要严格执法，该关停的要坚决关停。国有企业要带头保护环境、承担社会责任。要抓紧修订相关法律法规，提高相关标准，加大执法力度，对破坏生态环境的要严惩重罚。要大幅提高违法违规成本，对造成严重后果的要依法追究责任。"① 依法依规查处自然资源开发利用和国土空间规划重大违法案件，是自然资源系统的职责。长期以来，省自然资源系统积极履行职责，加强环境执法监管，严格进行责任追究，确保了中央

---

① 中共中央文献研究室编：《习近平关于社会主义生态文明建设论述摘编》，北京，中央文献出版社2017年版，第103页。

和省委、省政府一系列关于保护自然资源和生态环境的条例、规定、规划、意见、通知等的贯彻落实。

（一）以"零容忍"的态度开展违法用地整治整改，坚决遏制违法违规用地行为。自 2008 年开展卫片执法监督检查以来，浙江通过严格查处违法用地案件，实行违法用地"双查"（既查人又查事），对违法用地严重、管理秩序混乱的县（市、区）开展约谈问责，以"零容忍"的态度开展违法用地整治整改工作，从根源上制止违法用地行为。2016 年，浙江首次开展严格执法保护资源"亮剑行动"，在全省开展土地违法大排查、大清理、大整治，到 2017 年，据不完全统计，全省共排查历史遗留的违法用地未依法处置问题 120476 宗，面积 272351 亩，已完成处置 115052 宗，依法处置率 95.5%。同时对执法检查工作进展缓慢的市和县（市、区）政府主要负责人进行约谈，处理一大批责任人，有的移送公安部门追究其刑事责任，使违法用地行为大大减少，为有效保护土地资源，守住耕地保护红线奠定了基础。如 2008—2019 年，嘉兴违法耕地占比由最初的 15% 以上下降至 1% 以内，违法用地类型由原来的经营性违法用地为主到现在的民生工程类为主，经营性违法用地占比不足 1%，违法用地行为多发、高发的势头从根本上得到遏制。

同时，大力推动"标准地"改革。2017 年 8 月，作为浙江省企业投资项目"标准地"试点的德清县国土资源局挂出全省首宗"标准地"出让的公告，在行动层面拉开浙江"标准地"改革的序幕。2018 年 7 月，省政府办公厅制定《关于加快推进"标准地"改革的实施意见》，旨在深化资源要素配置市场化改革，撬动企业投资项目"最多跑一次"改革迭代升级，增创市场有效、政府有为、企业有利、百姓受益的体制机制新优势，大力推动高质量发展。2019 年上半年，全省省级以上平台出让工业项目"标准地"100%，省级以下平台出让工业项目"标准地"96% 以上。

（二）依法依规加强矿产资源勘查开采监管，对违法违规企业形成高压态势。多年来，浙江相继制定了《关于加强对越界开采矿产资源监管工作的通知》《浙江省矿山储量动态监管管理办法》《浙江省矿产督察工作制度实施细则》《浙江省矿产督察工作程序》《关于做好矿产资源勘查开采信息公示工作的通知》《浙江省矿业权人和地矿中介服务机构信用监督管理办法》《浙江省地矿专家信用监督管理办法》等一系列制度文件，通过矿山日常巡查、矿山储量动态监测、矿产督察、矿产资源勘查开采信息公示、地矿信用监管、卫片执法检查以及其他专项检查等手段，切实加强对矿产资源勘查开采的监管。

为全面落实中央生态文明建设各项要求，切实强化全省矿山生态环境保护工作，2019 年 8 月，省自然资源厅、省生态环境厅印发《浙江省露天矿山综合整治实施方案》，其中要求加大对整治工作中存在严重问题的矿山和反面典型的曝光力度，对违法违规企业形成高压态势，营造全社会参与露天矿山综合整治的良好工作氛围。接着，2019 年 9 月，省自然资源厅发布《关于开展全省矿山生态环境保护大排查大整治专项行动的通知》，其中要求对矿山生态环境存在的突出问题要立查立改、迅速整改、限期完成。各地要加强跟踪督促，及时开展验收。对拒不整改或故意拖延、敷衍了事致使不能限期整改到位的，要采取通报、约谈、停产等有力措施，切实压实企业主体责任；情节严重的，要及时移交执法、生态环境等相关部门依法处置，确保本次专项行动取得实效。这标志着浙江依法依规治理矿山、严厉打击违法违规行为进入新的阶段。

（三）全面开展"一打三整治"海上专项执法行动，全面修复、振兴浙江渔场。由于历史的多方面原因，浙江海域污染十分严重，甚至出现海洋荒漠化现象。为加强海洋保护和修复，全面修复振兴浙江渔场，重现"海上粮仓"的盛景，省委、省政府决定，自 2014—2020 年，持续开展"一打三整治"、减船转产和"生态修复百亿放流"三大行动。其中重中之重是开展"一打三整治"，即指依法打击涉渔"三无"船舶和违反伏季休渔规定等违法生产经营行为，全面开展渔船"船证不符"整治、禁用渔具整治和污染海洋环境行为整治，并纳入浙江转型升级组合拳的重要一拳，力争到 2020 年实现浙江渔场渔业资源水平恢复到 20

世纪 80 年代末的水平，海洋捕捞与资源保护步入良性发展轨道。到 2017 年 8 月，全省累计取缔涉渔"三无"船舶 1.5 万艘，初步完成"船证不符"渔船整治 6500 多艘，清缴违禁渔具超过 57.5 万顶（张），查处各类涉渔违法案件近万起，各项指标均位居全国首位，得到了中央领导及国家相关部委的充分肯定和社会各界的普遍赞同，保护海洋渔业资源"全国一盘棋"的格局正在形成。

（四）加大林业执法力度，为保护绿水青山，执法监督出重拳。为加快"森林浙江"建设，让森林资源日益丰饶，浙江整合森林公安、林业有害生物防治检疫等执法力量，组织"雷霆""绿剑""绿盾"等一系列专项活动，严厉打击违法犯罪行动，为全省林业改革发展和森林、野生动植物资源安全筑起了"防护墙"。一是实行铁腕办案，对涉林违法犯罪零容忍。近年来，先后侦破了 126 起林业大案要案，有效地震慑了不法分子，遏制了违法行为的高发态势。二是创新机制，破解林区执法难题。浙江森林公安警力严重不足，仅占全国的 1.48%。为破解执法力量薄弱难题，浙江向机制要效率，推行四级林区警长制。警长制充分发挥民警、基层网格员、护林员的连接作用，建立打防控一体化机制。全省从点到面建立了 200 个林区警务区。三是联防联控，林业、商检、工商、电力等部门联手。十多年来，整合林业系统森检、森林公安等执法力量，连续开展"绿盾护林""绿盾""绿剑"等系列检疫执法专项行动。仅 2017 年上半年，就开展联合执法行动 616 次，出动执法人员 2531 人次，立案查处检疫违法案件 132 起，罚款 35.18 万元，有力保护了浙江的绿水青山。

第六章 加快推进省域国土空间治理现代化的思路举措

　　2020 年 6 月，浙江省委十四届七次全体（扩大）会议围绕深入学习贯彻习近平总书记考察浙江重要讲话精神，努力建设新时代全面展示中国特色社会主义制度优越性重要窗口，提出把"努力建设展示人与自然和谐共生、生态文明高度发达的重要窗口"作为努力建设好 10 个方面"重要窗口"的重要内容，为自然资源系统明确了新目标和新任务。

　　加快推进省域国土空间治理现代化，努力打造成为"重要窗口"的标志性成果，[①] 是贯彻落实习近平总书记对浙江提出的"努力成为新时代全面展示中国特色社会主义制度优越性的重要窗口"的重要内容，是省委、省政府提出的"努力把浙江建设成为展示习近平生态文明思想和美丽中国建设成果的重要窗口"[②] 的重要任务，也是"努力建设展示人与自然和谐共生、生态文明高度发达的重要窗口"的应有之义，对自然资源系统深入践行"两山"理念、坚定履行"两统一、六方面"职责、当好美丽浙江建设的守护者和排头兵具有重大意义。

[①] 袁家军：《深化"多规合一"改革　推动省域国土空间治理现代化》，《浙江日报》2020 年 4 月 29 日。

[②] 车俊：《努力把浙江建设成为展示习近平生态文明思想和美丽中国建设成果的重要窗口》，《浙江日报》2020 年 6 月 2 日。

一、加快推进省域国土空间治理现代化面临的新形势

"两山"理念提出实施 15 年来，在省委、省政府的坚强领导下，全省自然资源系统以"干在实处、走在前列"的精神，创造性地开展工作，在推动"两山"理念空间落地、保障经济社会发展、保护自然生态环境等方面取得显著成效。进入新时代，站在新起点，面对新形势，扛起新使命，深入践行"两山"理念，加快推进省域国土空间治理现代化，面临诸多亟待补齐的短板和着力解决的问题，面临前所未有的机遇和挑战，面临光荣和艰巨的使命担当。

（一）浙江国土空间治理长期积累的矛盾和问题仍然比较突出。主要体现在五个方面：一是资源利用效率还比较低。资源高消耗、环境高污染的粗放型增长模式尚未根本改变。目前，全省土地开发强度已达12.6%，是与浙江地貌相似的日本的 2.5 倍，而万元 GDP 地耗为 23.8平方米，是日本的 4.3 倍。二是资源供需矛盾突出。一方面，新产业、新业态用地需求增加，传统产业用地需求趋减；一方面，用地总体需求仍处于高位，土地总供给不足，一定程度上存在着土地错配、劣配、违法配、低效配等问题，亟待进行结构优化、空间置换和有机更新。三是资源禀赋先天不足。作为资源小省，经过多年占补，耕地后备资源、林地后备资源、水域后备资源几近枯竭，海洋资源短缺也更加突出。全省低丘缓坡垦造耕地后备资源大约 30 万亩，由于严格生态保护和政策调整，部分低丘缓坡和沿海滩涂区不允许继续实施垦造耕地，致使原可垦造耕地的后备资源锐减。四是资源环境保护压力加大。随着工业化、城市化加速推进，自然资源开发与保护不平衡问题突出，耕地保护面临数量、质量和生态等多重压力；历史遗留下来的废弃矿山、矿井还有相当部分存在；近岸海域污染仍未得到有效控制，围填海区域规模偏大，海岸线脏、乱、差现象仍然存在。五是资源利用派生问题有所增加。征地拆迁、安全生产、生态环境、事故灾害等关系群众切身利益方面存在的问题比较突出，群体性事件和恶性极端事件时有发生，各方利益关系和利益诉求日趋复杂敏感，影响社会稳定的风险源还不少。

（二）加快推进省域国土空间治理现代化的重要性和紧迫性前所未有。主要面临八个方面的新形势：一是"努力成为新时代全面展示中国特色社会主义制度优越性的重要窗口"及"努力把浙江建设成为展示习近平生态文明思想和美丽中国建设成果的重要窗口""努力建设展示人与自然和谐共生、生态文明高度发达的重要窗口"的目标定位，对加快推进国土空间治理现代化指明了新方向。二是打赢疫情防控和经济社会发展这"两战"，对坚定走人与自然和谐发展道路提出了新课题。三是深入推动长三角高质量一体化发展和落实国家赋予浙江的一系列战略举措，对高效保障资源要素提出了新需求。四是实现"两个高水平"目标和"六个浙江"建设，对科学编制国土空间规划提出了新要求。五是推进高质量发展和经济结构优化，对节约集约利用资源提出了新任务。六是满足人民日益增长的优美生态环境需要，对加强自然资源保护与生态修复提出了新标准。七是打造"整体智治"现代政府，对自然资源数字化转型提出了新命题。八是深入推进"最多跑一次"改革，对自然资源系统推进便民利企"一件事"集成改革提供了新动力。

（三）加快推进省域国土空间治理现代化的机构职能建设尚需增强。主要是增强四个能力：一是重"统筹"能力，着力做好"三个统筹"。理念上统筹，打破过去土地、矿产、海洋、测绘各自为政的观念，按照"山水林田湖草"系统保护和利用的理念进行整体谋划和空间治理。职能上统筹，坚定履行好"两统一、六方面"的定位和职责。系统内统筹，全系统上下一盘棋，做到事合人合力合心合，联动推进各项工作落实。二是守"底线"能力，着力守住"三条底线"。严守生态保护红线，严格落实围填海管控措施，稳步推进生态修复，落实耕地数量、质量、生态"三位一体"保护，严禁在各类保护地搞违法建设。严守永久基本农田红线，实行最严格的耕地保护制度，绝不能突破国家下达给浙江的耕地保有量和永久基本农田保护任务。严守城镇开发边界，建立统一的空间规划体系，统一行使国土空间用途管制，为城市扩展设定边界，防止城市无序扩张。三是强"保障"能力，着力做到"精准高效"。把提高自然资源供给质量作为主攻方向，坚持差别化供给，优化存量资源配置，扩大优质增量供给，把有限的自然资源精准高效配置到"四大"建设上去，配置到"六稳""六保"重大项目上去，配置到重点区域、重大产业上去。四是增"创新"能力，增强改革"牵引力"和科技"支撑力"。充分发挥"最多跑一次"改革的撬动作用，增强改革的系统性、整体性和协同性，加快形成系统完备、科学规范、运行有效的自然资源管理制度体系。依托政府数字化转型，加快重大科技创新平台建设，提升综合监管效能和科学决策水平。

二、加快推进省域国土空间治理现代化的总体要求和目标原则

展望下一个 15 年，即 2021—2035 年，面对世界百年未有之大变局，面对常态化疫情防控的新情况，面对实现"两个一百年"奋斗目标的历史交汇，面对围绕中华民族伟大复兴而确定的实现国家治理现代化的时间表和路线图，深入践行"两山"理念，加快推进省域国土空间治理现代化，必须清醒把握总体要求、主要目标和基本原则。

（一）加快推进省域国土空间治理现代化的总体要求。坚持以习近平新时代中国特色社会主义思想为指导，全面贯彻落实党的十九大和十九届二中、三中、四中精神，统筹推进"五位一体"总体布局，协调推进"四个全面"战略布局，切实增强"四个意识"、坚定"四个自信"、做到"两个维护"，紧紧围绕习近平总书记对浙江提出的"努力成为新时代全面展示中国特色社会主义制度优越性的重要窗口"的目标定位，按照省委做出的"努力建设展示人与自然和谐共生、生态文明高度发达的重要窗口"的部署，坚持以"八八战略"为统领，坚持"稳中求进"工作总基调，坚持新发展理念，坚持高质量发展，坚持节约优先、保护优先、自然恢复为主的方针，围绕自然资源管理的新职责、新使命、新任务，按照系统性、整体性、重构性要求，认真履行"两统一、六方面"职责，加快推动资源要素从增量扩张型向存量效率型转变，发展保障从单一管控型向资源优配型转变，治理手段从多头分散型向统一协同型转变，监管执法从模糊经验型向精准数字型转变；加快构建自然资源用途管制体系、环境保护修复体系、要素保障体系、资源环境共治共享体系、生态价值实现体系；加快实现要素保障有力、国土空间优化、资源节约集约、保护修复有效、权益维护充分、治理能力提升；加快推进省域国土空间治理现代化，努力打造成为"重要窗口"的标志性成果，争当深入践行"两山"理念的排头兵，为把浙江建成全国生态文明示范区和美丽中国先行区贡献力量。

（二）加快推进省域国土空间治理现代化的主要目标。在完成浙江省委、省政府印发的《浙江省生态文明体制改革总体方案》（2017 年 7 月）中提出的目标任务基础上，即"到 2020 年，构建起由自然资源资产产权制度、国土空间开发保护制度、空间规划体系、资源总量管理和全面节约制度、资源有偿使用和生态补偿制度、环境治理体系、环境治理和生态保护市场体系、生态文明绩效评价考核和责任追究制度等八个方面构成的产权清晰、多元参与、激励约束并重、系统完整的生态文明制度体系，生态文明领域治理体系和治理能力现代化取得重大进展"。研究提出到 2025 年、2030 年、2035 年的主要奋斗目标。

到 2025 年的主要目标，即"十四五"时期的主要目标。围绕自然资源管理的职能任务，深化国土资源节约集约示范省创建，加快建立"两山"转化机制，建立健全产权清晰、多元参与、激励约束并重、系统完整的生态文明制度，初步建立自然资源用途管制体系、保护修复体系、要素保障体系、共治共享体系、生态价值实现体系等五大体系；初步实现要素保障有力、国土空间优化、资源节约集约、保护修复有效、权益维护充分、治理能力提升等六大目标；初步实现省域国土空间治理体系和治理能力现代化，建成展示"重要窗口"的标志性成果；初步建成展示人与自然和谐共生、生态文明高度发达的重要窗口。

一是资源要素安全保障有力。耕地保有量保持在 2818 万亩以上，永久基本农田保护面积 2398 万亩以上。建立国家与地方统筹、增量与存量并举的多元自然资源供给渠道，完善预算式管理、增存挂钩的建设用地指标分配制度，建立高效审批、精细服务的自然资源保障工作机制，海洋开发、控制和综合管理能力全面提升。

二是国土空间格局均衡优化。以国土空间规划为基础，以统一用途管制为手段的国土空间开发保护制度基本建立，基本形成生产空间集约高效、生活空间宜居适度，生态空间山清水秀，安全和谐又充满活力、富有竞争力和可持续发展的国土空间格局。至 2025 年，建设用地规模控制在 2088 万亩，国土开发强度控制在 13% 以内。

三是资源集约利用更加充分。自然资源利用效率和质量进一步提升，持续推进城镇低效用地再开发，加大批而未供和闲置土地处置利用，加大农村存量建设用地盘活力度，2025 年人均城乡建设用地控制目标为 170 平方米，建设用地地均产出达到 38 万元/亩。

四是生态保护修复系统有效。到 2025 年，全省生态保护红线面积 5835 万亩，绿色矿山建成率达到 95% 以上，列入任务清单的废弃矿山治理率 100%，大陆自然岸线保有率不低于 35%，海岛自然岸线保有率不低于 78%。

五是群众权益进一步得到维护。全民所有自然资源资产管理体制基本建立，归属清晰、权责明确、保护严格、流转顺畅、监管有效的自然资源资产产权制度全面建立，自然资源统一确权登记全面推进，现代化不动产登记体系基本形成，各个方面群众权益得到落实。

六是治理能力水平显著提升。自然资源重点领域和关键环节改革成果得到巩固提升，深化"最多跑一次"改革推进政府数字化转型取得明显成效，自然资源大数据平台基本建成，自然资源法律法规体系更加完备，依法行政和执法监管体系更加完善，自然资源领域违法违规行为得到有效遏制，自然资源科技创新与应用水平明显提升。

到 2030 年的主要奋斗目标。围绕自然资源管理的职能任务，推进"两山"转化机制不断完善，产权清晰、多元参与、激励约束并重、系统完整的生态文明制度更加健全，以国土空间规划为基础、统一用途管制为手段的国土空间开发保护制度基本形成，国土资源节约集约示范省基本建成，省域国土空间治理体系和治理能力现代化基本实现。

到 2035 年的主要奋斗目标。围绕自然资源管理的职能任务，全面提升"两山"转化机制，全面提升产权清晰、多元参与、激励约束并重、系统完整的生态文明制度，全面提升生产空间集约高效、生活空间宜居适度、生态空间山清水秀的国土空间格局，高水平建成国土资源节约集约示范省，高水平实现省域国土空间治理体系和治理能力现代化。

（三）加快推进省域国土空间治理现代化的基本原则。

1. 坚持保护优先，自然恢复为主。实施山水林田湖草一体化生态保护和修复，处理好人与自然关系，促进人与自然和谐共生。

2. 坚持统筹兼顾，促进节约集约。实施高效保障经济社会发展和严格保护生态环境并举，加快形成生产空间集约高效、生活空间宜居适度、生态空间山清水秀的国土空间格局。

3. 坚持科学治理，推进综合施策。实施系统治理、综合治理、源头治理相结合，综合运用法制、行政、市场、科技等多种手段，加强源头严防、过程严管、后果严惩。

4. 坚持改革创新，完善监管机制。实行问题导向，突出重点难点，深化最多"跑一次改革"和便民利企"一件事"集成改革，加快数字化转型，健全资源要素市场化配置机制，全面提升自然资源治理能力和治理水平。

三、加快推进省域国土空间治理现代化的总体格局和重大举措

今后 5 年，努力建设展示人与自然和谐共生、生态文明高度发达的"重要窗口"，加快推进省域国土空间治理现代化，重点是着力构建省域空间总体格局和谋划实施一批重大改革、重大政策、重大项目、重大行动。

（一）着力构建"一湾引领、两翼拓展、四极辐射、全域美丽"的省域空间总体格局。"一湾引领"就是发挥杭州湾经济区的引领作用，强

化四港联动，加快打造新型国际物流枢纽中心、新型国际贸易中心、新型金融中心，深化实施杭绍甬、甬舟、嘉湖等一体化战略。"两翼拓展"就是加快东南沿海海洋经济示范区建设和浙西南绿色生态示范区建设。"四极辐射"就是增强杭州、宁波、温州、金义四大都市区的辐射能力，带动全省新型城镇化协同发展。"全域美丽"就是要打造全域大花园。这一总体格局，既是对过去空间发展格局的继承和整合，也是对未来空间发展格局的优化和提升，体现了系统性、整体性、重构性要求。

（二）着力实施一批重大改革，重点深化六大改革。一是深化国土空间规划体系"多规合一"改革。紧扣长三角一体化国家战略，加大空间协同战略方面的研究和改革；在三调的基础上，以双评价为前提，全面摸清空间本底条件，创新"三线一单"管控机制，优化创新空间布局能力，编制与实施国土空间总体规划，推进省域国土空间治理能力现代化。

二是深入推进国家委托建设用地审批权试点改革。高水平做好国务院委托的永久基本农田转用、土地征收审批和自然资源部委托的用地预审、先行用地审批工作，评估完善现有相关制度，逐步建立与重大项目建设相适应的用地审批制度。以服务国家和省重大战略项目实施为重点，完善重大项目用地保障机制，促进土地要素更多向高能级平台、重点城市群倾斜。

三是深化资源要素市场化配置机制改革。围绕发挥市场在资源配置中的决定性作用，全面推进国有建设用地转让、出租和抵押二级市场建设，有序推进农村集体经营性建设用地入市，逐步建立城乡统一的建设用地市场。推进产业用地市场化配置，探索增加混合产业用地供给。推进矿业权出让制度改革，全面推行矿业权竞争性出让，严控矿业权协议出让。深化"标准海"改革试点，探索"集中连片论证、分期分块出让"的供海方式改革。

四是深化自然资源资产产权制度改革。开展全民所有自然资源资产清查，编制全民所有自然资源资产负债表。探索建立委托省级和市级政府代理行使自然资源资产所有权的资源清单和监督管理制度，完善全民所有自然资源资产收益管理制度。

五是深化自然资源领域"两山"转化改革。联动推进淳安特别生态功能区、安吉县域践行"两山"理念综合改革创新试验区、丽水生态产品价值实现机制试点等改革，积极探索生态系统生产总值核算、生态产品市场交易、美丽经济发展激励等创新举措，推进生态产品价值实现机制，打开绿水青山向金山银山转化通道。

六是深化自然资源执法体制机制改革。推进现有自然资源部门及其归口管理部门的土地、矿产、规划、海洋、林业、测绘等行政处罚以及与之相关的行政检查、行政强制等执法职责的整合，推动完善"综合行政执法＋部门专业执法＋联合执法"协同配合机制，推进相关自然资源行政处罚事项纳入乡镇综合执法试点工作。

（三）着力实施一批重大政策，重点推进五大政策创新。一是推进新《土地管理法》配套政策创新。深入推进征地管理制度改革，公布实施新一轮征地区片综合地价，完善被征地农民合理、规范、多元保障机制，制定集体所有土地地面附着物及房屋拆迁补偿办法。结合浙江实际，制定实施农村集体经营性建设用地入市制度，完善集体土地增值收益分配机制。

二是推进围填海历史遗留问题处置政策创新。集成国土空间规划"三线三区"和涉海政策要求，科学划定海岸带区域生产、生活、生态空间，健全海岸带开发保护制度，细化明确海岸带功能分区和管控；并针对存量围填海空间开发利用的重点区域和突破区块，结合陆域空间腾挪转型，探索制定"退二优二""退二进三"等差别化用海政策，推动重大项目在海岸带区域特别是存量围填海区域布局落地。

三是推进乡村振兴土地政策创新。进一步健全乡村全域土地综合整治工程标准化、规范化管理体系，完善协同推进机制，着力打造可复制、可推广的"浙江样本"。完善设施农业用地政策，推进集体经营性建设用地有序入市，建立新产业新业态土地要素保障机制，促进农村

一、二、三产业和城乡融合健康有序发展。

四是推进国土空间用途管制政策创新。深入研究不同国土空间用途管制管理方式和技术方法，围绕加快建立健全国土空间用途统筹协调管控制度，制定生态空间、农业空间、城镇空间、海洋空间等国土空间用途管制规则，构建国土空间用途管制监测评估指标体系，探索建立国土空间用途管制协同机制、实施机制和监管机制。

五是推进全生命周期监管政策创新。建立自然资源统一调查、评价、监测制度，从自然资源保护利用和自然资源业务工作两个角度出发，解决事中事后监管中的盲点及滞后问题，全面梳理用地、用矿、用海、地灾、生态修复、耕地保护的全生命周期，提出自然资源全要素、全生命周期监管的方法。探寻规划统筹、科学调度、行动有力、成效可测的自然资源督察运行机制。

（四）着力实施一批重大项目，重点开展五大工程项目建设。一是开展国土空间生态修复工程建设。到 2025 年实施全域土地综合整治与生态修复项目工程若干个。建立省级绿色矿山标准体系，列入清单的废弃矿山均实现开工，交工验收率达标。完成海岸线整治修复若干公里。全面完成钱塘江源头区域山水林田湖草生态保护修复。谋划实施"瓯江流域山水林田湖草生态保护修复"等重要生态系统保护和修复工程。

二是开展万千亩生态造地工程项目建设。多途径探索造田造地新办法，因地制宜垦造耕地。全省攻坚 25 个上千亩、万亩造地项目，到 2025 年全省力争垦造耕地 30 万亩。

三是开展土地高效复合利用工程项目建设。突出提质增效，努力拓展资源节约集约利用新空间，高起点推进低效用地再开发，不断探索城乡建设节地新模式。推进未来社区建设和老旧小区改造，开展开发区（园区）和产业集聚区整合提升。深化"亩均论英雄"改革，引导资源要素向优势园区、优势产业、优势企业集中。持续推进"标准地"制度改革，新增工业项目用地全面推行"标准地"制度。

四是开展自然资源数字化重大示范项目建设。深化自然资源领域数字化转型，打造完成全省统一的国土空间基础信息平台2.0版，推进省域国土空间治理数字化建设，实现数据资源"一张图"管理，创新数据开放共享和场景化业务协同应用。加快"互联网＋"应用系统建设，持续深化"网上办""掌上办"工作。深化5G、云计算、大数据等新技术在自然资源管理领域的应用。

五是开展"三维浙江"高精度地理实体场景项目建设。通过建设"一库、一平台"（"一库"即高精度地理实体数据库和场景数据库，"一平台"即"三维浙江"高精度地理实体场景服务平台），建成覆盖浙江省域陆海一体的高精度三维地理实体场景，为自然资源管理、省域空间治理数字化、地理信息公共服务等提供有效支撑。

（五）着力实施一批重大行动，重点推进四大行动计划。一是推进自然资源保障服务提升行动计划。以优化审批服务为重点，持续开展"两通道三攻坚"行动，即建立紧急项目即报即办、企业要素需求信息收集两大绿色通道；实施重大项目要素保障、优化流程网上审批、改进工业用地配置方式等三大攻坚。

二是推进自然灾害风险防范提升行动计划。进一步强化源头管控和风险链防控，健全自然灾害防控体系，强化地质灾害等重点领域风险管控和预警。启动地质灾害综合防治能力提升三年行动，推进地质灾害应急快速集中、快速调查、快速评价、快速治理体系建设。深化海洋灾害预警报服务，建立沿海风暴潮重点防御区常态化管理机制。启动地质灾害"整体智治"三年行动，围绕地质灾害风险识别能力、风险监测能力、风险预警能力、风险防范能力、风险治理能力、风险管理能力等六大能力建设，建立"一图一网、一单一码，科学防控、整体智治"地质灾害风险管控新机制，构建地质灾害风险管控分区分类分级管理新体系。

三是推进自然资源统一确权登记行动计划。不断规范农村不动产登记，将农村宅基地和农房确权登记发证纳入日常登记；全面推进林权不动产统一登记，建立林权权属争议调处机制；按照国家统一部署，完成农村土地承包经营权统一登记。

四是推进自然资源维权执法行动计划。深化自然资源扫黑除恶专项斗争、违建别墅问题清查整治专项行动、高尔夫球场清理整治行动、大棚房清理整治行动、千岛湖临湖地带综合整治行动等专项执法行动，不断加强自然资源领域违法查处工作，从严从紧维护自然资源执法监管秩序。

四、加快推进省域国土空间治理现代化的能力建设

治理体系和治理能力相辅相成。努力建设展示人与自然和谐共生、生态文明高度发达的重要窗口，加快推进省域国土空间治理现代化，努力打造成为"重要窗口"的标志性成果，必须克服本领不足、本领恐慌、本领落后的问题，加快推进与治理体系相匹配的治理能力建设。

（一）加强政治建设，提高政治能力。习近平总书记指出："在领导干部所需的各种能力中，政治能力是第一位的。"[1] 讲政治不是空的，保护好自然资源和生态环境也是讲政治。2020 年 4 月 20 日，习近平总书记在陕西秦岭调研时深刻指出："陕西要深刻吸取秦岭违建别墅问题的教训，痛定思痛，警钟长鸣，以对党、对历史、对人民高度负责的精神，以功成不必在我的胸怀，把秦岭生态环境保护和修复工作摆上重要位置，履行好职责，当好秦岭生态卫士，决不能重蹈覆辙，决不能在历史上留下骂名。要自觉讲政治，对国之大者要心中有数，关注党中央在关心什么、强调什么，深刻领会什么是党和国家最重要的利益、什么是最需要坚定维护的立场，切实把增强'四个意识'、坚定'四个自信'、做到'两个维护'落到行动上，不能只停留在口号上。"[2] 这既是对陕西讲的，也是对全国的要求，必须结合浙江实际，学思践悟，举一反三，把握精神实质，坚定贯彻落实。

自然资源部门首先是政治机关，要把讲政治放在首位，提高政治站位，增强"四个意识"，坚定"四个自信"，做到"两个维护"，为做好

---

① 习近平：《推进党的建设新的伟大工程要一以贯之》，《求是》杂志 2019 年第 19 期。
② 《习近平在陕西考察时强调扎实做好"六稳"工作落实"六保"任务奋力谱写陕西新时代追赶超越新篇章》，新华社 2020 年 4 月 23 日。

新时代自然资源管理工作提供坚强的政治保证。一是加强政治学习。全面学习、深刻领会习近平新时代中国特色社会主义思想、习近平生态文明思想和习近平总书记关于自然资源管理的重要论述，并作为自然资源工作的根本遵循。二是加强人才队伍建设。按照"信念坚定、为民服务、勤政务实、敢于担当、清正廉洁"的标准选拔任用干部。注重培养专业能力、专业精神，把专业化干部队伍建设摆上突出位置，研究实施更加积极、更加开放、更加有效的人才政策，努力打造想干事、能干事、干成事的高素质干部队伍。三是加强党风廉政建设。严格遵守中央八项规定和省里制定的实施细则，重点在抓常、抓细、抓长上下功夫，坚决防止"四风"问题反弹回潮。四是深化政治生态评价工作，营造风清气正、干事创业的良好环境。

（二）围绕中心服务大局，提高保障保护能力。自然资源部门肩负着保障经济社会发展和保护资源环境的双重使命和双重责任。发展是硬道理，可持续发展是硬任务，保障和保护必须"两手抓""两手硬"。一是围绕中央关于生态文明建设和国土空间治理现代化的战略部署，围绕当前常态化疫情防控和经济社会发展"两战并重"、实现"双胜双赢"的要求，为做好"六稳"工作，落实"六保"任务，提高保障保护能力。二是围绕"一带一路""长三角一体化""长江经济带"等国家战略的实施等提高保障保护能力。三是围绕省委、省政府的重大决策部署、"四大"建设总体布局和十大"重要窗口"建设，紧扣国家和省重大项目、重点产业、重点区域发展用地用矿用海等，常态化开展"三服务"，提高保障保护能力。四是围绕创建全国生态文明示范区和美丽中国先行区的目标体系、考核办法、奖惩机制等制度建设，进一步细化实施办法，提高保障保护能力。

（三）充分利用大数据技术，提高工作创新能力。大数据技术是以数据为本质的新一代革命性的信息技术。建立在数字技术基础上的数字经济是世界潮流、时代机遇，是新时代的一场新经济革命。省委、省政府率先提出部署"全面实施数字经济'一号工程'，争创国家数字经济示范省"，推动政府数字化转型，打造服务型政府。自然资源部门要履行好职能，推进决策科学化、治理精准化、服务高效化，必须以大数据技术为重要支撑，提高工作创新能力。一是利用大数据深化"最多跑一次"改革，打破自然资源多头管理、部门分割、信息孤岛、数字鸿沟等问题，建好"一库一图一箱一码"，提高便民利企的服务能力。二是利用大数据加快推进新型基础测绘、现代地理信息公共服务等体系建设，加快建立"横向到边、纵向到底"的自然资源数字化体系构架，加快"三深一土"科技创新工程实施，为实行国土、地矿、海洋、森林等"全领域全要素全过程"自然资源管控提供科技支撑。三是利用大数据加快建设省域国土空间治理数字化平台，运用数字孪生空间更好地管理现实空间、未来空间，推动自然资源生态价值统一核算、实施山水林田湖草系统治理工程、全面建设智慧城市智慧海洋智慧国土等，全面提升自然资源管理能力和水平。四是利用大数据加快打造一批典型应用场景，用好国家赋予浙江更大的用地自主权试点政策，创新"亩均论英雄"办法，在杭州城西科创大走廊等典型区域、投资项目谋划实施等典型领域中先行试验，迭代完善形成最佳实践，加快在全省复制推广。

（四）树立整体思维观，提高统筹协调能力。事物具有客观性、整体性和普遍联系的特点，唯有树立整体思维观和全局一盘棋思想，才能做到统筹兼顾，统揽全局，提高洞察事物、工作谋划、整体部署、衔接沟通和整合协调的能力。自然资源部门承担着国土空间治理的职责，涉及天地人、海陆空等综合管控，树立整体思维观、提高统筹协调能力尤为紧迫，尤为重要。要着力提高七大统筹能力：一是提高统筹山水林田湖草一体化生态保护和修复的能力，促进人与自然和谐共生。二是提高统筹高效保障经济社会发展和严格保护生态环境的能力，推动高质量发展和生态环境趋势性好转。三是提高国土空间规划实施能力，加快形成生产空间集约高效、生活空间宜居适度、生态空间山清水秀的国土空间格局。四是提高统筹系统治理、综合治理、源头治理的能力，综合运用法制、行政、市场、科技等多种手段维系自然资源生态平衡。五是提高统筹国土、地矿、海洋、森林、测绘等综合监管能力，从产业、交通、信息、科技、营商、环境等方面实现区域合理分工、有序衔接。六是提高统筹区域协同、城乡融合能力，科学配置国土空间资源，以综合交通网络构架为基础，促进人流、物流、资金流、信息流等要素流动。七是提高统筹中央、省、市、县协同工作能力，上下一张图、一盘棋、一股劲，共同推动各项工作的落实。

（五）强化各级责任担当，提高贯彻落实能力。为政之道，贵在落实。不干，半点马克思主义也没有。习近平总书记反复强调，"空谈误国、实干兴邦""一分部署、九分落实""善始善终、善作善成""撸起袖子加油干""力戒形式主义、官僚主义"。自然资源部门要争当深入践行"两山"理念的排头兵，打造努力展示"重要窗口"的先锋队，唯有唯实惟先，担当作为，实干巧干苦干，提高落实能力。一是提高贯彻落实习近平新时代中国特色社会主义思想的能力，重点是结合自然资源部门的职能定位，认真学习贯彻习近平关于生态文明思想和关于国土资源治理现代化的要求，当好自然资源和生态环境的守护者，真正"做到既要金山银山、更要绿水青山，保护好中华民族永续发展的本钱"①。二是提高贯彻落实省委、省政府决策部署的能力，重点是按照"努力建设展示人与自然和谐共生、生态文明高度发达的重要窗口"的要求，加快推进省域国土空间治理现代化，努力打造成为"重要窗口"的标志性成果。三是提高贯彻落实自然资源部门承担的"两统一、六方面"职责的能力，查找自身问题，加快补齐短板，细化工作职责，压实工作责任。四是坚持以实干论英雄，积极营造领导带头、上下同心、干净干事的制度和氛围。要建立领导干部带头机制，坚持以上率下，一级做给一级看，一级带着一级干。要建立激励奖惩机制，对真抓实干、埋头苦干者，优先提拔重用，优先评优晋级；对不履职、不称

---

① 中共中央文献研究室编：《习近平关于社会主义生态文明建设论述摘编》，北京，中央文献出版社 2017 年版，第 24 页。

职、弄虚作假者，及时提出诫勉甚至除名。要建立容错机制，组织上要鼓励创新，宽容失败，为实干者站台，为担当者担当。

（六）完善政策法规配套，提高监管执法能力。完善政策法规配套，提高监管执法能力是自然资源部门履行职能、维护自然资源管理秩序的基本要求。在完善政策法规配套方面，重点是对照自然资源部门"三定"规定和"两统一、六方面"职能完善管理制度，包括自然资源资产产权制度、国土空间开发保护制度、空间规划体系、资源总量管理和节约利用制度、资源有偿使用和生态补偿制度、环境治理和生态保护市场体系等，并根据国家和省里的新要求制定一些新的相配套措施。同时，深入总结浙江自然资源管理一系列改革试点和重大实践的经验，制订规范性文件、政策性意见和操作性办法，如农村土地制度改革三项试点中有些比较成熟的做法、土地二级市场试点、批而未供和闲置土地长效管理、露天矿山开采准入负面清单、无居民海岛市场化出让等。在提高监管执法能力方面，重点是围绕"统一监测预警、统一执法督察、统一查处整改"建立健全相关法制体系、组织体系、支撑保障体系和执法督察机制。同时，要加强督察整改和大案要案查处，以治标为治本赢得时间空间。继续抓好"三督"问题整改，从严从快查处重大违法案件。继续做好用海用岛疑点疑区核查，将违法违规用海用岛行为遏制在萌芽状态。尽快完善相关法制体系，系统梳理亟须立改废的法规政策标准，确保有法可依、有规可循。抓紧研究执法体制问题和加快研究执法督察机制，在建立健全"早发现、早制止、严查处"的监管机制和责任追究机制上取得实质性突破。

（第五、六章系浙江省自然资源厅 2020 年重大委托课题"'两山'重要思想在浙江自然资源系统的实践与探索"部分研究成果，其中《"两山"理念的科学内涵与生动实践》载《观察与思考》2020 年第 7 期，《浙江深入践行"两山"理念的实践与展望》分别载《政策瞭望》《统计科学与实践》2020 年第 9 期。）

第七章 浙江"十四五"发展的深刻背景
与思路建议

中国特色社会主义经过长期探索实践，找到了长期目标、中期目标和短期目标与长期规划、中期规划和年度规划相匹配的规律性特点，并逐步建立健全了规划体系和成功编制实施了十三个五年规划，卓有成效地推进了中国特色社会主义建设和改革开放进程。在"十三五"规划收官、"十四五"规划开启之际，深入研究"十四五"发展的深刻背景与思路建议具有重大意义。

一、"十四五"规划的里程碑意义和重大趋势

五年规划属于宏观性、全局性、综合性、引领性的中长期规划，既是年度规划和专项规划的依据，又是实现长远目标和长期规划的基础和阶梯，具有十分重要的地位和作用。今明两年是研究编制第十四个五年规划的关键时期，如何把"十四五"规划研究编制好，有两个大的问题需要认识和把握。

（一）高度认识"十四五"规划的里程碑意义。"十四五"规划虽说是以往五年规划的延续，具有常规性，但又面临新时代、新阶段，新矛盾、新问题，新机遇、新挑战，新目标、新任务等一系列新情况，具有新的时代特征和继往开来的里程碑意义。这个里程碑意义主要体现在四个第一。

1. 在历史方位上，是迈进新时代的第一个五年规划。党的十九大

判断："经过长期努力，中国特色社会主义进入了新时代，这是我国发展新的历史方位。"新时代的主要标志有两个：一是我国社会主要矛盾已经由"人民日益增长的物质文化需要同落后的社会生产之间的矛盾"转化为"人民日益增长的美好生活需要和不平衡不充分的发展之间的矛盾"；二是主要任务是中华民族迎来了从站起来、富起来到强起来的伟大飞跃。如何满足人民日益增长的"美好生活需要"，如何使中华民族"强起来"，"十四五"规划应做出方向性、战略性的安排。

2. 在指导思想上，是深入贯彻习近平新时代中国特色社会主义思想和党的十九大精神的第一个五年规划。党的十九大确立了习近平新时代中国特色社会主义思想，并写入新修订的党章和宪法，成为我们党和国家的重要指导思想。习近平新时代中国特色社会主义思想是对十八大以来我们党的理论创新成果的最新概括和表述，系统回答新时代坚持和发展什么样的中国特色社会主义、怎样坚持和发展中国特色社会主义等重大问题，是我们做好各项事业的根本遵循。"十四五"规划必将以习近平新时代中国特色社会主义思想和党的十九大精神为指导，并对"14个坚持"和"12个强国"（制造强国、科技强国、质量强国、航天强国、网络强国、交通强国、海洋强国、贸易强国、文化强国、体育强国、教育强国、人才强国）等做出具体安排。

3. 在奋斗目标上，是开启全面建设社会主义现代化国家新征程的第一个五年规划。按照党的十九大确定的"两个一百年"奋斗目标的时间表和路线图：2020年全面建成小康社会，实现第一个一百年的奋斗目标，接着开启全面建设社会主义现代化国家新征程，向第二个百年奋斗目标进军。第二个百年奋斗目标经历两个阶段：第一个阶段，从2020—2035年，在全面建成小康社会的基础上，再奋斗15年，基本实现社会主义现代化；第二个阶段，从2035年到21世纪中叶，在基本实现现代化的基础上，再奋斗15年，把我国建成富强民主文明和谐美丽的社会主义现代化强国。这样，"十四五"规划将成为开启全面建设社会主义现代化国家新征程的第一个五年规划，其奋斗目标必将体现这

"两个一百年"奋斗目标历史交汇和承上启下的特点，既要巩固提升全面建成小康社会成果，又要为实现第二个一百年第一阶段的奋斗目标即基本实现社会主义现代化开好局、起好步，打下坚实的基础。尤其是，2018年中国人均GDP约为9768美元，达到世界银行划分的上中等收入经济体水平，"十四五"末，即使按照6%左右的增长，中国人均GDP也会进入世界银行划分的高收入经济体12000多美元的门槛，跨过"中等收入陷阱"，从中等收入经济体晋级为高收入经济体，其带来的深刻影响和变化也需要有所预判。

4.在世界格局上，是正处于百年未有之大变局的第一个五年规划。2018年6月，习近平同志在中央外事工作会议上明确提出，当前中国处于近代以来最好的发展时期，世界处于百年未有之大变局，两者同步交织、相互激荡。习近平同志这一重大论断，站位高远，内涵丰富，思想深刻。近年来，国际形势风云突变，地区冲突不断升级，黑天鹅、灰犀牛事件迭出，贸易保护主义、单边主义、民粹主义等逆全球化暗流涌动，世界经济重心、世界政治格局、全球化进程、科技与产业、全球治理、世界秩序等面临前所未有之大变革。面对"世界处于百年未有之大变局"，机遇和挑战的内涵都发生了深刻变化，成为"十四五"规划的最大国际背景，也是可以确定的最大不确定性因素，需要深入研判，审慎把控。

总体上看，研究编制"十四五"规划历史节点特殊，任务十分艰巨，意义十分重大，必须深入调研，群策群力，精心谋定。

（二）准确把握"十四五"规划的重大趋势。事物的发展都是有轨迹有规律的。无论国际形势如何风云变幻，无论中国面临的问题多么复杂，实际上都是有轨迹可查，有规律可循，当然也是有办法可解的。初步研究，"十四五"发展将面临八个方面的重大趋势，其机遇与挑战、矛盾与问题、破解和出路也主要隐匿在这八大趋势之中。

1.工业化进入后期，进入全新的人工智能制造时期。工业化是一个国家和地区发展的必经阶段，没有工业化就没有现代化，强大的工业化是强国的基础。中国经过新中国成立以来 70 年特别是改革开放 40 年的工业化发展，现已成为世界第一大工业国，跨过了工业化初期和中期阶段，但工业化大而不强，卡脖子的地方还很多，实现制造强国的任务十分艰巨。尤其是当前以人工智能技术为标志的第四次工业革命已经到来，其深度和广度将超过以往的前三次工业革命（即以蒸汽技术为标志的第一次工业革命、以电力技术为标志的第二次工业革命、以信息技术为标志的第三次工业革命）。由此，"十四五"进入的工业化后期可能不再是钱纳里描绘的工业化六个阶段的常规演进，而是进入一个全新的工业化时代，即进入人工智能制造时代，"智能大脑"决定制造流程，大量的无人工厂、无人车间、无人物流、无人售卖将成为常态，并对产业结构、社会就业、仓储物流、用户体验，以及产业链、价值链等产生革命性影响。还应注意，随着中国由"制造大国"进入"消费大国"，进口需求激增，"十四五"进出口结构可能会出现进口大于出口的历史性拐点，成为世界第一进口大国，这对全球贸易结构和国内经济发展动能也会带来革命性影响。

2. 城市化进入后期，进入城市有机更新和城乡人口双向流动的时期。改革开放以来，中国城市化经过超常规发展，到 2018 年常住人口城镇化率为 59.58%，按照城市化发展规律，城市化率达到 70% 左右时就会稳定下来，并出现城市人口流向农村的逆城市化现象，目前距这一节点还有 10%。由此说，"十四五"期间，城市化进程放缓和出现逆城市化将是大概率。今后城市化要解决的问题：一是进一步打开城门，放宽城市准入门槛，使常住人口城镇化率与户籍人口城镇化率（去年分别是 59.58% 和 43.37%，两者相差 16.21%）趋向一致。二是加快城市有机更新，包括"腾笼换鸟"，拆违扩绿，完善公共设施等，使城市生活更美好。三是打开乡门，允许城市人口到农村购房、租地、创业、居住，也就是鼓励城市的人才、资金、技术、项目等向农村流动，唯此乡村才不会老去，乡村才能振兴。四是规划引导好跨省域的城市群、都市圈、城市带的合理布局和有序发展，完善城市功能，提高辐射能力。五是高度关注地区发展业已形成的"东快西慢、南强北弱"现象，防止地区发展陷入强者愈强、弱者愈弱的"马太效应"陷阱。

3. 市场化进入深度改革期，进入基于法律和规则的制度完善期。改革开放以来，中国的快速发展得益于市场化改革，得益于从单一计划经济体制到计划经济为主市场调节为辅，再到让市场在资源配置中发挥基础性调节作用，又到让市场在资源配置中起决定作用的递进，得益于政府和市场这两只手的交替作用和政府的强势主导。当前，随着前期改革红利的减弱，改革进入了全面深化改革的攻坚期，进入了啃硬骨头的时期。就经济体制而言，营造公平、公正、公开、透明的营商环境，包括登记物权、税收税制、投资者保护、知识产权保护、消费者权益保护、跨国贸易、治安环境等的统一规范立法保障成为当务之急。"十四五"期间，推进市场化改革尤其是供给侧结构性改革，必须在土地、资金、技术等要素市场化和完善产权制度上破题，构建有利于激发经济主体活力的新型税费制度，约束地方政府基于文件、政策、纪要、批示等的干预市场、行政垄断和打压微观主体的行为，使民企、国企、外企基于法律和规则进行平等竞争。

4. 国际化进入分化期，进入全球治理体系的大变革时期。中国是"二战"后国际秩序的构建者。改革开放以来，中国实行改革与开放结伴而行，积极恢复和加入世界经济组织，大力吸引外资，扩大贸易出口，放开人才流动，促进国际经济大循环，快速提升了国际化水平和国际竞争力，对经济全球化做出了重要贡献。然而，随着全球化必然带来的差异化发展，随着中国崛起、亚洲崛起和欧美相对式微，世界经济发展进入了再平衡时期。尤其是2007年美国爆发金融危机和2011年发生"9·11"事件后，美国由国际秩序的维护者转向国际秩序的破坏者，实行美国第一和单边主义，接连挑起以反恐为名义的中东战争、颜色革命、极限施压、美俄新冷战、中美贸易战、"退群"等，使世界进入二战以来最为动荡的时期，国际上出现了质疑甚至反对全球化的声音和行为。由此，历史把中国作为大国担当推到了前面。"十四五"发展的国际视野，应以"构建人类命运共同体"为指导，以"一带一路"建设为引领，以"共商共建共享"为原则，以"亚投行"等为载体，加强中美沟通，密切同中亚、中欧、中非等地区合作，坚定做国际秩序的维护者、多边主义的践行者和全球治理体系变革的推动者。

5. 信息化进入新一轮变革期，进入以5G为主要标志的新技术突破期。信息化自20世纪60年代提出，经过近60年的发展，目前已进入了以5G为主要标志的新技术突破期。专家认为，5G不是前4G的简单升级，而是一次科技革命，是由信息技术到人工智能技术的革命。5G的关键是万物互联和无延迟，使无人驾驶、远程医疗、智慧城市、智慧家居、精准控制等得以实现，将极大改变生产方式和生活方式，事关国家命运和安全。去年以来，美国不断打压华为、中兴等中国企业，动用一切手段阻挠其他国家使用华为5G设备，特朗普总统还亲自宣称："5G竞赛已经开始，美国必须赢。"这充分表明，5G是大国博弈的焦点，其战略地位远超出我们的想象。目前，中国在5G上有优势但无绝对优势，保持技术成熟和时间领先至关重要。可以预期，"十四五"中国将建成全覆盖无死角的5G基站网络，形成全球最大的应用市场。故而要抓紧谋划：一是支持华为等企业在全球布局。二是运用5G提升工业制造水平和农业、服务业发展水平。三是运用5G提升城市和农村服务管理水平。四是制定相应的法规，维护5G安全。同时，还要在高端芯片以及生物、海洋、空天、新能源、新材料等新技术上取得突破性进展，改变受制于人的状况。

6. 人口老龄化进入凸显期，进入应对老龄化和鼓励生二胎的交汇期。人口问题历来是影响经济社会中长期发展的大问题。中国自1971年开始全面计划生育到2015年全面放开二胎，44年来大约少生4亿人，在减轻人口规模过大压力的同时，也带来人口老龄化提前的问题。2018年，中国60岁以上人口达到近2.5亿人，占总人口的17.9%，其中65岁以上占11.9%，进入了老龄化社会。更值得注意的是，2018年中国人口出生率为10.94‰这是自1952年66年来的最低值。2015年二胎政策全面放开后，新生人口并没有迎来回弹，而是继续呈下降趋势，2016年出生人口1786万、2017年出生人口1723万人、2018年出生人口只有1523万，减少了200多万人。而这直接导致15到59岁的劳动力年龄人口绝对数量逐年减少和各大城市由人才大战转为人口大战。由此，"十四五"应把人口问题摆到重要位置，加强人口再平衡的规划：一是高度重视人口老龄化带来的问题，制定对失独老人特别关爱的政策，大力发展保障性的银发经济。二是制定完善鼓励生二胎的政策，尤其对生二胎妇女的就业、升职和子女养育成本要有明确的激励措施。三是研究允许生三胎的政策，着眼于民族复兴大计，形成生育自主、鼓励二胎、允许三胎的政策体系。

7. 生态化建设进入关键期，进入生态环境保护修复与破坏恶化的胶着期。党的十八大以来，以习近平同志为核心的党中央，针对我国长期粗放型发展带来的环境污染、水土流失、草原退化、沙漠扩大、水源枯竭等问题，提出新发展理念，修订实施最严的《环境保护法》，实行自然资源资产离任审计，建立生态环境损害责任终身追究制，开展环保督察，查处典型案件等，掀起了前所未有的环保风暴，从总体上遏制住了生态环境恶化的势头。但是，生态环境形势依然严峻，尚未出现趋势性好转，加上生态问题积重难返、背后利益盘根错节、经济下行压力加大等，稍有放松就会前功尽弃。因此，"十四五"规划必须坚持"绿水青山就是金山银山"的发展理念，把生态环境保护挺在前面，贯穿"五位一体"发展的各个方面和全过程，无论是长江经济带、粤港澳大湾区、京津冀协同发展、长三角一体化，还是推进欠发达地区发展、乡村振兴，以及各类开发区、新区、试验区建设等，都要念紧生态环境保护这个紧箍咒，以生态环境保护倒逼高质量发展，走出一条绿色、生态、可持续的发展道路，力争"十四五"生态环境出现趋势性好转，为建成现代化的美丽中国打下坚实基础。

8. 社会治理现代化进入全面推进期，进入法治国家、法治政府、法治社会一体建设和确保国家安全的新时期。一手抓发展，"发展是硬道理";一手抓稳定,"稳定压倒一切",这是改革开放以来中国创造发展奇迹的两大法宝。进入新时代,发展和稳定都面临新的形势,面临既要创新社会治理,推进国家治理体系和治理能力现代化,又要树立国家总体安全观,建设更高水平平安中国的任务。在这一进程中,全面依法治国,加快社会治理法治化进程,提高社会治理法治化水平至关重要。"十四五"规划应按照法治国家、法治政府、法治社会一体建设的要求,在党和国家机构改革的基础上,进一步"精兵简政""简政放权",进一步明确政府和市场的边界,进一步推进服务型政府建设,进一步提高行政效率,从根本上解决政府越位、缺位和错位的问题。同时,加快构建集政治、经济、金融、文化、社会、生态、军事、科技、信息、国土、资源、核安全等于一体的国家安全体系和法治体系,建设基于法治化的高水平的平安中国。①

二、"十四五"发展面临的形势与着力点

关于"十四五"发展面临的形势与着力点,这里谈三个方面认识。

(一)关于"十四五"发展面临的问题。"十四五"发展面临的最大问题就是不确定性,面临百年未有之大变局。简单说就是变数太多,诸如中美战略博弈的变数,特朗普政策的变数,大国关系的变数,国际规则的变数,世界发展格局的变数,经济全球化进程的变数,等等,由于中国已经深深融入经济全球化和世界发展格局之中,况且中国自身大体量的成长也会增加一些变数,这无疑会极大影响"十四五"的发展,即使编制好的规划,也很难按部就班地执行。由此,以不变应万变和随机应变"两手"并用,将是"十四五"规划的一个鲜明特征。

在不确定性日益增强的大背景下,国际公认的"三大陷阱"问题越来越浮出水面,值得深入研究和避免。(1)从国际看,要避免修昔

---

① 本章第一部分系 2019 年 4 月 13 日参加国家发改委副主任胡祖才主持召开的"十四五"规划思路座谈会的发言提纲,载《预测与分析》2019 年第 10 期、《浙江经济》2019 年第 9 期、人民论坛网 2019 年 5 月 2 日。

底德陷阱。就历史演进规律而言，大国崛起都不是一帆风顺的，伴随战争的崛起是大概率事件，而和平崛起则是特例，我们力争和平崛起，避免热战，但冷战恐怕难以避免。（2）从国内看，要避免塔西佗陷阱。重在提高政府的诚信和公信力，对社会言论有一定的宽容度，公开透明和畅通政府大道信息，防止偏听偏信小道消息。（3）从省内看，要避免中等收入陷阱。浙江虽说进入了高收入经济体的门槛，但如何能稳中有升，不出现停滞，更不出现倒退，这需要有高质量的经济增长速度支撑。

（二）关于"十四五"发展的确定性。"十四五"发展不是凭空产生的，更不是空中楼阁，而是以往发展尤其是"十三五"发展的延续，因此一些大的发展方向、目标、原则、任务是确定的、递进的、不变的。如五大发展理念、"五位一体"总体布局、改革开放重大方针政策和重大决策部署、京津冀协同发展、粤港澳大湾区建设、长三角高质量一体化发展、"一带一路"建设等，都会继续扎实有效推进，不会被外界环境变化所打断。

还有一些看准了的战略部署和政策举措，即使面临国际环境复杂多变，经济增长下行压力增加，也是不会变的。诸如（1）适应经济发展新常态，坚定不移推进高质量发展。（2）持续加大生态环境保护和治理力度，不以牺牲资源和环境为代价换取经济增长。（3）高度重视实体经济和制造业水平的提高，坚定推进中国制造2025的实施。（4）稳定房地产市场，不会放水楼市刺激经济增长。（5）推动城乡、地区协调发展和贫困地区加快发展等。而坚守好这几点，将极大优化发展环境，提升发展质量，赢得未来发展的优势。

（三）关于"十四五"发展的着力点。"十四五"发展虽说仍然是机遇与挑战并存，但与以前比较，可能危机和挑战更多一些，矛盾和问题更多一些，这就需要未雨绸缪，准备好预案，找准突破口，下好先手棋，增强改革开放和各项工作的主动性、协调性。

1. 如何让市场起决定性作用。党的十八届三中全会提出"使市场在资源配置中起决定性作用和更好发挥政府作用"。现在看,"更好发挥政府作用"做得比较好,从规划到政策到举措等,一个接一个,甚至有点闲不住,但如何让市场起决定性作用,似乎还没找到有效办法,民营企业也缺少这方面的感受。政府和市场,一手硬一手软的问题还没有真正解决。现在政府很主动、很着急、很辛苦,而企业的活力、动力、竞争力又提高缓慢。到底这"两只手"怎么摆布,需要很好研究和破解。

2. 如何提出创新强省发展的新目标。浙江对创新发展的觉醒和部署比较早。2006 年 3 月,在全省自主创新大会上,时任省委书记习近平同志就提出到 2020 年建成创新型省份和科技强省的目标,后来历届省委又不断重申了这一目标。对明年即将实现的这一目标而言,一方面有关部门要做一个科学评估,做到心中有数;一方面要研究制定新的发展目标,尤其是进一步强化知识产权的保护和引领作用,重点突破卡脖子的技术瓶颈,大幅度提高科技教育对全省经济社会发展的支撑作用。

3. 如何把海洋经济作为全省新的发展空间和新的经济增长点。2003 年 7 月在"八八战略"中,时任省委书记习近同志平突出强调了大力发展海洋经济,努力使海洋经济成为全省经济新的增长点。在随后8 月召开的全省海洋经济工作会议上,习近平同志又提出努力把浙江建设成为海洋经济强省的目标。这些年,浙江发展得益于海洋经济强省建设的布局和实施,但也存在工作"碎片化"和整体谋划不够等问题。山东海洋资源没有浙江丰富,但山东发展海洋经济的嗓门比浙江高,力度也比浙江大,还提出走在前列的目标。对此,浙江很有必要专题研究一下海洋强省建设问题,在进一步推进海洋经济发展示范区、舟山群岛新区,以及港口自贸区设置、滨海城市建设、临港大工业升级等方面有一些新的战略谋划和政策举措。

4. 如何处理好改革发展稳定的关系。这是一个老问题,也是"十四五"发展再一次面临的新问题。经过 40 多年的改革开放发展,中国站到了一个新的起点上。改革越深入问题越复杂,开放越大问题越多样化，发展越快期望值越高，就业、医疗、社保、教育等都呈现出多样化、个性化的需求。尤其是新一代年轻人，缺少过去的磨难，缺少与过去生活的对比和体验，抗压能力弱，简单化、理想化的诉求比较多，因而注重理性疏导，及时化解社会风险，保持社会稳定，搞好改革发展稳定的再平衡就显得极为重要。①

三、浙江"十四五"发展应充分把握好四方面问题

与以往的五年规划相比，"十四五"规划面临两个前所未有的深刻背景：一是百年未有之大变局；二是百年一遇的新冠肺炎疫情大流行，加上我国社会主要矛盾和发展阶段的深刻变化，使"十四五"发展面临前所未有的机遇和挑战。浙江如何在危机中育新机、于变局中开新局，有四个方面的问题，需要充分认识和把握。

（一）充分认识和把握习近平总书记关于"十四五"发展的重大判断要求。今年以来，在统筹推进疫情防控常态化和经济社会发展的特殊背景下，习近平总书记先后召开企业家座谈会、党外人士座谈会、扎实推进长三角一体化发展座谈会、经济社会领域专家座谈会、科学家座谈会、基层代表座谈会等。习近平总书记召开这些座谈会的频率和次数、代表性的广泛性、内容的广度和深度等都超过以往，体现出中央对"十四五"发展特别重视，体现出"十四五"发展意义特别重大，体现出无论外部环境如何变化，中国始终致力于集中力量办好自己的事，体现出很强的战略调整和政策导向，必须充分认识和把握好。特别是以下三点，需要深入研究：

一是危与机的新判断。提出要"增强机遇意识和风险意识，把握发展规律，发扬斗争精神，善于在危机中育新机、于变局中开新局"。"把握新机遇，应对新挑战，勇于开顶风船，善于转危为机。""危和机

---

① 本章第二部分系 2019 年 7 月 30 日参加省社科联、省规划发展研究院召开的"十四五"发展座谈会上的发言提纲。

总是同生并存的，克服了危即是机。""要深入分析，全面权衡，准确识变、科学应变、主动求变，善于从眼前的危机、眼前的困难中捕捉和创造机遇。"这指明了重要战略机遇期内涵的深刻变化。

二是发展大势"三个没有变"。即无论国际环境发生什么变化，我国长期向好的基本面没有变；我国经济潜力足、韧性大、活力强、回旋空间大、政策工具多的基本特点没有变；我国发展具有的多方面优势和条件没有变。这些没有变的底气，来自我国拥有全球最完整、规模最大的工业体系；拥有强大的生产能力、完善的配套能力；拥有超大规模内需市场，投资需求潜力巨大。这指明了发展的信心和底气。

三是加快形成新发展格局。面对百年未有之大变局、面对美国对中国的全面打压，面对新冠肺炎疫情造成的全球经济大衰退，面对中国发展阶段的深刻变化，提出并多次强调"加快形成以国内大循环为主体、国内国际双循环相互促进的新发展格局"。这指明了发展格局的重大调整。

（二）充分认识和把握习近平总书记对浙江发展提出的高标准要求。习近平总书记曾在浙江工作6个年头，离开浙江后，一直高度关心和指导浙江的发展，对浙江发展擘画了全面、完整、系统、精准的宏伟蓝图。特别是以下四点，需要深入研究和践行：

一是关于总战略。即"八八战略"的八个方面和每个战略的各个方面，与党的十八大以来的"五位一体"总体布局和"四个全面"战略布局是完全契合、一脉相承的，需要与时俱进地深化。

二是关于总要求。即"干在实处 走在前列"，以及后来提出的"秉持浙江精神，干在实处、走在前列、勇立潮头""干在实处永无止境，走在前列要谋新篇，勇立潮头方显担当"等，需要进一步坚守。

三是关于"红船精神"和浙江精神。习近平总书记在浙江工作期间，提炼概括了"红船精神"，即"开天辟地、敢为人先的首创精神，坚定理想、百折不挠的奋斗精神，立党为公、忠诚为民的奉献精神"；还提炼概括了与时俱进的浙江精神，即"求真务实，诚信和谐，开放图强"的精神，这两个精神一个是针对全党全国的，一个是针对浙江的，但内在精神是一致的，需要继续弘扬。

四是关于重要窗口。今年春季，习近平总书记到浙江考察时，要求浙江"努力成为新时代全面展示中国特色社会主义制度优越性的重要窗口"。这是一个新要求，也是浙江发展的新使命，不仅关系浙江发展的定位，而且关系中国特色社会主义制度优越性的展示，需要大力打造。

新一届省委在前几届省委工作的基础上，提出忠实践行"八八战略"、奋力打造"重要窗口"的总体要求，并提出研究10大新课题和交出10张高分报表的具体要求，这为"十四五"发展指明了思路。

（三）充分认识和把握浙江"十四五"发展面临的机遇和挑战。必须清醒看到，当前国际、国内发展环境的深刻变化，以及新冠肺炎疫情全球大流行，使浙江"十四五"甚至在更长时间面临前所未有的机遇和挑战，而且风险和挑战可能会更大一些。其中，有五个问题需要引起高度重视：

一是防止出现自满和焦虑情绪。改革开放以来尤其是进入21世纪以来，浙江发展一直是优等生，从中央到各省市来浙江学习考察的越来越多，有的地方和有的干部滋生了骄傲自满情绪，缺少了过去常说的"前有标兵，后有追兵，标兵渐远，追兵临近"的紧迫感。同时，面对层层加码的各类考核检查，整天疲于应付，产生焦虑情绪，急于创造可复制可推广的经验和样本。

二是民营企业活力和成长性相对弱化。在今年9月10日公布的"中国民营企业500强"中，浙江有96家，虽说仍排在各省区第一，但与2014年的138家相比，减少了42家，而且在前10强中，广东有5家，浙江只有吉利1家。

三是县域经济发展相对放缓。在今年7月公布的"2020中国县域经济百强"中，江苏占25个，且前10强中有6个，绝对第一。反观浙江只有18个，前10强中只有2个，比2015年的29个减少了11个。原因是多方面的，但江苏县域经济成长性和稳定性好于浙江则是不争的事实。

四是科技创新能力有待提升。目前浙江区域创新能力居全国第五位，综合科技进步水平居全国第六位，均低于经济总量居全国第四的位次，鲜有进入"无人区"的科技企业。从教育看，在 2018 年 9 月教育部公布的世界一流大学和一流学科（简称"双一流"）建设高校及建设学科名单中，浙江只有 3 所，排在全国第 12 位，远低于北京（31 所）、江苏（15 所）、上海（13 所），大大低于四川（8 所）、湖北（7 所）、陕西（7 所），也低于天津（5 所）、广东（5 所）、辽宁（4 所）、黑龙江（4 所），这无疑会影响浙江发展的后劲。

五是适应"形成新发展格局"相对艰难。2019 年浙江外贸依存度为 49.4%（绍兴柯桥区在 80% 以上），其中出口依存度为 36.9%，全国分别为 31.8% 和 17.4%，双双高出全国近 20%。在美国贸易打压和国际消费市场疲软的条件下，浙江凭借外贸出口占全国 13.4% 的优势，可继续为"国内国际双循环相互促进"做贡献，但要"加快形成以国内大循环为主体"则比较困难，因为很多企业已经习惯于做外贸，基本放弃了国内市场，一旦转入国内市场，不仅需要政策引导，还会加剧国内市场的竞争。今年许多企业的产品都在打折促销甚至以成本价销售，这将会影响企业的扩大再生产。

（四）充分认识和把握浙江"十四五"发展的整体提升和重点突破。"十四五"规划涉及方方面面，总体上说，应努力做到"整体上有提升，重点上有突破"。就重点突破而言，有四个问题至关重要：

一是加快高水平建设创新型省份。这关系到浙江"十四五"发展的走向、格局和方位，应作为"十四五"发展的主线；联动实施专利、商标（品牌）、标准三大战略；抓紧构建"企业家＋科学家＋教育家＋投资家＋政府服务"的充满生机与活力的新型创新体系，突破一些"卡脖子"技术，通过科技创新实现高质量发展。

二是浙江在长三角高质量一体化中的定位。也就是如何利用上海的国际经济、金融、贸易、航运和科技创新这"五个中心"的定位，发挥浙江在民营经济、先进制造业、贸易进出口、山海资源、杭州都市圈崛起等方面的优势，错位发展，提升自己。

三是加快打造国内大循环战略节点、国内国际双循环战略枢纽。新发展格局是国家基于百年未有之大变局和国内发展阶段新变化而提出的重大战略布局，浙江在构建国家新发展格局中扮演什么角色将直接关系浙江发展的未来，亟待抓紧研究和布局。

四是加大建设海洋强省的力度和进度。浙江是海洋资源大省，是浙江最大的发展空间和发展潜力所在，也是习近平总书记高度关注的大事，应充分利用浙江海洋经济发展示范区、中国（浙江）自由贸易试验区（浙江舟山群岛新区）等国家战略，推出一些政策举措，进一步加大建设海洋强省的力度和进度。①

四、"十四五"发展面临"三个百年"大变局的深刻背景

与以往的五年规划相比，"十四五"发展面临"三个百年"大变局的深刻背景。在这"三个百年"大变局的历史坐标下，浙江需找准自己的方位和应对之策，抢抓机遇，化危为机，下好先手棋，争创新优势。

第一，从全球看，世界处于百年未有之大变局，中国处于近代以来最好的发展时期。2018 年 6 月，在中央外事工作会议上，习近平总书记第一次提出，当前中国处于近代以来最好的发展时期，世界处于百年未有之大变局，两者同步交织、相互激荡。后来又多次指出，国际社会正在经历多边和单边、开放和封闭、合作和对抗的重大考验。提出"世界怎么了，我们怎么办"的时代之问。中央《建议》强调，当今世界正经历百年未有之大变局。

---

① 本章第三部分系 2020 年 10 月 9 日在省长主持召开"十四五"规划座谈会上的发言提纲。

2021 年 1 月 11 日上午，习近平总书记在省部级主要领导干部学习贯彻党的十九届五中全会精神专题研讨班上深刻指出，当今世界正经历百年未有之大变局，但时与势在我们一边，这是我们定力和底气所在，也是我们的决心和信心所在。同时，必须清醒看到，当前和今后一个时期，虽然我国发展仍然处于重要战略机遇期，但机遇和挑战都有新的发展变化，机遇和挑战之大都前所未有，总体上机遇大于挑战。全党必须继续谦虚谨慎、艰苦奋斗，调动一切可以调动的积极因素，团结一切可以团结的力量，全力办好自己的事，锲而不舍实现我们的既定目标。

百年大变局，实际上是守成大国与新兴大国进入战略博弈期，也是"二战"以来规则秩序面临重大变革和重构期。在这场世界百年未有之大变局中，中国是新变量，是主角。经过中国共产党成立百年来的浴血奋斗，经过新中国 70 多年的探索实践，经过改革开放 40 多年的快速发展，中国比以往任何时候都更加接近中华民族的伟大复兴。中央《建议》指出，全党要统筹中华民族伟大复兴战略全局和世界百年未有之大变局，深刻认识我国社会主要矛盾变化带来的新特征新要求，深刻认识错综复杂的国际环境带来的新矛盾新挑战，增强机遇意识和风险意识。

第二，从人与自然关系看，人类正经历百年一遇新冠肺炎疫情大流行，中国向世界交出了一份优秀的答卷。自 2019 年以来，新冠肺炎疫情在逐渐全球大暴发大流行。目前，欧美等许多国家正经历新冠肺炎疫情"第二波"甚至是"第三波"的严重冲击。我国也处于"外防输入，内防扩散"的关键时期。这里有两个问题需要把握好：

其一，必须充分认识这次新冠肺炎疫情的严重程度。2020 年 9 月 8 日，习近平总书记《在全国抗击新冠肺炎疫情表彰大会上的讲话》中指出，新冠肺炎疫情是百年来全球发生的最严重的传染病大流行，是新中国成立以来我国遭遇的传播速度最快、感染范围最广、防控难度最大的重大突发公共卫生事件。世界卫生组织强调，新冠肺炎疫情是百年一遇的健康危机，其影响将持续几十年。2020 年入冬以来，在欧美等国家发生的"第二波""第三波"疫情已超过不少专家最悲观的预期。这场百年一遇的新冠肺炎疫情或将改变人类的生产方式、生活方式、思维方式，甚至改变人类社会的发展进程。诸如戴口罩、保持距离、减少大规模聚会和国际交往或将成为常态，非接触性的在线经济、在线会议、在线娱乐、在线教育等或将成为常态，人类与病毒及其他自然灾害的抗争或将进入一个关键时期。

其二，控制疫情是一个国家发展理念、组织动员、社会治理、医疗保障、经济实力等综合实力的体现。疫情也是大考，谁率先控制了疫情，谁就率先掌握了发展的主动权，以致抢得发展的先机。中国在习近平总书记领导下，坚持两手抓，一手抓疫情防控常态化，开展疫情防控的人民战争总体战、阻击战；一手抓经济社会发展，扎实做好"六稳"工作，落实"六保"任务，取得显著成效，交出了一份出色答卷。我们用两个多月时间打赢了武汉从"封城"到重启的保卫战，接着又打赢了北京新发地、大连、青岛等一个个疫情防控阻击战，实现了以局部阻击确保全局平安。2020年前三季度，中国经济增长0.7%；浙江增长2.3%，比全国高出1.6%。2020年，"义新欧"班列开行1399列，运送115534万标箱，比上年增长129.6%。浙江许多企业的订单已排到2021年5月以后。根据2020年10月IMF（国际货币基金）预计，2020年全球经济将萎缩4.4%，其中发达经济体将萎缩5.8%，新兴市场和发展中经济体将萎缩3.3%。中国是全球唯一实现正增长的主要经济体，预计全年增长1.9%，也有专家预计将增长2.2%。浙江是各省区中表现比较出色的省区，将比全国高出1.6%—2%。

第三，从科技变革看，人类正处于百年演化的新一轮科技革命爆发期，人类从大机器时代进入人工智能时代。中央《建议》指出，新一轮科技革命和产业变革深入发展。习近平总书记强调，人工智能是新一轮科技革命和产业变革的重要驱动力量，加快发展新一代人工智能是事关我国能否抓住新一轮科技革命和产业变革机遇的战略问题。这里有两点需要把握好：

其一，新一轮科技革命实质上是人工智能技术革命。马克思说过："各种经济时代的区别，不在于生产什么，而在于怎样生产，用什么劳动资料生产。"美国、德国的先进，主要体现在先研发创造先进的生产工具，然后再开始生产，包括耕地、收割、摘果甚至螃蟹加工。而我们则是用传统工具或买进设备再组织生产。

有人认为，人类曾经历过三次重大技术革命（也有人说六次），即蒸汽机和铁路时代，电力机、钢铁和重型机械制造时代，计算机通信技术时代。目前，正经历以 5G 技术、大数据、云计算、人工智能机、量子技术、移动互联网等为代表的新一轮科技革命孕育兴起，给人类生产生活带来了巨大的影响。在我看来，过去几百年经历的技术革命都是人类的四肢的延伸，替代人的体力劳动；而目前正经历的科技革命实际是人工智能革命，是人的大脑的延伸，替代人类的脑力劳动。因此，人工智能技术或许是一个分水岭，以前叫非智能技术，以后叫智能技术。

其二，跟不上人工智能时代就会落伍甚至被淘汰。过去最重要的资源是自然存在的森林、耕地、水、矿产、石油、天然气等不可再生资源，现在最重要的资源是数据，数字赋能一切。进入人工智能时代，人类的生产和生活都智能化了，无人工厂、无人飞机、无人码头、无人分拣、无人服务、远程医疗等随处可见，数字货币、数字经济、数字生活、数字治理等将成为常态。因此，不掌握数字技术、智能技术的国家就会陷入被动。这也是美国疯狂打压中国 5G 技术和高科技企业的重要原因。同样，跟不上智能技术应用的企业、行业甚至个人也会被淘汰。

为此，中央《建议》提出，坚持创新在我国现代化建设全局中的核心地位，把科技自立自强作为国家发展的战略支撑，面向世界科技前沿、面向经济主战场、面向国家重大需求、面向人民生命健康，深入实施科教兴国战略、人才强国战略、创新驱动发展战略，完善国家创新体系，加快建设科技强国。提升企业技术创新能力，激发人才创新活力，完善科技创新体制机制。

五、中央"十四五"发展三个新的核心要义

党的十九届五中全会通过的"十四五"规划《建议》共 15 大部分、3 大板块、60 条、2 万余字，明确提出了"十四五"时期我国经济社会发展的指导方针、主要目标、重点任务、重大举措，是引领我国今后 5 年和 15 年发展的纲领性文件和行动指南。这里关键是把握好新发展阶段、新发展理念、新发展格局这三个新的核心要义。进入新发展阶段明确了我国发展的历史方位，贯彻新发展理念明确了我国现代化建设的指导原则，构建新发展格局明确了我国经济现代化的路径选择。

其一，把握新发展阶段。中央《建议》开篇指出："十四五"时期是我国全面建成小康社会、实现第一个百年奋斗目标之后，乘势而上开启全面建设社会主义现代化国家新征程、向第二个百年奋斗目标进军的第一个五年。这就是说，进入全面建设社会主义现代化国家新阶段。（1）是社会主义初级阶段的一个阶段；（2）是社会主义现代化建设三步走完成前两步走后的一个阶段；（3）是实现两个一百年奋斗目标中的一个阶段；（4）是新中国成立以来从站起来到富起来到强起来的一个阶段；（5）是社会主要矛盾已发生变化的一个阶段。

按照党的十九大部署，这个新征程大体分两个阶段、需要 30 年，第一阶段从"十四五"规划开始到 2035 年，用 15 年时间基本实现社会主义现代化，然后再用 15 年时间即从 2035 年到 21 世纪中叶把我国建成富强民主文明和谐美丽的社会主义现代化强国。开启新征程，前五年发展至关重要。所以在 2020 年底召开的中央经济工作会议上，明确要求，确保"十四五"开好局，以优异成绩庆祝建党 100 周年。

把握新发展阶段，要体现与现代化要求相适应的发展。主要包括：一是高质量发展。必须是实现规模、速度、质量、结构、效益、安全相统一的发展，必须是能够很好满足人民日益增长的美好生活需要的发展。二是安全发展。统筹发展和安全，坚持总体国家安全观，把安全发展贯穿国家发展各领域和全过程。三是共同富裕发展。中央《建议》

在 2035 年远景目标中提出"全体人民共同富裕取得更为明显的实质性进展",在改善人民生活品质部分突出强调了"扎实推动共同富裕",提出了一系列要求和重大举措。这些表述在党的全会文件中还是第一次,表明从"让一部分人先富起来"到"共同富裕"的改进。

其二,贯彻新发展理念。中央《建议》指出,坚定不移贯彻创新、协调、绿色、开放、共享的新发展理念。这五大新发展理念是习近平总书记 2015 年 10 月 29 日在党的十八届五中全会上第一次提出来的,这次明确作为"十四五"发展的重要指导思想,说明我们党在为何发展、如何发展问题上又有了新的认识和要求。习近平总书记指出,新发展理念是一个系统的理论体系,回答了关于发展的目的、动力、方式、路径等一系列理论和实践问题,阐明了我们党关于发展的政治立场、价值导向、发展模式、发展道路等重大政治问题。

一是创新发展。把创新放在五大发展理念之首,本身就说明创新的极端重要性。这次中央《建议》把"坚持创新驱动发展,全面塑造发展新优势"摆在 12 项重大任务之首,强调"坚持创新在我国现代化建设全局中的核心地位""强化国家战略科技力量"就是要解决"卡脖子"和"受制于人"的问题,提高"科技自立自强"能力。

二是协调发展。协调发展涉及方方面面。如中央《建议》提出促进农业、制造业、服务业、能源资源等产业门类关系协调;推动形成工农互促、城乡互补、协调发展、共同繁荣的新型工农城乡关系;推进区域协调发展和新型城镇化;促进大中小城市和小城镇协调发展;积极促进内需和外需、进口和出口、引进外资和对外投资协调发展;推动重点区域、重点领域、新兴领域协调发展;加强国际宏观经济政策协调等。

三是绿色发展。中央《建议》提出,推动绿色发展,促进人与自然和谐共生。加快推动绿色低碳发展。强调持续改善环境质量,提升生态系统质量和稳定性,实施好长江十年禁渔,全面提高资源利用效率。随后又向世界承诺"碳峰值、碳中和"的时间表和路线图。

四是开放发展。中央《建议》提出,实行高水平对外开放,开拓合作共赢新局面。2018年中央经济工作会议提出，"推动由商品和要素流动型开放向规则等制度型开放转变"。最近显著标志性事件有三：一是2020年11月15日区域全面经济伙伴关系协定（RCEP）历经8年谈判正式签署。RCEP现有15个成员国（东盟10国、中日韩、澳大利亚和新西兰），总人口、经济体量、贸易总额均占全球总量约30%，是世界上人口最多、经贸规模最大、最具发展潜力的自由贸易区。RCEP在市场开放方面达成以下重要共识：（1）货物贸易方面：协定生效后，区域内90%以上的货物贸易将最终实现零关税。（2）服务贸易方面：日本、韩国、澳大利亚、新加坡、文莱、马来西亚、印尼等7个成员国采用负面清单方式承诺，中国等其余8个成员国采用正面清单承诺，并将于协定生效后6年内转化为负面清单。（3）投资方面：15方均采用负面清单方式对制造业、农业、林业、渔业、采矿业5个非服务业领域投资做出较高水平开放承诺，大大提高了各方政策透明度。（4）原产地规则方面：RCEP在本地区使用区域累积原则，使得产品原产地价值成分可在15个成员国构成的区域内进行累积，来自RCEP任何一方的价值成分都会被考虑在内，这将显著提高协定优惠税率的利用率。二是2020年12月30日中欧领导人共同宣布如期完成中欧投资协定谈判，历经7年35轮谈判达成一份平衡、高水平、互利共赢的投资协定。三是2021年1月1日，外商独资企业特斯拉降价16万元引发的市场热议。这说明，中国对外开放的大门真的是越开越大。

五是共享发展。中央《建议》提出，坚持共同富裕方向，始终做到发展为了人民、发展依靠人民、发展成果由人民共享；促进平台经济、共享经济健康发展；扩大基础公共信息数据有序开放，建设国家数据统一共享开放平台；完善共建共治共享的社会治理制度。同时，坚持多边主义和共商共建共享原则。正如习近平总书记所说，欢迎各国人民搭乘中国发展的"快车""便车"。

可以说，五大新发展理念是一个整体，相互连接，同时又具有普遍性，也是我国对外宣示的重要发展理念。

其三，构建新发展格局。2020年4月以来，习近平总书记多次强调，要推动形成以国内大循环为主体、国内国际双循环相互促进的新发展格局。构建新发展格局，是根据国内发展阶段变化和国际形势变化提出来的大国战略、全局战略、长远战略。中央《建议》把"加快构建以国内大循环为主体、国内国际双循环相互促进的新发展格局"写入"十四五"时期经济社会发展指导思想并做出具体部署，这也是"十四五"规划的最新内容和最大亮点。这里有两点需要把握好：

一是内需将是拉动中国经济增长的主动力。自2008年国际金融危机以来，中国经济已经在向以国内大循环为主体转变，经常项目顺差同国内生产总值的比率由2007年的9.9%降至现在的不到1%，国内需求对经济增长的贡献率有7个年份超过100%。目前，中国拥有1亿多市场主体，拥有4亿多中等收入群体在内的14亿人口所形成的超大规模内需市场。从发展趋势看，随着国内生产总值突破100万亿元的体量增大、5575万农村贫困人口实现脱贫、新型城镇化水平提高、建成世界上规模最大的社会保障体系，基本医疗保险覆盖超过13亿人，基本养老保险覆盖近10亿人等，以及快速交通、5G通信和快速物流的网络化，经济增长的内需潜力将不断释放，国内市场主导国民经济循环特征会更加明显。

二是中国外贸依存度虽迅速下降，但将超过美国成为世界第一大进口国。2007年，中国外贸依存度高达64.35%。2008年国际金融危机爆发后，随着国际市场萎缩，外贸依存度迅速下降。2009年，全国外贸依存度降至33.5%，其中出口依存度24%。到2019年，全国外贸依存度31.9%，其中出口依存度17.4%。2018年11月举办首届中国国际进口博览会是一个重要标志，预示着中国不再追求贸易顺差，转而更加重视满足国内需求和进出口平衡。2019年，中国继续是全球最大的商品贸易国和最大的商品出口国，但美国仍是全球第一大商品进口国，中国比美国贸易进口少4913.74美元。尽管美国进口第一，但美国贸易依存度只有19.67%，而中国则高达31.9%。可以预期，"十四五"期间，中国将超过美国成为世界第一大进口大国，同时贸易依存度会继续下降，这无疑会增强中国在国际市场的话语权和选择权。

六、浙江"十四五"发展的现实基础和逻辑起点

好的规划是建立在好的基础上的。"十四五"既是过去发展的结果，也是未来发展的起点。在党中央和省委的坚强领导下，经过"十三五"前四年的发展，浙江在建设中国特色社会主义经济、政治、文化、社会、生态"五位一体"总体布局和落实"四个全面"战略布局方面取得辉煌成就，高水平全面建成小康社会取得重大成果，为高水平全面建设社会主义现代化打下坚实基础。

从 2019 年若干综合指标看：（1）浙江陆域国土面积占全国的 1.09％，常住人口 5850 万，占全国的 4.2％，地少人多，集聚人口的活力强。（2）经济总量 62352 亿元，占全国 990865 亿元的 6.3％，居广东、江苏、山东之后，列全国第四位。（3）人均 GDP 达到 15601 美元，比全国的 10289 美元高出 5312 美元。（4）财政总收入 12268 亿元，占全国财政收入 190382 亿元的 6.44％，其中一般公共预算收入 7048 亿元，占全国财政收入的 3.7％。（5）三次产业增加值结构为 3.4：42.6：54.0，优于全国的 7.1：39.0：53.9。（6）全省居民人均可支配收入 49899 元，比全国的 30733 元高出 19166 元。按城镇和农村居民人均可支配收入分别为 60182 元和 29876 元，分别比全国的 42359 元和 16021 元高出 17823 元和 13855 元等。

从现代化进程的"五化"指标看：（1）工业化："两化融合"不断深化，以新产业、新业态、新模式为主要特征的"三新"经济增加值占 GDP 的 25.7％。规模以上工业新产品产值率达到 38.2％，工业结构继续由生产鞋子、袜子、矿泉水向生产汽车、装备、工业机器人提升。（2）城市化：常住人口城镇化率为 70.0％，比全国的 60.60％ 高出 9.4％。（3）信息化：产业数字化发展指数排名位居全国前列，数字经济增加值达到 2.7 万亿元，占 GDP 总量的 43.3％，其中数字经济核心

产业增加值 6229 亿元，占 GDP 总量的 10%。农业、制造业、服务业等行业数字化对于经济发展的倍增作用不断释放，数字经济成为高质量发展的重要引擎。截至 2020 年前三季度，已建成交付 5G 基站超过 5.5 万个，农村实现 4G 网络和光纤网络行政村全覆盖。（4）市场化："最多跑一次"改革全面深化，跑零次可办比例达 97.4%，资源要素市场化配置改革稳步开展，以"亩均论英雄"推动资源配置高效化，市场主体活力全面激发，全省市场主体总数突破 740 万户。（5）国际化：成功举办 G20 杭州峰会、世界互联网大会、世界浙商大会等国际活动，前四年进出口总额年均增长 9.4%，利用外资规模不断扩大，"十三五"以来累计达 677 亿美元。对"一带一路"沿线国家累计出口 26846.9 亿元。同时，在"两山"理念引领践行下，天越来越蓝，水越来越清，地越来越绿，老百姓的获得感、安全感、幸福感越来越高。

从 2020 年极不平凡的一年看：面对突如其来的新冠肺炎疫情，浙江积极应对，主动作为，统筹推进疫情防控和经济社会发展，扎实做好"六稳"工作、全面落实"六保"任务，努力实现"两手硬、两战赢"，推动高水平全面建成小康社会取得决定性成就。前三季度，全省生产总值 45826 亿元，增长 2.3%，经济持续回升，实现"二季红、半年正、三季进"。"十三五"规划目标任务即将胜利实现，高水平全面建成小康社会胜利在望，为开启高水平全面建设社会主义现代化新征程奠定了坚实基础。

七、浙江"十四五"发展的主题主线和奋斗目标

省委十四届八次全会通过的"十四五"规划《建议》共 12 大部分、60 条、2.1 万字，是认真学习贯彻党的十九届五中全会精神，紧密结合浙江实际制定的，是引领浙江今后 5 年和 15 年发展的纲领性文件和行动指南。

把握省委《建议》精神最重要的是把握核心要义和主题主线。省委《建议》提出，忠实践行"八八战略"，奋力打造"重要窗口"，争

创社会主义现代化先行省。这三句话，高度概括了浙江"十四五"发展的指导思想、总体要求和奋斗目标，是浙江"十四五"发展的核心要义，其他内容都是这一核心要义的深化和具体展开。

新一届省委明确浙江省委工作的主题主线是忠实践行"八八战略"、奋力打造"重要窗口"。省委《建议》的最大亮点就是围绕忠实践行"八八战略"、奋力打造"重要窗口"的主题主线展开的。如第一部分的标题是：忠实践行"八八战略"，奋力打造"重要窗口"，开启高水平全面建设社会主义现代化新征程。第1条的标题是：在"八八战略"指引下高水平全面建成小康社会取得决定性成就。在总体要求和奋斗目标中，都凸显了以忠实践行"八八战略"、奋力打造"重要窗口"为指导，形成系统性突破性标志性成果。最后第十二部分的标题是：加强党的全面领导，凝聚全社会力量，为加快现代化和"重要窗口"建设而努力奋斗。最后一句话是：奋力夺取高水平现代化和"重要窗口"建设新胜利！

这样的安排，突出了习近平总书记对浙江发展精心绘制的宏伟蓝图和对浙江工作的最新要求，彰显了浙江"十四五"规划的最大特色。大家知道，2003年7月在省委十一届四次全会上，时任省委书记习近平同志做出了"八八战略"重大决策部署，推进中国特色社会主义在省域层面的探索创新和生动实践，为浙江开辟了一条光明正确、行稳致远、全面协调可持续的科学发展道路。2020年3月29日到4月1日，习近平总书记再一次来浙江考察时，又对浙江提出了坚持以"八八战略"为统领，干在实处、走在前列、勇立潮头，努力成为新时代全面展示中国特色社会主义制度优越性的"重要窗口"的新要求。

新一届省委提出忠实践行"八八战略"，奋力打造"重要窗口"，并作为省委工作的主题主线，既是对习近平同志对浙江工作一贯要求的高度凝练，也是对21世纪以来浙江几届省委工作主题主线的继承和提升，彰显了一张蓝图绘到底，一任接着一任干的"接力棒"精神。如，2002年10月到2007年3月，省委在大量调查研究的基础上提出实施

"八八战略";2007 年 3 月到 2012 年 12 月,省委提出全面深入实施"八八战略";2012 年到 2017 年 4 月,省委提出"八八战略"为浙江现代化建设导航,坚持不懈地深入实施"八八战略";2017 年 4 月到 2020 年 9 月,省委提出坚定不移沿着"八八战略"指引的路子走下去,"八八战略"再深化改革开放再出发;2020 年 9 月以来,省委及时提出忠实践行"八八战略"、奋力打造"重要窗口"。

尤为重要的是,省委十四届八次全会对忠实践行"八八战略"做出超前谋划和部署。提出要紧扣 2023 年"八八战略"实施 20 周年,研究构建深化"八八战略"的目标体系、工作体系、政策体系、评价体系,推动"八八战略"形成"理论付诸实践、实践上升到理论、理论再付诸实践"的迭代深化和螺旋上升。由此开启了浙江书写忠实践行"八八战略"的新要求新篇章。

围绕"争创社会主义现代化先行省"的目标,省委《建议》提出努力实现数字赋能、产业体系、科技创新、农业农村、对外开放、省域治理、文化建设、生态文明、公共服务、人的现代化先行等 10 大现代化先行的要求。

八、长三角民营经济跨区域协同发展的政策指引、现实基础和制度创新

自 2018 年 11 月 5 日习近平总书记在首届中国国际进口博览会上宣布"支持长江三角洲区域一体化发展并上升为国家战略"以来,这块我国经济发展最活跃、开放程度最高、创新能力最强的区域从此承载起非同寻常的国家使命。而今,台州市、温州市、杨浦区、常州市、芜湖市携手推进"长三角民营经济跨区域协同发展"就是落实国家这一战略的具体举措和实际行动。

(一)长三角民营经济跨区域协同发展的政策指引。民营经济是改革开放的产物,是社会主义市场经济发展的产物,是社会主义基本经济

制度的应有之义，是坚持"两个毫不动摇"的必然要求。总之，民营经济本身就是生产要素流动和跨区域协同发展起来的充满生机与活力的市场主体。

推动长三角民营经济跨区域协同发展，从最近的政策指向看，应认真学习贯彻好以下重要精神。

1. 学习贯彻习近平总书记《在民营企业座谈会上的讲话》精神。2018年11月1日，在民营经济发展饱受争议的关键时刻，习近平总书记主持召开了民营企业座谈会，这是改革开放以来的第一次。会上，习近平总书记重申了坚持基本经济制度，坚持"两个毫不动摇"的一贯政策，充分肯定我国民营经济的重要地位和作用，正确认识当前民营经济发展遇到的困难和问题，大力支持民营企业发展壮大。其中强调，要打破各种各样的"卷帘门""玻璃门""旋转门"，在市场准入、审批许可、经营运行、招投标、军民融合等方面，为民营企业打造公平竞争环境，给民营企业发展创造充足市场空间。落实这一要求，长三角各省市应以大力推动民营经济跨区域协同发展为着力点，率先破题，做出示范，引领全国。

2. 学习贯彻《长江三角洲区域一体化发展规划纲要》精神。2019年12月1日，中共中央、国务院印发的《长江三角洲区域一体化发展规划纲要》指出，建立各类市场主体协同联动机制。充分发挥市场机制的作用，进一步释放市场主体活力和创造力。优化民营经济发展环境，鼓励民营经济跨区域并购重组和参与重大基础设施建设，促进民营经济高质量发展。支持浙江温州、台州开展跨区域发展政策协同试验，为民营经济参与长三角一体化发展探索路径。鼓励行业组织、商会、产学研联盟等开展多领域跨区域合作，形成协同推进一体化发展合力。这为长三角地区的民营经济开展跨区域协同发展指明了方向和提供了政策依据，尤其是温州、台州应率先试验，探索一些可学习、可复制、可推广的经验做法。

3. 学习贯彻习近平总书记在扎实推进长三角一体化发展座谈会上

的讲话精神。2020 年 8 月 20 日，习近平总书记在合肥主持召开扎实推进长三角一体化发展座谈会并发表重要讲话。他强调，实施长三角一体化发展战略要紧扣一体化和高质量两个关键词，以一体化的思路和举措打破行政壁垒、提高政策协同，让要素在更大范围畅通流动，有利于发挥各地区比较优势，实现更合理分工，凝聚更强大的合力，促进高质量发展。落实这些重要要求，就是要更好推动民营经济跨区域协同发展，生产要素跨区域流动，民间往来跨区域交流。

4. 学习贯彻党的十九届五中全会精神。2020 年 10 月，党的十九届五中全会通过的《中共中央关于制定国民经济和社会发展第十四个五年规划和 2035 年远景目标的建议》指出，优化民营经济发展环境，构建亲清政商关系，促进非公有制经济健康发展和非公有制经济人士健康成长，依法平等保护民营企业产权和企业家权益，破除制约民营企业发展的各种壁垒，完善促进中小微企业和个体工商户发展的法律环境和政策体系。这为进一步推进民营经济跨区域协同发展指明了方向和政策支持。

（二）长三角民营经济跨区域协同发展的历史沿革和现实基础。长三角民营经济跨区域协同发展是改革开放以来逐渐形成的，有着深厚的经济基础、社会基础和民间基础。

1. 长三角民营经济跨区域协同发展是历史形成的。改革开放以来，浙江以及江苏、安徽等民营经济的发展，就是依靠弘扬"四千精神""三板精神"进行跨区域甚至跨国流动发展起来的。在这一进程中，上海的工程师、技术工人等利用周末到浙江等地民营企业来指导，有的辞职到民营企业工作，还带来了资金、技术、管理经验和市场等。同时，浙江的民营企业到上海、江苏、安徽投资和开拓市场，由此自发形成了长三角民营经济跨区域协同发展。

2002 年 10 月，习近平同志到浙江工作后，高度重视浙江与上海接轨，推动长三角地区合作与交流。并于 2003 年 3 月 21 日至 26 日，亲自带队到上海、江苏考察，推动"三省市"的协同发展。考察结束后的 3 月 27 日，习近平同志立即主持召开省委工作会议进行推动，提出"虚心学习、主动接轨、真诚合作、互利共赢"的指导思想和工作部署。

2003 年 7 月 10 日，在浙江省委十一届四次全会决策部署著名的"八八战略"中，习近平同志明确提出，进一步发挥浙江的区位优势，主动接轨上海、积极参与长江三角洲地区交流与合作，不断提高对内对外开放水平。

2007 年 7 月 23 日，习近平同志到上海工作不久，又率领上海市代表团考察浙江，提出上海要更好地为来上海发展的各地企业提供好服务。

党的十八大以来，习近平总书记多次到长三角各省市考察，提出和多次强调"扎实推进长三角地区一体化发展"的要求。

2. 长三角民营经济跨区域协同发展是长三角一体化发展的必然要求。如何扎实推进长三角地区一体化发展？就是要充分发挥政府的引导作用和企业的主体作用，平台建设和环境打造在政府，发展主体在企业尤其是广大民营企业。这是由民营经济在国民经济中的地位和作用所决定的。从 2018 年有关民营经济发展的数据资料看：

全国是"56789"：即民营经济贡献了中国经济 50% 的税收、60%的 GDP、70% 的技术创新成果、80% 的城镇劳动就业，还有 90% 的企业数量。

上海是"4378"：即上海民营经济占全市 1/4 的经济体量，贡献了1/3 以上的税收，新增就业人数占比超过 70%，企业数量占比超过80%。2019 年上海非公有制经济增加值占全市生产总值已达到 52%。

江苏是"567789"：即江苏民营经济增加值占比达 55.6%，创造了6 成税收、7 成全社会投资、7 成科技创新投入、8 成新增就业岗位和 9成的高新技术产值。全省民营经济市场主体累计 957.9 万户，占全省市场主体比重达 95.6%，平均不到 9 个人就有一个人创业当老板。

安徽是"56789"：即安徽民营经济贡献了全省 50% 以上的生产总

值、60%以上的税收、70%以上的技术创新成果、80%以上的城镇劳动就业、90%以上的企业数量。

浙江是"56799":浙江是民营经济大省。民营经济创造全省56%的税收、65%的生产总值、77%的外贸出口、95.9%的市场主体、90%以上的新增就业。

温州是"99999":温州是民营经济的发源地。全市民营经济占比是"99999",堪比纯金,即民营企业数量占企业总数的99.5%,民营经济对GDP的贡献率超过90%,工业增加值占91.5%,从业人员占92.9%,税收收入占90%。

台州是"99988":台州也是民营经济的发源地。全市民营经济占比是"99988",即民营企业数量占企业总数的95%以上,民营经济对GDP的贡献率超过95%,从业人员占90%以上,出口占全市出口总额的82%以上,税收占全部税收的80%左右。

还有一个大家可能没想到的,杭州是浙江民营经济发展的高地和"大本营"。在全国工商联公布的"2019中国民营企业500强"中,杭州有36家,连续17次蝉联全国城市第一、全省第一。在这座城市,平均每天都有602个市场主体"破土而出",并有109个有效发明专利和大家见面。杭州城西科创大走廊在10年左右时间里,汇聚了42万创新创业者,平均年龄仅为32岁。

以上这些数据比重,充分说明民营经济已成为长三角地区经济社会发展的主力军,成为长三角跨区域发展的主体力量,成为长三角地区"你中有我,我中有你"的发展格局。据粗略统计,在上海的浙商,由1986年的84家注册企业、数千人,发展到目前的6万多家、60余万人、注册资本总额超过2500亿元,在上海的浙江商会有直属会员1000多家,会员企业遍布现代服务业、制造业、零售和商业贸易、医药、教育、地产、高科技、互联网、金融与投资等多个行业和领域。浙商在江苏有87万人,分布在江苏省13个省辖市,兴办企业13万多家,投资超万亿元。浙商在安徽有40多万人,企业超过1500

家，投资数千亿元。同时，上海、江苏、安徽的民营企业在浙江也有大量投资。

（三）长三角民营经济跨区域协同发展的制度创新。《长江三角洲区域一体化发展规划纲要》指出，要深化跨区域合作，形成一体化发展市场体系，率先实现基础设施互联互通、科创产业深度融合、生态环境共保联治、公共服务普惠共享，推动区域一体化发展从项目协同走向区域一体化制度创新，为全国其他区域一体化发展提供示范。

这里的关键是如何"推动区域一体化发展从项目协同走向区域一体化制度创新"？从有利于长三角民营经济跨区域协同发展来说，应着力在四个制度创新下功夫。

1. 创新建立破除"三门三山"的体制机制体系。制度创新必须坚持问题导向。多年来，民营企业反映发展中遇到的困难和问题，归结起来就是"三门三山"：即玻璃门、弹簧门、旋转门和市场的冰山、融资的高山、转型的火山。目前，虽说从国家到省市都出台了许多鼓励支持民营经济发展的政策，但尚缺乏支持民营经济跨区域发展的政策协调。这方面，长三角应率先进行探索。比如说，沪苏浙皖应增强政策的透明度和相互衔接，而不能制定本地企业投资与销售优先的"土政策"或"隐性"政策。同时，帮助民营企业加快融化市场的冰山，削平融资的高山，跨过转型的火山。鼓励民营经济跨区域并购重组和参与重大基础设施建设，破除民间投资壁垒，稳定投资预期，调动投资积极性，加快推进负面清单制度。深化"放管服"改革，实现审批服务"马上办、网上办、就近办"，让"只跑一次"成为硬邦邦的现实。政府部门真心实意地当好服务企业的"店小二"，打造公正、公开、公平、高效、可预期的政策环境。

2. 创新建立统一开放的市场体系。这里有三个关键词：一是统一的而不是沪苏浙皖各自独立的市场；二是开放的而不是长三角地区内部封闭的市场；三是成体系而不是单一的商品市场或劳务市场。统一开放的市场体系应包括产品、劳务、资本、技术、人才、土地、信息、数据、智力、运输、房地产以及教育、医疗、娱乐等各类市场要素。也就是说，既包括有形市场，也包括无形市场；既包括传统要素市场，也包括新兴要素市场。而要构建这样的市场体系，就必须打破形形色色的行政壁垒，实行与国际接轨的通行规则，使资源要素有序自由流动，制度性交易成本明显降低，营商环境显著改善，协同开放达到更高水平。

3. 创新建立统一开放的标准体系。标准体系是一定范围内的标准按其内在联系形成的科学有机整体。从一定意义上说，工业化、现代化就是标准化。没有标准，寸步难行。推动长三角民营经济跨区域协同发展，必须建立相应的标准体系。比如说，设置统一的招商引资标准，设置统一的行业准入标准，设置统一的产业空间布局标准，设置统一的土地投入产出标准（亩均论英雄），设置统一的环保环评标准，设置统一的节能降耗标准等。这样，民营经济跨区域协同发展时，可依相关标准选择投资地和投资领域，防止过度竞争。

4. 创新建立统一开放的知识产权保护体系。知识产权是保护和激励创新的基石，没有知识产权保护就不会有创新。党的十八大以来，我国把"加强知识产权保护"提到重要战略地位。党的十九届五中全会提出，坚持创新在我国现代化建设全局中的核心地位，把科技自立自强作为国家发展的战略支撑，加强知识产权保护，大幅提高科技成果转移转化成效等。推动长三角民营经济跨区域协同发展，无疑需要率先创新建立统一开放的知识产权保护体系。也就是说，对民营企业的专利、商标、品牌等保护，要制定统一的裁决标准，使假冒伪劣、侵权行为等在长三角区域内没有立足之地，没有藏身之处。

总之，加快推动长三角民营经济跨区域协同发展的制度创新，有利于长三角地区畅通区域经济循环，为全国区域协调发展探索可复制可推广的制度模式，为构建以国内大循环为主体、国内国际双循环相互促进的新发展格局做出探索和贡献。①

（本文系 2020 年 11 月 20 日作者在上海召开的"长三角民营经济跨区域协同发展论坛"上的演讲，分别载《统计科学与实践》《浙江经济》2020 年第 12 期。）

---

① 本章第四到第七部分是应邀在有关单位宣讲"十四五"发展形势的报告提纲。

第八章　浙江区域发展的实践样本

中国是一个超大型国家，中国的行政区域是超大型区域。区域之间的自然资源禀赋、历史发展条件等各不相同，决定了中国区域发展的差异性和不平衡性，同时又决定中国发展具有韧性、回旋余地和战略纵深。改革开放尤其是"八八战略"实施以来，浙江各地按照"干在实处、走在前列、勇立潮头"的总体要求和弘扬"功成不必在我，立功必定有我"的精神，闯出了一些富有成效的发展道路，创造了丰富多彩的实践样本。

一、建立健全为民办实事长效机制的重大理论和实践意义

建立健全为民办实事长效机制是习近平同志以人民为中心的发展思想在浙江的生动实践和制度建设。15 年来，浙江持续践行为民办实事取得重大成效，以实际行动彰显了"人民群众对美好生活的向往就是我们的奋斗目标"。站在新的历史起点，浙江应把这一机制作为推进治理体系和治理能力现代化的重要抓手，奋力谱写新时代为民办实事的新篇章，不断增强人民群众的获得感、安全感、幸福感。

（一）重大意义："民有所呼，我有所应"，把"以人民为中心"的发展思想落到人民看得见摸得着有感觉有温度的实处。全心全意为人民服务，是我们党的初心和根本宗旨。建立健全为民办实事长效机制，就是落实党的全心全意为人民服务的根本宗旨，牢固树立群众利益无小事的思想，从维护好人民群众最现实、最关心、最直接的利益出发，促进

党风根本好转，促进政府职能根本转变，把立党为公、执政为民的根本要求落到实处。

坚持人民至上，群众利益无小事。群众利益与生老病死、吃喝拉撒睡、柴米油盐酱醋茶等生活小事密切相关。这些小事广泛涉及就业再就业、社会保障、医疗卫生、基础设施、城乡住房、生态环境、扶贫开发、科教文化、权益保障、社会稳定等民生领域。浙江按照习近平同志提出的要求，抓好为民谋利的"小事"，必须要像抓"大事"那样，把求真务实的精神贯彻到为民办实事的具体工作之中。在抓好经济社会发展、缩小城乡地区发展差距、提高城乡居民收入水平等"大事"的同时，注重从人民群众的操心事、揪心事、烦心事出发，高度重视群众来信来访、民情热线反映的诉求，努力做到有问必答、有呼必应。在城市着重治理交通拥堵、雾霾污染、入学难、就医难、看病贵等问题；在农村探索开展移风易俗改革，通过村规民约等形式推行"婚事新办、丧事简办、他事少办"，抓好"垃圾革命""厕所革命""小额贷款"等；对外来人口加强管理服务，指导落实好就业、住房、医疗、社保、子女入学等实际问题。

坚持以人为本，人民的事人民办。建立健全为民办实事长效机制的一个重要理念和原则，就是突出人民的主体地位，把以人民为中心作为一切工作的出发点和落脚点。也就是说为民办实事，不是恩赐于民、为民做主、替民做主，而是民呼我应、民求我为。15 年来，历届省委省政府在为民办实事的过程中，突出民众参与，广泛公开征求广大人民群众的意见，由"人民群众点单"，然后再集思广益，急事急办，特事特办。在具体办事中，政府也不是大包大揽，而是充分运用市场机制，广泛动员社会力量参与，发挥社区、企业、公益组织、志愿者的作用。充分体现问需于民、问计于民、问情于民，做到让人民群众参与，让人民群众做主，让人民群众受益，让人民群众满意。

坚持实事求是，好事办好，实事办实。为民办实事是检验领导作风、领导能力、领导水平的"试金石"。15 年来，浙江为民办实事坚持从实际出发，尽力而为、量力而行，有多少财力办多少事，有多大能力办大事。如对城乡居民一直关心的养老保险这一民生"大事"，一直坚持"低水平、全覆盖、保基本、可持续"的原则。2010年浙江启动城乡户籍年满60周岁的老年人养老保险全覆盖时，未参加其他养老保险的，可领取每年每月最低60元的基础养老金，当年政府财政投入45亿元，使浙江率先迈入全民养老省份。后来随着财力的增长，养老金逐年增加，到2018年全省城乡居民基本养老保险基础养老金最低标准已提高至每人每月155元。其他诸如办学办医、助学助残、扶危救困等方面也是如此。总之，为民办实事不喊空口号，不搞"花架子"，不搞"劳民伤财"的政绩工程，一切从条件和可能出发，先"雪中送炭"，再"锦上添花"。

（二）深刻内涵：彰显"人民对美好生活的向往就是我们的奋斗目标"，把为民办实事贯穿中国特色社会主义事业"五位一体"总体布局的全过程。人民的需求是全面的、发展的、动态的。正如马斯洛需求层次理论所总结概括的，人类需求像阶梯一样从低到高按层次分为五种，分别是：生理需求、安全需求、社交需求、尊重需求和自我实现需求。当然，这五种需求常常是叠加出现的。15年来，浙江坚持为民办实事广泛涉及经济、政治、文化、社会、生态等中国特色社会主义"五位一体"建设的各个方面和全过程，体现在民生关切点由数量向质量、由传统向新型、由物质向精神提升的各个方面和全过程，彰显了"人民对美好生活的向往就是我们的奋斗目标"的时代新要求。

不断推进经济高质量发展，提高人民群众的获得感。发展是硬道理。浙江牢记习近平同志提出的"发展为了人民、发展依靠人民、发展成果由人民共享"的要求，从"八八战略"到"创业富民、创新强省"，到"物质富裕、精神富有"，到"建设美丽浙江、创造美好生活"，再到实现"两个高水平"目标；从大力实施山海协作、欠发达乡镇奔小康、百亿帮扶致富"三大工程"，再到打出"五水共治""四换三名""三改一拆""创新驱动"等转型升级组合拳等，一方面大力推进"腾笼换鸟"和发展方式转变，一方面保持较快的发展速度，创造更多的就业岗位，使城镇居民可支配收入和农村居民人均纯收入保持稳定增长，而差距全国最低，并且分别连续 18 年、34 年位居全国各省（区）第一。同时，浙江连续 15 年坚持把全省财政支出增量 2/3 以上用于民生，凸显公共财政取之于民、用之于民。

不断推进社会和谐发展，提高人民群众的安全感。民以安为乐，业以安为兴，国以安为宁。15 年来，浙江按照习近平同志"全面建设'平安浙江'"的决策部署，把老百姓最关心的平安问题摆到重要位置，坚持发展新时代"枫桥经验"、打造平安中国示范区，着力构建自治、法治、德治"三治融合"的基层社会治理体系，努力创造安全的政治环境、稳定的社会环境、公正的法治环境、优质的服务环境，实现从"小治安"到"大平安"的转变。2003—2018 年，全省刑事案件总量、命案总量大幅度下降；安全生产、食品药品安全、社会稳定形势持续好转，群众安全感满意率连续 15 年位居全国前列。

不断推进精神文明建设，提高人民群众的幸福感。人民的利益包括精神需求。不断满足人民群众日益增长的精神文化需求，是社会主义生产的目的，也是为民办实事的重要内容。15 年来，浙江按照习近平同志提出的"加快建设文化大省"的要求，从大力实施文化建设"八项工程"中把"文明素质工程"摆在第一位，到积极培育和践行社会主义核心价值观，到形成全国关注的"最美现象"；从不断完善城市文化场馆等设施建设，到"送文化""种文化"，实现农村文化大礼堂全覆盖；从提高基本公共文化服务水平，到实现基本公共文化服务标准化、均等化，使浙江在全国公共文化服务标准化试点和基层综合性文化服务中心建设试点考核中名列第一，大大提高了人民群众的幸福感。

（三）制度建设：构建多方参与、上下贯通的制度框架，把为民办实事长效机制作为推进治理体系和治理能力现代化的先行尝试。制度带有根本性、全局性、稳定性和长期性，具有约束力。建立健全为民办实事长效机制，最大的理论和实践创新就是通过制度建设，把全心全意为人民服务这一我们党的初心和根本宗旨确定下来，成为坚持和完善中国特色社会主义制度、推进国家治理体系和治理能力现代化的积极探索和先行尝试。

构建多方参与、上下贯通的为民办实事制度。15年来，浙江在不断创新完善为民办实事长效机制中，构建了多方参与、横向到边，上下贯通、纵向到底的体制机制体系。从多方参与、横向到边看，就是实行党委领导、群众提议、政协商议、人大审议、政府办理，各方形成为民办实事的强大合力。从上下贯通、纵向到底看，就是实施主体从省政府逐渐扩展到市、区、县和乡镇街道，每年每个层级都根据本行政区域的实际情况确定重点项目，形成自上而下、多层结合、多方协作、责任到人、进度明确的路线图和施工图。

以"最多跑一次"改革撬动"进一扇门办所有事"。制度建设关键靠改革。企业和老百姓办事往往涉及多个部门和多个环节，过去一直是"门难进、脸难看、事难办"。通过大力推进"最多跑一次"改革，深化"三服务"活动，整合提升集中办事大厅功能，促进市场监管、公安、银行、税务、人力社保等部门联动，将企业办理营业执照、公章刻制、银行开户、发票申领、社保单位参保登记，以及群众办理户口迁移、身份证、出国护照、婚姻登记等所涉及的各部门独立环节统一为完整的闭环流程，使企业和老百姓"只进一扇门、办成所有事"。同时，政府服务下沉，进驻社区和镇村便民服务中心，真正做到"小事不出村，大事不出镇"。这种贴近群众的为民办事，极大地提升了企业和群众的满意度和获得感。

创新技术手段，以数字驱动办事质效的提升。制度建设离不开科技支撑。运用大数据和云计算，是推进治理体系和治理能力现代化的重要手段。15年来，浙江不断探索运用数字技术，创新政府工作载体，破除人情关系网，增强网上办事功能，提高为民办实事的客观性、公开性、公正性。如杭州市率先打造"移动办事之城"，推动民生事项100%网上可办、"一证通办"，真正实现让数据多跑路、群众不跑腿。

同时，把"城市大脑"作为优化民生服务的重要抓手，上线运行"数据治堵""便捷泊车""舒心就医"等48个场景应用，努力让城市会思考、让生活更美好、让人民更满意。①

二、构筑保障人民群众身体健康的"防疫大堤"

"构筑保障人民群众身体健康的'防疫大堤'"，是时任浙江省委书记习近平同志2003年12月19日在省卫生厅和小营巷调研基层卫生工作时的讲话名言，收录其著《干在实处 走在前列 推进浙江新发展的思考与实践》中。今天读来，依然大有裨益，极富针对性和指导性：

（一）浙江应对新冠肺炎疫情彰显"硬核"力量。2020年开年不久，我国及全球暴发新冠肺炎疫情。这是新中国成立以来面临的传播速度最快、感染范围最广、防控难度最大的一次重大突发公共卫生事件。对我们来说，这是一次危机，也是一次大考。

在以习近平同志为核心的党中央坚强领导下，全国人民经过短短几个月艰苦卓绝的努力，湖北保卫战、武汉保卫战取得决定性成果，全国疫情防控阻击战取得重大战略成果，由最初的"封城"隔离转入外防输入、内防反弹、常态化疫情防控的轨道，各地复工复产复市复课等积极稳妥、有序推进，经济社会秩序正在全面恢复，为全球疫情防控争取到较长的时间窗口和较多的经验分享。

在这次抗击新冠肺炎疫情的危机和大考面前，浙江的表现十分抢眼，彰显了"硬核"力量。大年除夕前一天，即1月23日上午，省政府紧急召开全省新冠肺炎疫情防控工作视频会议，根据《浙江省突发公共卫生事件应急预案》，决定启动重大公共突发卫生事件一级响应。接着，全省上下群策群力，众志成城：1月25日的大年初一下午，浙江抗击新冠肺炎疫情紧急医疗队141人出发驰援武汉；各行、各业、各部门迅速行动，组织隔离、排查、消毒和社会保障；企业和海外华侨在

---

① 第一部分载于《浙江日报》2019年10月30日。

踊跃捐款的同时，把商品销售渠道变成口罩、护目镜、防护服等防疫装备的采购渠道，为防疫一线的白衣战士提供粮草弹药；2月11日"杭州健康码"上线，一时间"绿码"成为全省方便实用的检疫通行证；2月15日后，杭州、宁波、金华等地陆续复工复产，政府施救、企业自救、各界援手相结合，数字经济、在线消费逆势上扬，一切应对得当，一切有条不紊。

（二）"硬核"力量来源于"防控结合"大健康体系的构建。一个深受疫情影响的大省，能做到医护零感染、治愈量第一、人均捐赠第一、疫情响应最早、复工复产最早等，所彰显的"硬核"力量、有着多方面的原因。其中，与习近平同志在浙江工作期间，领导全省人民抗击"非典"疫情，高度重视卫生强省建设，构筑起保障人民群众身体健康"防疫大堤"，构建了"防控结合"的大健康体系，有着密切的关系。

2003年初春，习近平同志到浙江工作不久，一场来势凶猛的非典型肺炎席卷而来，习近平同志马上领导全省人民投入抗击"非典"的伟大斗争：及时划定"非典"隔离区并及时到隔离点察看疫情，及时发布关于进一步加强非典型肺炎防治工作的通告，及时做出关于进一步加强传染性非典型肺炎防治工作的决定，及时召开"抗'非典'促发展"电视电话会，及时开展集中收治，等等。这一系列工作及时、有效地防止了疫情的扩散，打赢了防治"非典"的攻坚战。

2003年9月25日，在省委、省政府召开的全省防治"非典"工作先进集体和先进个人表彰大会暨全省卫生工作会议上，习近平同志做了题为《全面加强公共卫生建设 加快推进卫生现代化进程》的讲话。他深刻指出，防治"非典"工作的艰苦斗争，使我们经受了洗礼和考验，也使我们更加清醒地看到，我们的经济发展与社会发展、城市发展与农村发展还不够协调，政府在社会管理和公共服务方面的职能需进一步加强，突发事件预警和应急机制还不健全，特别是公共卫生事业发展中的体制性、机制性和结构性矛盾尚未得到根本解决，农村卫生工作仍然比较薄弱，卫生监督执法和行风建设等方面也存在一些问题。对此，我们要引起高度重视，采取切实措施，认真加以解决，使这次防治"非典"的斗争成为我们推动卫生事业改革与发展、加强公共卫生建设的一个重要契机。

习近平同志在领导浙江抗击非典型肺炎疫情的斗争中，经过深入调查研究，听取方方面面意见，形成了以人民健康为中心的大健康思想和一系列战略部署，为浙江构筑保障人民群众身体健康的"防疫大堤"和"防控结合"的大健康体系，树立了"四梁八柱"和提供了基本遵循。

1. 提出"没有人民的健康就没有全面的小康"的先进理念。2003年9月25日，习近平同志在全省防治"非典"工作先进集体和先进个人表彰大会暨全省卫生工作会议上的讲话中明确提出，没有健康就没有小康；没有卫生现代化就没有整个社会的现代化。两个多月后的2003年12月19日，习近平同志到小营巷调研，进而明确提出了"没有人民的健康就没有全面的小康"的先进理念。这充分体现了习近平同志一直把人民的健康放在优先发展地位的初心和使命。

2. 把卫生强省建设纳入"八八战略"的总体部署。"八八战略"是习近平新时代中国特色社会主义思想在浙江萌发与实践的集中体现。2003年7月，习近平同志在"八八战略"中提出，要加快建设包括卫生强省在内的文化大省。2005年7月，省委十一届八次全会审议通过《中共浙江省委关于加快建设文化大省的决定》，其中对建设卫生强省的重大意义、发展目标、指导原则和主要任务等做了专门部署。

3. 组织实施卫生强省建设"六大工程"。2005年习近平同志在省委十一届八次全会上提出，卫生强省建设要"实施六大工程"：（1）实施农民健康工程，把农村卫生工作作为建设卫生强省的重中之重，建立健全新型农村合作医疗制度，完善以县为主，县、乡镇、行政村分级负责的农村卫生管理体制和服务网络，政府在每个乡镇至少应集中力量办好一所卫生院。（2）实施公共卫生建设工程，建立和完善突发公共卫生事件应急指挥、疾病预防控制、卫生监督执法、医疗救治和公共卫生信息预警监测报告五大体系。（3）实施社会健康促进工程，进一步完善城乡社区卫生服务体系。（4）实施科教兴卫工程，构建医药卫生创新体系，加强卫生队伍和医德医风建设。（5）实施"强院"工程，做精做强一批现代医疗机构。（6）实施中医药攀登工程，扶持传统中医药，开展中西医结合工作，推进中医药现代化。这"六大工程"成为浙江全面推进卫生强省建设、落实大卫生大健康理念的主要任务和重要抓手，成为浙江省2003—2007年这五年实施的"五大百亿"工程建设的重要内容。

4. 制定实施《浙江省突发公共卫生事件预防与应急办法》。"非典"之后，习近平同志领导制定《浙江省突发公共卫生事件预防与应急办法》，并于2003年12月1日颁布实施。其中强调，"防治突发事件遵循预防为主、常备不懈的方针，贯彻统一领导、分级负责、条块结合、加强合作、属地管理为主的原则，建立反应及时、措施果断、依靠科学、群防群控的突发事件防治机制"。"任何单位和个人对突发事件，不得隐瞒、缓报、谎报或者授意他人隐瞒、缓报、谎报。"2006年6月又颁布实施《浙江省突发公共卫生事件应急预案》。其中规定，"任何单位和个人都有权向各级政府及其卫生行政部门报告突发公共卫生事件及其隐患，也有权向上级政府部门举报不履行或不按照规定履行突发公共卫生事件应急处置职责的部门、单位和个人"。从而形成了应对突发公共卫生事件的预警机制。

党的十八大以来，以习近平同志核心的党中央更是把14亿人民的健康福祉放到至高地位，把"推进健康中国建设"摆到重要战略地位和工作日程，提出"没有全民健康，就没有全面小康"的重要论断，提出必须把人民健康放在优先发展的战略地位，把以治病为中心转变为以人民健康为中心，树立"大健康"理念，将健康融入所有政策，努力全方位、全周期保障人民健康等一系列新思想、新目标、新任务、新要求，不断筑牢保障人民群众身体健康的"防疫大堤"。这为我们今天打赢这场新冠肺炎疫情防控的人民战争、总体战、阻击战奠定了坚实的基础。

（三）健全公共卫生应急体系，争当"重要窗口"的展示者。"历史往往有惊人的相似之处。"时隔17年，2020年3月29—4月1日，在全国做好统筹推进新冠肺炎疫情防控和经济社会发展工作的关键时刻，习近平总书记再次来到浙江考察，他在要求浙江精准落实疫情防控和复工复产各项举措"努力成为新时代全面展示中国特色社会主义制度优越性的重要窗口"的同时，对构筑保障人民群众身体健康的"防疫大堤"提出新要求，强调"要立足当前、着眼长远，加强战略谋划和前瞻布局，坚持平战结合，完善重大疫情防控体制机制，健全公共卫生应急管理体系，推动工作力量向一线下沉。要深入开展爱国卫生运动，推进城乡环境整治，完善公共卫生设施，提倡文明健康、绿色环保的生活方式"。

当前，我们应认真学习贯彻习近平总书记考察浙江的重要讲话精神，着力在"完善重大疫情防控体制机制，健全公共卫生应急管理体系"等方面继续大胆探索、先行先试，落实好《健康浙江2030行动纲要》，争当"重要窗口"的展示者，争当"最多跑一次"改革的领跑者，争当全面深化医改的排头兵，争当健康便民惠民的实干家，把浙江保障人民群众身体健康的"防疫大堤"筑得更高更实。①

三、杭州建设生态文明宜居城市应着力做好四篇文章

2020年3月31日，习近平总书记到杭州西溪国家湿地公园考察时指出："要把保护好西湖和西溪湿地作为杭州城市发展和治理的鲜明导向，统筹好生产、生活、生态三大空间布局，在建设人与自然和谐相处、共生共荣的宜居城市方面创造更多经验。"这是习近平总书记对杭州发展和治理提出的新坐标、新要求，为杭州加快建设"生态文明之

---

① 第二部分载《杭州日报》2020年5月10日。

都"、打造"美丽中国样本"、建设生态文明的宜居城市进一步指明了方向。

2020年，是习近平同志在安吉余村提出"两山"理念15周年。站在这个重要历史节点，深入学习贯彻习近平总书记考察浙江及杭州时的重要讲话精神，以强烈的政治责任感和时不我待的使命担当精神，高水平开启新时代美丽杭州建设新征程，把绿水青山建得更美，把金山银山做得更大，让绿色成为杭州发展最动人的色彩，努力把杭州建设成为展示习近平生态文明思想和美丽中国建设成果的重要窗口，在建设人与自然和谐相处、共生共荣的宜居城市方面创造更多经验，意义十分重大。日前，市委十二届九次全体（扩大）会议提出，杭州要更好发挥在生态文明建设方面的示范引领作用，努力成为宜居城市建设的实践范例。

杭州要奋力展现"重要窗口"的"头雁风采"，加快建设人与自然和谐相处、共生共荣的宜居城市，当前应着力做好四篇文章。

（一）高起点谋划，统筹好生产、生活、生态三大空间布局。战略谋划具有方向性、全局性、引领性和长远性。高起点谋划，就是要把习近平总书记关于"杭州要进一步发挥领跑、带头、龙头、示范作用"的要求，关于"进一步做好西溪湿地保护、管理、经营、研究工作，把西溪变得更美，把杭州扮得更靓"的要求，关于建设"生态文明之都"、打造"美丽中国样本"的要求，关于"在建设人与自然和谐相处、共生共荣的宜居城市方面创造更多经验"的要求等，全面把握，融会贯通，作为行动指南和根本遵循，落实到工作的各个方面。高起点谋划，就是要充分发挥杭州市的先锋带头作用，扛起省会担当、展现省会作为、发挥省会作用，为浙江成为"新时代全面展示中国特色社会主义制度优越性的重要窗口"及"努力建设展示人与自然和谐共生、生态文明高度发达的重要窗口"中发挥先行和示范作用，打造一批标志性成果。高起点谋划，就是要坚持以人民为中心，按照全体市民对美好生活新期待的要求，从全市域、全领域、全方位统筹好生产、生活、生态三大空间布局，推动生产、生活、生态"三生融合"，宜业、宜居、宜游"三宜一体"，生产美、生活美、生态美"三美共享"的美丽杭州建设。同时，还要充分考虑做好疫情常态化防控和迎接 2022 年举办亚运会的要求，抓紧城乡基础设施网、轨道交通网、快速路网及主次干道建设、城乡污水处理能力扩能提质、水电气等设施建设等，为杭州统筹好生产、生活、生态三大空间布局提供重要基础和支撑。

（二）高质量发展，加快构建节约集约资源的生产方式和产业结构。随着杭州发展阶段和国内外发展环境的深刻变化，传统的高消耗、高污染、高排放、低效益的粗放型发展方式和产业结构已走到尽头，必须加快"腾笼换鸟""凤凰涅槃"，实现转型升级、华丽转身。建设好生态文明的宜居城市，不是消极地限制经济发展，而是要积极地推动高质量发展，加快建立"两山"转化机制，打通"两山"转化通道，构建现代产业体系。一要以建设数字经济第一城为引领，推动大数据、云计算、物联网、人工智能等产业的发展，为政府、企业、单位、家庭装上智慧的大脑，把数字之城变成智慧之城。二要加快改造升级传统产业。丝绸纺织、食品饮料、装备制造、制药、造纸、化工、建材等是杭州的传统产业，也是杭州的经济基础和产业名片。应通过实施"新制造业计划"加快新技术、新工艺、新材料迭代和数字化改造，实现华丽转身。如把丝绸做成文化品、艺术品，赋予食品保健功能，医药提升为生物医药等。三要大力发展生态高效农业。随着生活水平的提高，市场对有机农产品、绿色农产品的需求日渐旺盛，许多工商资本也纷纷看好投资。杭州地域面积大、山区多、特色物产丰富，发展生态高效农业大有潜力、大有可为。四要充分发挥杭州历史人文悠久、自然风光独特、经济社会发达的优势，进一步发展文化旅游产业，引导杭州的旅游热点由西湖、西溪向钱塘江两岸和西部山区延伸，让杭州的绿水青山源源不断带来金山银山。

（三）高水平保护，坚持节约优先、保护优先、自然恢复为主。良好的生态环境是最普惠的民生福祉。高水平保护杭州的生态环境，就要坚持节约优先、保护优先、自然恢复为主的方针，形成节约资源和保护环境的空间格局、产业结构、生产方式、生活方式，还自然以宁静、和谐、美丽。一要推动西湖、西溪"双西合璧"。西湖三面环山一面城，是首批国家重点风景名胜区和世界遗产；西溪是国家首个集城市湿地、农耕湿地、文化湿地于一体的湿地公园，且两者相距不到5公里，"姊妹明珠，坐抱于杭"。要深刻理解、认真贯彻习近平总书记所说的"水是湿地的灵魂，自然生态之美是西溪湿地最内在、最重要的美。要坚定不移把保护摆在第一位，尽最大努力保持湿地生态和水环境"。将西湖、西溪一体化保护、一体化管理，让天堂明珠更加光彩夺目。二要实行"山水林田湖草"一体化保护。大自然赐予杭州的地理地貌和自然资源得天独厚。全市面积中，山地丘陵占65.6%，平原占26.4%，各类水体共占8%，素有"七山一水二分田"之说。同时，杭州还拥有"江河湖海溪"，即钱塘江、京杭大运河、西湖湘湖、东面临海、西溪湿地等，可以说拥有"山水林田湖草"和"江河湖海溪"俱全的生态系统。这既是杭州生存发展的本钱，也是杭州生态环境保护的底线。要坚决打赢蓝天保卫战、碧水保卫战、净土保卫战、清废攻坚战，持续改善环境质量，恢复自然生态之美。三要坚持全市域一盘棋和保护与利用并重。保护是为了市民更好地享受。要进一步扩大西湖的休闲空间，让优美的西湖环境真正融入城市居民的生活中；规划建设一些生态郊野型公园，吸纳城乡居民共同休闲、交流、健身；规划建设桐庐、建德、淳安沿江区域生态宜居带，串联起杭州主城区与各个区县，带动市区和西部地区融合发展。

（四）高标准治理，实行系统治理、综合治理、源头治理、精准治理。生态环境是杭州发展的根基和底色。经过多年治理，杭州的生态环境持续改善向好，市民的环境获得感不断提高。但也要清醒看到，杭州推进生态文明建设还存在许多薄弱环节，生态环境总体还比较脆弱，还有不少硬骨头要啃，还有不少顽瘴痼疾要治，要实现生态环境历史性、转折性、全局性变化，还有很长的路要走。一要坚决按照市委提出的污染防治攻坚战"八项清零"和"六大行动"的要求进一步加大大气污染治理力度，打赢"蓝天保卫战"，尤其要关注解决地铁、亚运会场馆等重大工程建设过程中的扬尘等情况。二要持续推进水环境治理，遏制水质反弹，进一步加快雨污分流改造和建设，推进工业集聚区和老旧小区"污水零直排"工作。三要加快启动污染土壤修复，尽快完成全市土壤污染状况普查工作，进一步完善源头管控和土壤修复管理体制机制，落实土壤修复资金和责任主体。四要扎实做好垃圾分类和资源化利用，加快第三固废处置中心项目等基础设施建设进度，增强固废处置能力。①

四、鄞州区打造全国乡村全域治理标杆区的探索实践

党的十九届四中全会审议通过的《中共中央关于坚持和完善中国特色社会主义制度、推进国家治理体系和治理能力现代化若干重大问题的决定》，明确了坚持和完善中国特色社会主义制度、推进国家治理体系和治理能力现代化的总体目标、战略任务和重大举措，并提出"健全充满活力的基层群众自治制度""构建基层社会治理新格局"等新要求，为推进国家治理现代化指明了方向和提供了根本遵循。

"郡县治天下安。"推进国家治理现代化，重点在基层，难点在基层，突破点也在基层。习近平总书记指出，"推进乡村治理能力和水平现代化，让农村既充满活力又和谐有序，不断满足广大农民群众日益增长的美好生活需要"。近年来，鄞州区坚持党建"一核引领"，推动自治、法治、德治"三治融合"，实行引领式共转、多元式共治、对话式共商、契约式共建、普惠式共享"五共联动"，取得全景式打造、全领域提升、全系统拓展、全组织协同、全生态优化的"五全"治理成效，闯出一条乡村全域治理现代化的新路子。

（一）鄞州乡村全域治理直面"五个变化、五个更加"的新课题。鄞州位于浙江宁波市，原为鄞县，2002年撤县设区，2016年行政区划

<hr/>

① 第三部分载《杭州日报》2020年7月1日。

调整成立新鄞州区。区域面积817平方公里，常住人口158万，下辖15个街道、10个镇。历史人文悠久。鄞州的"鄞"字专为地名所用，至今已2200多年，拥有天童寺、阿育王寺、七塔寺三座千年古刹，涌现出宋代大儒王应麟、书法泰斗沙孟海、生物学家童第周、大提琴演奏家马友友等诸多名人，拥有鄞州籍院士29名。资源禀赋独特。鄞州"半城半乡"，既是宁波的政治、经济、文化、金融、会展、航运服务、商务"七大中心"所在地，又是中国美丽乡村建设示范县，拥有一大批文化名村、生态美村、旅游强村、特色新村。区域发展领先。鄞州经济总量和财政收入排名宁波第一、浙江第三，连续多年名列全国综合实力百强区第四位、全国中小城市绿色发展百强区第二位、科技创新百强区第三位。

近年来，随着工业化、城市化、市场化、国际化的快速推进，鄞州基层治理面临"五个变化、五个更加"的新形势和新挑战。一是城乡结构变化，"半城半乡"更加明显。既有现代都市，坐拥东部新城、南部新城和宁波老城；也有美丽乡村，富裕村、小康村、薄弱村并存，城乡发展不平衡。同时，城中村改造任务加重，城乡统发展日益紧迫。二是人口结构变化，"多元人口"更加集聚。本地人口、流动人口各半，流动人口数量居宁波市第二，而且增速较快。"农民"变"市民"步伐加快，人口快速向城区和城镇集中。60周岁以上的人口占户籍人口总数的1/4，老龄化、空巢化等趋势加快。三是组织结构变化，"社会属性"更加复杂。外来人口进入城镇，陌生人进入社区，原本的乡土人情、熟人圈子被打破。市场主体增长315倍，民营企业提供了约85%的就业岗位，特别是新经济新业态发展，自由从业者越来越多，备案的社会组织超4000家，组织分布、活动开展延伸到社会各个领域。四是利益格局变化，"利益问题"更加突出。由于征地拆迁、项目建设、城镇改造、产业发展等带来的不平衡，城乡居民、农村居民的收入差距依然明显，近郊村与偏远村、先进村与落后村的经济利益和短期收益出现分化。流动人口快速增长，对教育、医疗、保障、就业等方面的诉求明显增多。由于利益问题协调不够到位，矛盾纠纷、信访问题等快速凸显。五是现实诉求变化，"群众需求"更加多元。全区民生服务质量水平走在全国前列，但广大群众更加注重"生活品质"，更加注重"精神享受"，更加追求"公平正义"，对公共服务、公共文化有更高需求，对经济利益、民主权益、公平正义等有更强烈的诉求。

面对新形势和新挑战，如何推进乡村治理能力和水平现代化，闯出"以城带乡、城乡一体、全域治理"的现代化治理新路子，显得十分重要和紧迫。

（二）鄞州乡村全域治理闯出"一核、三治、五共"的新路子。鄞州的全域治理，始于村庄整治。早在 2003 年 9 月 24 日，时任浙江省委书记的习近平到宁波鄞州湾底村考察时就强调，"要把村庄整治与发展经济结合起来，走出一条以城带乡、以工促农、城乡一体化发展的新路子"。16 年来，鄞州始终牢记和大力践行习近平同志的"湾底嘱托"，不断更新乡村治理理念、创新治理思路举措、聚焦治理难点痛点、创建治理体制机制，不断把乡村治理推向深处。特别是去年提出"基层治理创新年"，2019 年 8 月又做出《关于党建引领打造全国乡村全域治理标杆区的决定》，创造性地闯出一条"一核、三治、五共"的乡村全域治理新路子。

"一核"，就是坚持以党建引领为核心。坚持和加强党对基层全域治理的集中统一领导，把加强基层党的建设、巩固党的执政基础作为贯穿基层全域治理的一条主线，牢固树立大抓党建、大抓基层的鲜明导向，以抓好区委基层党建争强"1＋5"系列文件落实为重点，扎实开展党建"整镇（街道）推进、整区提升"三年行动。同时，主动下抓一级、抓深一层，推进农村党建与城市党建、两新党建、社会组织党建等的相融相促，实现街道"大工委"和社区"大党委"制度全覆盖。

"三治"，就是坚持自治、法治、德治"三治融合"。始终把"三治"作为创新基层治理的基础性工程，以自治增活力、以法治强保障、以德治扬正气。加强自治建设，积极引导基层组织、社会组织和广大群众有序参与。加强法治建设，一手抓依法行政、公正司法、全民守法，运用法治思维和法治方式解决治理难题；一手抓基层公权力规范运行，探索推行城乡基层权力、责任、负面"三清单"全覆盖运行法，打造基层小微权力清单升级版。加强德治建设，统筹加强以诚立德、以文养德、以规促德，运用舆论和道德力量促进乡村治理有效实施。

"五共"，就是牢固树立共同缔造理念，推进引领式共转、多元式共治、对话式共商、契约式共建、普惠式共享"五共联动"。

党建"引领式"共转。突出党组织的龙头作用，把党的领导贯穿于全域治理的各方面和全过程。通过深化"党建＋""龙头＋""服务＋"，全面推广"365工作法""书记一点通"等服务模式，对群众提出的难题实行"群众点单、干部收单、镇村办单、区里督单、群众签单"等五单联动工作闭环，第一时间受理解决群众的需求。

主体"多元式"共治。坚持党委领导、政府负责、社会协同、公众参与，引导多元主体参与，形成多元共治合力。一是"三民治村"，即坚持群众主体地位，实行村事民议、村务民定、村权民管。二是"三网治安"，即坚持重心下移、力量下沉，全力打造"全域全时"的问题收集网、"专职专业"的矛盾调解网、"精准精密"的治安防控网，创新"老潘警调"等鄞州版的枫桥经验，变"治标为主"为"标本兼治"。三是"三方治事"，即坚持政府、市场、社会联动，变"党政独唱"为"社会合唱"。

难题"对话式"共商。一是深入开展党员干部进企业、进社区、进农村和大走访、大接访、大回访"三进三访"活动，围绕重点问题，采用"请上来"召开民主议事会、民意听证会和"走下去"民情恳谈、一线办公等形式，与群众面对面对话协商。二是采取大会协商、平台协商、专题协商等形式，由区领导与党代表、人大代表、政协委员、社会群众等开展专题协商，三级联动、合力破难。三是对协商明确的议题和问题建立"三亮三考"机制，强化落地落实和督促检查，向工作拖沓敷衍的"亮灯"，向办事推诿扯皮的"亮牌"，向回避矛盾问题的"亮剑"，推动群众考干部、企业考干部、基层考部门的有效落实。

多方"契约式"共建。一是深入推进党员干部夜学、夜访、夜巡、夜谈、夜议，送信心、送关爱、送政策、送服务、送帮扶、送点子，全力破解发展难题、优化营商环境。二是通过项目前期"攻坚赛"、开发建设"进度赛"、镇街亮绩"排位赛"、园区基地"贡献赛"、局长问政"公开赛"、村社治理"竞技赛"，比位次、比项目、比质量、比创新、比服务、比担当，形成比学赶超的浓厚氛围。三是发动群众争当垃圾分类宣传员、文明行为引导员、环境卫生督导员、社会矛盾调解员，推动共建共治共管；坚持党员带群众，建立网格长、里弄长、楼道长、河湖长、路段长"五长联治"机制。

成果"普惠式"共享。一是完善"多元化"资金保障机制，坚持每年区可用财力的 2/3 投入民生事业，引导企业、资本、社会组织和专业机构积极参与。二是完善"均衡化"服务覆盖机制，适度超前谋划、科学统筹布局公共资源。三是完善"小比例"群体优先机制，坚持"大多数"和"小比例"一起抓，主动办好"小区最多改一次""马路最多挖一次""办事最多问一次"等群众普遍关切的关键小事，加强对薄弱村社、困难群体等的精准帮扶，不断增强群众现实获得感。

（三）鄞州乡村全域治理取得"五个全"的积极进展和成效。经过探索实践，鄞州乡村全域治理从以前局部治理的"量变"阶段跨入全域治理的"质变"阶段，主要体现在"五个全"上：

1. 实现从"点上盆景"到"面上风景"的全景式打造。形成了"三个一批"：（1）创出一批经验方法。如划船社区"365 社区服务工作法"、湾底村"幸福指数工作法"、陆家堰"契约式治理"、陈黄村"书记一点通""老潘警民联调"矛盾化解模式等品牌成为全市全省乃至全国典型。（2）闯出一批改革试点。社区便民服务标准化建设成为国家级试点，主持参与起草的《社区便民服务中心服务规范》国家标准正式发布，全省首例；土地要素资源配置市场化、政协"请你来协商"成为省级试点。（3）建成一批长效机制。针对审批难，探索建立

"微审批"平台，荣获中国"互联网＋政务"50 强；针对咨询难，推进"最多问一次"改革，荣获"中国网络理政年度十大创新案例"；针对老旧小区改造难，创新开展"最多改一次"集成式改革；针对小微权力监管难，推进城乡基层公权力"三清单"运行全覆盖，打造基层小微权力清单升级版。

2. 实现从"条线推进"到"整体联动"的全领域提升。体现了"三个提高"：（1）经济发展呈现高质量。一、二、三产业比重优化为1.4∶34.2∶64.4，高新技术产业比重提高至 62.3%，数字经济占 GDP 比重超过 45%；规模工业亩均增加值、收入提高至 152.7 万元、42.9 万元，分别高于浙江平均水平的 53%、46%；成为全省唯一入选国家"双创"示范基地的行政区域，"双创"工作获得国务院通报表扬。（2）社会建设体现高标准。获得省平安区、全省扫黑除恶专项斗争先进等荣誉，刑事立案数下降 20.8%、赴京上访量下降 51.4%、安全生产事故数下降 60.9%，网格覆盖率达到 100%，行政村法律顾问覆盖率达到100%。（3）公共服务体现高品质。获得全国首批义务教育发展基本平衡区、首批国家公共文化服务体系示范区、省首批卫生强区等荣誉，蝉联全省公共文化服务综合评估"十连冠"，在全国首创家院互融养老体系。

3. 实现从"城乡有别"到"城乡一体"的全系统拓展。做到了"三个同步"：（1）城乡建设同步提质。成功创建中国美丽乡村示范县，实现省新农村建设"九连冠"，着力打造十大风情镇、百个特色村、千里游步道、万亩农业园，拥有省市级全面小康示范村 26 个、省级美丽乡村示范村 3 个、3A 级景区村 6 个。（2）城乡环境同步提升。成功创建省级生态区、省级"清三河"达标区、省农村生活垃圾分类处理工作优胜区等，8 个镇成为国家级生态镇，171 个村成为市级生态村。（3）城乡收入同步提高。2018 年农村居民人均可支配收入 36589 元，绝对量位居全市第一；集体经济年收入超 60 万元的村达到 100%，其中超千万元的村有 61 个。

4. 实现从"党政为主"到"多元参与"的全组织协同。形成了多方合力：（1）基层党组织引领有力。荣获全省基层组织建设先进区、城市社区党建工作示范区等，划船社区党委、湾底村党委成为全国先进基层党组织，基层党建工作连续多年全市第一。（2）社会组织规范专业。成功创建全国社会组织建设创新示范区，目前全区登记注册的法人社会组织近900家，连续多年保持10%以上的增速。（3）群众主体参与广泛。全区志愿者注册人数21万余人、各类志愿服务团队3200余个、志愿服务品牌百余个，"支教奶奶"周秀芳获评全国"最美志愿者"。

5. 实现了从"激浊扬清"到"正本清源"的全生态优化。提升了"三个风"：（1）优良作风得到锤炼。今年以来党员干部走访企业4500余次，收集问题5500余个，解决率87%；走访村社3300余次，收集问题4800余个，解决率85%。（2）淳朴民风全面塑造。连续举办"最美鄞州人"评选活动12届，评选出先进典型100余名，涌现出全国道德模范1名、提名奖1名，"中国好人"14名，省道德模范3名。（3）文明乡风蔚然成风。以主力军的担当配合宁波实现全国文明城市"五连冠"，成功创建省文明区，在2018年复评中得分位居全省第一，建成全国文明镇1个、全国文明村3个、全国文明单位7家，省文明镇（街道）、文明村（社区）和文明单位91家。①

五、仙居聚力乡风文明的探索实践

仙居县从率先弘扬慈孝文化、乡贤文化，到率先打造"九都风情水韵埠头"乡风文明示范线，坚持古为今用，守正创新，不仅运用道德和文化的力量"以文化人""以德治乡"，而且注重培育农村社会组织，发挥农村自我管理和自我服务作用，通过"政府推动＋社会参

---

① 第四部分系与金雄伟合作，载《调查与思考》2019年第77期和浙江大学智库专家第19764期内参，得到省政府和省政协领导的批示。

与+村民自治"等办法,创新了基层治理"自治、法治、德治"相结合的仙居做法和模式,推动了乡村发展和乡村振兴。

(一)聚力乡风文明是完善乡村治理和促进乡村振兴的重要内容和内在要求。在中华民族几千年的文明史中,乡风文明始终是一条文明主线。悠久绵长的农耕文明就是以村庄群落为空间载体,以田野耕作获取生活资料,以家训、族训、村规民约等为治理方式的。新中国成立以来,党和国家十分重视乡风文明建设,通过破除迷信、扫除文盲、解放妇女、婚姻自由、殡葬改革等一系列移风易俗的政策实施,乡村社会进入了新的建设阶段。

改革开放以来,党和国家把乡风文明作为新农村建设和全面建设小康社会的重要内容。党的十六届五中全会提出的"生产发展、生活宽裕、乡风文明、村容整洁、管理民主"的社会主义新农村建设目标,体现了农村的经济建设、政治建设、文化建设、社会建设、生态建设的各个层面,其中乡风文明是推进新农村建设的重要内容,是建设社会主义新农村的灵魂。这方面,仙居进行了全面的探索和践行。

乡风文明建设是一个永恒的话题,只有进行时,没有完成时。进入新时代,各方面对乡风文明建设提出了新的要求,需要我们准确把握和创新实践:

1. 聚力乡风文明是深入学习贯彻习近平新时代中国特色社会主义思想的要求。习近平总书记一直心系三农,多次谈到乡风文明。他要求,"推进移风易俗,培育文明乡风、良好家风、淳朴民风,健全矛盾纠纷多元化解机制,深入开展扫黑除恶专项斗争"。他提出,"实施乡村振兴战略不能光看农民口袋里票子有多少,更要看农民精神风貌怎么样"。他强调,"要推动乡村文化振兴,加强农村思想道德建设和公共文化建设,以社会主义核心价值观为引领,深入挖掘优秀传统农耕文化蕴含的思想观念、人文精神、道德规范,培育挖掘乡土文化人才,弘扬主旋律和社会正气,培育文明乡风、良好家风、淳朴民风,改善农民精神风貌,提高乡村社会文明程度,焕发乡村文明新气象"。这为我们聚力乡风文明指明了方向和工作重点。

2. 聚力乡风文明是深入学习贯彻党的十九大和十九届四中全会精神的要求。党的十九大报告提出，"实施乡村振兴战略"。明确提出了"产业兴旺、生态宜居、乡风文明、治理有效、生活富裕的总要求"，并提出"加强农村基层基础工作，健全自治、法治、德治相结合的乡村治理体系"等。党的十九届四中全会从推进国家治理体系和治理能力现代化的高度，进一步提出"构建基层社会治理新格局"。要求完善群众参与基层社会治理的制度化渠道。健全党组织领导的自治、法治、德治相结合的城乡基层治理体系，实现政府治理和社会调节、居民自治良性互动，夯实基层社会治理基础等。由此，我们要把聚力乡风文明上升到健全基层治理的高度来认识、来实践。

3. 聚力乡风文明是深入学习贯彻中央《关于进一步推进移风易俗建设文明乡风的指导意见》的要求。2019 年 10 月，中央农办、农业农村部、中组部、中宣部、中央文明办等 11 个部门联合印发了《关于进一步推进移风易俗建设文明乡风的指导意见》，对文明乡风建设做出全面部署，旨在有效遏制农村陈规陋习，树文明新风，争取通过 3 到 5 年的努力，文明乡风管理机制和工作制度基本健全，农村陈规陋习蔓延势头得到有效遏制，婚事新办、丧事简办、孝亲敬老等社会风尚更加浓厚，农民人情支出负担明显减轻，乡村社会文明程度进一步提高，农民群众有实实在在的获得感。这对我们聚力乡风文明提出了针对性和可操作性的要求。

4. 聚力乡风文明是深入践行省委提出的"八八战略"再深化和市委提出的打造"和合圣地"的要求。习近平同志主政浙江时，高度重视乡风文明建设，提出"着眼于乡风文明、村容整洁和群众最关心的重点问题的解决，积极推进和谐农村建设"。他先后于 2003 年 9 月和 2006 年 8 月两次到仙居调研指导工作。他在《之江新语》中说，"浙商文化"是浙商之魂。同样，我们也可以说"台州文化"是台州之魂。2016 年 8 月，台州提出把台州建设成"山海水城、和合圣地、制造之都"的目标，持续开展了"台州市和合文化百场讲坛"活动，取得了明显成效，也开启了乡风文明建设的新探索和新载体。

5. 聚力乡风文明是满足广大农民对美好生活新期待的要求。近年来，我们在革除农村陋习、树文明新风方面取得了明显成效，但农村问题有许多是历史形成的，长期积累下来的，错综复杂，量大面广，不是一朝一夕就能完全解决的。即使解决了老问题，新问题也会不断冒出来。个别地方存在的天价彩礼"娶不起"、豪华丧葬"死不起"、名目繁多的人情礼金"还不起"以及孝道式微、农村老人"老无所养"等问题还多有存在，广大农民对农业生产和农村生活又提出许多新的期待和新的需求。这都要求我们要不断把乡风文明建设推向深入。

（二）仙居聚力乡风文明、助推乡村振兴进行了富有前瞻性、创造性的生动实践。近年来，仙居坚持以习近平新时代中国特色社会主义思想为指导，全面贯彻党的十九大精神，按照"产业兴旺、生态宜居、乡风文明、治理有效、生活富裕"的乡村振兴总要求，以全面实施美丽台州新乡风涵育行动为指导意见，深入推进核心价值观落细落小、文明有礼成为习惯，着力培育绿色低碳、崇德向善、诚信有礼、和合和睦的文明乡风、良好家风、淳朴民风，焕发乡村文明新气象，助推乡村振兴，取得了明显成效。

1. 率先开展"慈孝仙居"创建活动，以"慈孝文化"构筑乡风文明高地。2012 年以来，仙居全面推行以"尊老、爱幼、孝亲"为核心的"慈孝仙居"建设，有力地促进了村庄（社区）社会风气的好转，促进了乡风文明和精神文明建设，也得到了社会的普遍认同和高度赞扬。"慈孝仙居"创建项目荣获 2012 年度台州市宣传思想文化工作创新奖，2013 年度台州市党建工作创新奖，2012—2013 年度浙江省宣传思想工作"三贴近"优秀案例。2013 年底被正式命名为"中国慈孝文化之乡"。2014 年，仙居县荣获第三届"浙江孝贤"特别奖，全国唯一的中国孝文化研究中心实践基地落户仙居，2015 年，"慈孝仙居"项目荣获第三届浙江省公共管理十佳创新奖等，国家有关部门和省市级领导都对"慈孝仙居"创建工作批示肯定，新华社、《人民日报》、中央电视台、中央人民广播电台、《光明日报》、人民网、《浙江日报》等国内百余家媒体予以密集宣传报道，引起了各地和学术界的高度关注。

2. 率先构建"三绿"乡村治理机制。近年来，仙居以浙江省首个县域绿色化发展改革试点县为契机，坚持把"两山"理论作为发展的内生动力，总结推广淡竹乡 2015 年开始探索实施的"绿色货币"制度，开展以绿色公约、绿色货币、绿色调解为主要内容的美丽乡村"三绿"治理模式，并有机融入农村垃圾分类、环境治理、五水共治、特色小镇建设、生态品质提升、绿色产业发展等中心工作，使生态文明建设能力的提升成为推动农村经济社会发展的强大动力，实现农村环境大转变，走出了一条新时代美丽乡村建设与乡村治理创新协同共进的道路。正如 2018 年 7 月 24 日省委书记到仙居县淡竹乡下叶村调研时所说，"作为基层干部，你们知道怎么用金山银山去反哺绿水青山，再从绿水青山到金山银山，形成一个良性循环。仙居县乡村治理的'三绿'模式值得各地学习借鉴"。

3. 率先打造"九都风情水韵埠头"乡风文明示范线。仙居县有313 个村（社区），存在村与村之间发展不平衡、环境需进一步改善、村民生活水平提高不明显等不足。如何将乡村振兴战略转化为生动实践，实现村强民富，成为仙居急需破解的难题。为此，仙居把建设乡风文明示范线作为破解这个难题的重要抓手和实践载体。2018 年初，仙居在全县打造一批"产业兴旺、生态宜居、乡风文明、治理有效、生活富裕"的乡风文明示范线，着重从环境洁美、生活甜美、生态优美、乡风和美这四个方面入手，坚持整线规划，突出"一村一品"，既提升乡村"颜值"，擦亮了"面子"，又注重思想道德渗透和文化文明元素嵌入，提升新农村"里子"，更拓宽了产业兴旺、村民增收的致富"路子"。目前已有 20 个乡镇（街道）提出要打造一条具有本乡镇（街道）鲜明特色的乡风文明示范线，取得了阶段性进展。

4. 率先开展乡贤助推乡村振兴"六个一"行动。泽被乡里，温暖故土。仙居率先启动乡贤统战工作，率先探索乡贤统战工作的组织体系、制度体系、服务体系和作用发挥体系，率先开展"我的村庄我的梦"乡贤助推乡村振兴"六个一"行动。即引导一批能人返乡，实现"人才回村"；带动一批项目回归，实现"产业旺村"；建设一批宜居村庄，实现"生态美村"；传承一批特色文化，实现"文化育村"；优化一批基层治理，实现"善治安村"；引领一批乡风文明，实现"公益助村"。目前，全县 20 个乡镇街道均已建立乡贤联谊会，并分别成立了126 支乡贤助推乡村振兴"人才回村、产业旺村、生态美村、文化育村、善治安村、公益助村" 6 大行动服务队，汇聚乡贤 3650 多名。据不完全统计，仙居乡贤助推乡村振兴行动累计吸引投资项目 53 个，总额 24.8 亿元；乡贤帮助调处各类社会矛盾纠纷 1100 多起，参加公益事业 650 多项，筹集乡贤基金 1700 多万元，为全省乃至全国乡贤助推乡村振兴工作提供了"仙居经验"。

5. 积极开展新乡风涵育"八大行动"计划。2019 年 10 月 10 日，县委、县政府制定印发了《美丽仙居新乡风涵育行动计划》，提出以"八大行动"为工作载体。即新时代文明实践中心推广行动，农村文化礼堂扩面提质行动，文明村镇创建深化提升行动，移风易俗陋习集中整治行动，"千村万户亮家风"主题推进行动，"乡村有礼"品牌培育行动，乡村德治示范引领行动，乡村文脉传承弘扬行动等，持续推进移风易俗，培育良好文明风尚，强化教育引导、实践养成、制度保障，全面推进新乡风建设。

上述仙居聚力乡风文明的一个个率先行动和积极探索实践，有力推动了乡村治理的不断完善和乡村振兴战略的深入实施。

（三）以"构建基层社会治理新格局"为目标，把乡风文明建设提高到新水平。党的十九届四中全会提出"构建基层社会治理新格局"。要求健全党组织领导的自治、法治、德治相结合的城乡基层治理体系，实现政府治理和社会调节、居民自治良性互动，夯实基层社会治理基础等，这为下一步仙居聚力乡风文明提出了新目标和新要求。我们要把乡风文明统一到完善乡村治理、"构建基层社会治理新格局"上来，思想上再认识、思路上再谋划、政策上再创新、工作上再实践。

1. 加强党组织领导。落实农村基层党组织责任，充分发挥农村党支部的战斗堡垒作用，充分发挥农村党员干部的模范带头作用，坚持以上率下，各负其责，以党风政风引领农村新风。

2. 坚持依靠群众。充分发挥农村群众的主体作用和主人翁精神，要依法依规，加强教育引导，坚持因地制宜。推进文明乡风建设，要与当地经济社会发展水平和文化传统相适应，充分尊重当地习俗，充分考虑群众习惯和接受程度，不搞强迫命令，不搞"一刀切"。

3. 坚持乡村振兴战略总要求。乡风文明不是一项孤立的工作，必须把"产业兴旺、生态宜居、乡风文明、治理有效、生活富裕"这五个方面作为一个整体，统一谋划、统一部署、统一推进。

4. 重视法治建设和契约精神。现在的农村是高度开放的，人口流动性大，生产销售市场化、国际化程度高，单纯靠熟人社会的村规民约是不够的，必须提高村民的法治意识和契约精神，守法纪、讲诚信，养成依法依规办事的习惯和风尚。

5. 着力解决村民反映强烈的突出问题。当前，在全球经济动荡、国内经济下行压力加大的形势下，如何确保农业产业提升、农民收入提高、农村和谐稳定是乡风文明建设遇到的新问题，而如何完善乡风文明设施建设，健全医疗保障体系和教育文化体系，做到业有所就，住有所居，学有所教，老有所养，病有所医，安有所保，又是最直接最现实的问题，需要乡风文明来助力。

总之，仙居县如何在以乡风文明推进乡村治理体系和治理能力现代化方面闯出一条新路，尚需探索，值得期待。[①]

---

① 第五部分系 2019 年 11 月 12 日在"台州市和合文化百场讲坛仙居专场"主旨演讲，载《浙江经济》2019 年第 22 期。

六、天台加快建设"名县美城"

天台县在深入学习贯彻习近平新时代中国特色社会主义思想和深入践行"八八战略"中，2017 年 8 月提出建设"名县美城"的战略构想，2018 年 1 月进一步提出全面开启新时代"名县美城"建设新征程，明确了建设"名县美城"的目标是：品质高、品牌响的生态名县、文化名县、旅游名县、产业名县，充分显示自然生态之美、绿色生产之美、品质生活之美、社会和谐之美，努力把天台建成国内外享有一定知名度和影响力的绿色水韵山城和历史文化名城。

天台历史悠久，人杰地灵，民俗文化丰富，风景名胜众多，文化旅游资源在全省独树一帜，在东南亚久负盛名。天台建设"名县美城"，既是对历史的传承，又是对未来的擘画，是坚持新发展理念、深入践行"八八战略"的重大举措和实际行动，充分体现了"八八战略"的继承与创新的精神，发挥优势与补齐短板的精神，抢抓机遇乘势而上的精神，全面协调可持续发展的精神，符合中央关于建设美丽中国、推动高质量发展的要求，符合省委、省政府关于建设"诗画浙江"大花园的决策部署，符合台州市关于加快建设"山海水城、和合圣地、制造之都"的具体部署，顺应了天台人民对美好生活的新期待和新要求，是天台把优势做足、把特色做强、把品质做优，走山区特色发展、生态富民、科学跨越新路子的必然选择和必由之路。

（一）建设"生态名县"，彰显绿色水韵山城，打造"诗画浙江"大花园的亮丽风景。天台天生丽质，经多年生态建设，越发焕出绚丽光彩。2018 年，天台空气优良率 94.2%，空气质量综合指数为 3.09，PM2.5 为 29μg/m³，均好于全省水平；全年出境断面水质达到Ⅱ类，省综合考核评定结果为"优秀"；"五水共治"工作四夺"大禹鼎"，获"大禹鼎银鼎"，并获 2017 年度"五水共治"工作和美丽浙江建设先进县；连续 8 年被评为美丽台州（生态市）建设工作优秀单位，获省级生态文明建设示范县、2018 年美丽中国首选旅游目的地、"长江经济带最美河流"（始丰溪）称号等，具备建设"生态名县"的良好基础。

今后，天台应按照"天生丽质不容许有一点瑕疵"的要求，深化环境革命，全面提升城乡颜值，打造自然山水的升级版。坚守"蓝天白云、绿水青山"的底色和底线，把绿色生态变成天台大地的主色调，把山水等自然元素渗透到城乡统筹发展布局和形态中，打造"城乡一体、山水同城"的生态宜居环境。推进小城镇环境综合整治和小城市培育工作，建设一批风情独特的小城镇、最忆乡愁的美丽乡村和四季宜游的美丽田园，打造美丽乡村、美丽田园、美丽道路、美丽庭院。继续打好"五水共治""五气同治""四边三化"等组合拳，加快始丰溪"两廊一带"建设，加强污染治理和生态修复，使天更蓝、地更绿、水更清、环境更美好。把生态文明建设渗透到群众生产生活各个领域，让低碳、节约、共享的发展理念更加深入人心，人人争当生态环境的守护者和大花园的建设者。经过努力，生态环境质量全面提升，城乡到处郁郁葱葱，花团锦簇，呈现一幅幅天蓝、地绿、水净的"美丽天台"画卷，成为全省大花园重点县的标杆。

（二）建设"文化名县"，彰显历史文化名城，打造中华"和合文化"圣地。天台素以唐诗之路目的地、《徐霞客游记》开篇地、"和合文化"发祥地、诗僧寒山隐居地、刘阮桃源遇仙地、王羲之书法悟道地著称。这彰显了天台的文化底蕴、文化特色和文化魅力。尤其是2015年以来，天台开展国家公共文化服务体系示范区创建活动，迎来了公共文化场馆大建设、公共文化产品大丰富、公共文化事业大发展的建设热潮，基本建成了符合天台实际、设施网络完善、体制机制顺畅、服务总量充足、供给形式多元、经费保障富余、人民群众满意的现代公共文化服务体系，为打造"文化名县"创造了良好条件。

今后，天台应结合弘扬社会主义核心价值观和与时俱进的浙江精神，以深化创建国家公共文化服务体系示范区为目标和载体，重点搞好"和合文化"建设工作。天台是"和合文化"的发祥地，"和合文化"已成为浙东文化乃至中国文化的典型代表。天台要以打造"和合文化"

传播地、"和合文化"标志地、"和合文化"传承发展示范区这"两地一区"为抓手，大力推进"和合文化"品牌建设，为建设"名县美城"提供强有力的文化支撑。要按照"上云端、出精品、获奖项、育人才"的要求，大力提高"和合文化"软实力，推动文化与制造、科技、旅游等产业深度融合，推进文化进社区、进单位、进家庭。要发挥好"流动舞台车""流动文化馆""流动图书馆""流动电影院""流动非遗展"等公共文化服务平台的作用，加快城区文化资源向农村延伸，实现公共文化服务城乡全覆盖。要发挥好农村文化大礼堂的作用，整合文化资源，丰富文化内容，推行文化"大菜单"制度，开展"一月一主题"文化活动，促进"文明新风"进礼堂。经过努力，使公共文化服务体系进一步健全，文化产业化程度进一步提高，对外文化交流进一步活跃，建成有道有智、尚德尚善、忠信仁义的中华"和合文化"圣地。

（三）建设"旅游名县"，打造国际休闲旅游目的地。天台山水神秀，环境清幽，拥有丰富的自然山水、文化、旅游等资源优势，冠以国家5A级风景旅游区、国家重点风景名胜区、浙江省十大旅游胜地等称号。就文化旅游资源而言，拥有独特的地方风俗文化。就风景旅游资源而言，有华顶、琼台、赤城山、猿啸岩、五马隐、石梁飞瀑、铜壶滴漏、水珠帘、圆通洞、桃源洞等自然景象，汇成了雄伟、奇特、清丽、幽深多种形态，构成了神奇灵秀、绚丽多姿的自然景观。依托自然山水，集旅游观光、休闲度假为一体，既可养生，又可养心，可谓养生养心福地。

今后，天台应以建设融观光朝觐、康体娱乐、度假养心为一体的国际休闲旅游目的地为目标，做大文旅融合平台，加速文旅融合发展，深度挖掘地域特色文化，整合县域旅游资源，做好旅游营销，丰富旅游业态，打响统一的旅游品牌。以文促旅，以旅兴文，提升天台山旅游影响力，打造全省乃至全国文旅深度融合的标杆。为此，推进"六大行动"：一是体制改革深化行动，开展文旅深度融合试点工作，推进文旅营销体制改革、旅游行业协会改革、旅游投融资改革等，推动文化和旅游工作各领域、多方位、全链条深度融合。二是重大项目攻坚行动，抓牢一批事关天台文旅长远发展的关键项目、引领项目，争取更多项目进入省市长项目、省重大产业项目。三是乡村旅游提质行动，聚力"三村三线"，开展乡村旅游优化升级攻坚战，进一步破解四大片区发展的要素制约，推进"三级创优"工作，打造"民宿3.0"版，扩大"一乡一品一节"影响。四是休闲业态培育行动，建设一批主题文化景区，构建一批养老养生产品体系，推出一批研学产品，打造一批体育休闲精品项目，构建四季可游格局。五是旅游市场拓展行动，开展旅游市场拓展攻坚战，制造爆点抓营销，打响节庆品牌，推出爆款产品，提早谋划高铁旅游时代的到来。六是服务品质提升行动，以"家·天台"旅游服务标准被列入国家服务业标准化试点项目为契机，进一步实施全员培训计划，加大志愿者队伍建设和旅游文明宣传力度，以5A级标准推进旅游厕所、游客服务中心等旅游配套设施的建设管理和运营，加快塑造最有温度的旅游目的地形象。

（四）建设"产业名县"，彰显"天台大农场"特色，打造绿色工业发展基地。产业是建设"名县美城"的重要基础，产业兴则百姓富，产业强则天台强。天台产业具有小而特、小而精、小而美、小而强的特点，形成了以工艺品、机电、橡胶塑料、产业用布、医药化工、饮料酒等六大行业为支柱的产业格局，是我国木珠工艺品出口商品基地，也是全国木珠制品的最大生产基地，相继获得"中国过滤布名城""中国汽车用品生产基地"等称号。目前全县有各类国家级项目15个，省级项目30个，省级技术中心4个，年销售收入超亿元企业达到17家，销售收入超5000万元企业达到34家。

今后，天台应以构建"大健康、大车配、大旅游＋优特新"的产业体系为目标，促进农业、工业、文旅三次产业融合互动，大力推进产业生态化，加快把生态资源转化为发展动能，推动环境美向发展美提升。一是坚持以农为本，把全县作为一个大农场，以建设"天台大农场”为抓手，推广“认种认养认租＋电商”新模式，发展数字农业、共享农业、游玩农业、电商农业等新业态，全面提升农产品的质量、品牌、营销和保险，让消费者认可满意，让农民增收致富，让农业成为有奔头的产业。二是坚持工业强县，以建设智能制造、低碳生态、专特精尖的绿色工业发展基地为抓手，全面提升天台制造水平，加强接轨“一带一路”和沪杭甬等周边都市圈，强化科技创新，发展智慧产业，推动股改上市，做大产业平台，推动生态工业快速崛起。三是坚持文旅兴县，以抓好文旅融合为抓手，突出核心景区打造、旅游营销策划、旅游业态培植，全面提升天台旅游美誉度和影响力。经过努力，使三次产业相互渗透、相互融合、相互支撑、相互发力，整体提升天台的经济实力。

建设“名县美城”关键靠改革靠开放。要奋力推进“最多跑一次”改革领跑全省，打造审批事项最少、办事效率最高、政务环境最优、群众和企业获得感最强县。要加强与周边地区互联互通，构建“北承沪杭、东融宁波、西接金义、南连市区”的开放格局，特别要主动融入宁波都市圈，接轨全省大湾区建设和宁波“一带一路”综合试验区创建，在大开放中拓展发展空间。

守得一片绿，换得金山来。希望天台通过建设生态名县、文化名县、旅游名县、产业名县彰显天台的自然生态之美、绿色生产之美、品质生活之美、社会和谐之美，建成全域大花园，实现360°全域美，把天台打造成人与自然和谐的宜业宜居宜游之地，走出一条具有天台特色的生产发展、生活富裕、生态良好的文明发展之路。①

---

① 第六部分应天台县邀请撰写的特稿，载《天台研究》2019 年第 10 期。

第九章　改革开放 40 年的路径演进与
深刻变革

1978—2018 年，中国进行了一场波澜壮阔、堪称史诗的改革开放，其取得的历史性成就和实现的历史性变革可以说超出了所有人的预期，不仅极大地改变了中国人民的命运，也极大地改变了人类历史的发展进程。

立足于国际视野纵览改革开放 40 年来取得的历史性成就，沿着历史脉络揭示其深层次的综合成因，清醒认识和把握长期累积起来的矛盾问题及面临的机遇挑战，这就不是简单地回味过去，而是说明改革开放没有回头箭，改革开放永远在路上，改革开放不会一劳永逸地解决所有问题，但不改革开放就会是死路一条。

一、中国 40 年实现翻天覆地的历史性变革

40 年在人类历史长河中只是短暂瞬间，然而这一时期中国开启的改革开放，使占人类人口 1/5 的人口大国发生了前所未有的巨大变革，必将载入人类的编年史册。

（一）开启全球最快的经济增长进程，经济发展实现由弱国到大国的变革。改革开放初期，中国经济十分虚弱。改革开放使中国发展走上了快车道。1978—2017 年，中国的 GDP 由 3645 亿元发展到 827122 亿元，折合美元由 2165 亿美元增长到 12.24 万亿美元，年均经济增长9.6%，是世界经济同期年均增幅 2.78% 的 3 倍多。经济总量由全球第

15位发展到第二位，占世界经济比重由2%上升到15%，实现了由经济弱国到经济大国进而向经济强国迈进的历史性巨变。[①]

（二）开启全球最快的居民收入提高进程，人民生活实现由贫穷到小康的变革。按照世界银行的统计，1978年中国是世界上最贫穷的国家之一，当时的人均GDP只有156美元（官方高估为224.9美元），还不到世界上最贫穷的撒哈拉沙漠以南非洲国家人均GDP490美元的1/3，82%的人口生活在农村，84%的人口生活在每天1.25美元的国际贫困线之下，大多数发展和生活指标排在世界国家和地区170位以外。1978—2017年，中国总人口在由9.75亿增加到13.9亿、净增加4.15亿的前提下，人均国内生产总值由381元跃升到59660元，折合美元由224.9美元跃升到8836美元，在232个国家和地区中排位上升到70位。同时，使7亿多人摆脱了贫困，脱贫人口占全球脱贫人口的76%，城镇居民人均住房面积由3.6平方米提高到40.8平方米，汽车普遍进入家庭，普遍享有教育、医疗、保险，人均预期寿命由68.2岁（1949年为35岁）提高到76.7岁，高于2015年全球人口平均预期寿命的71.4岁，涌现出3亿多人口的中产收入阶层。

（三）开启全球最大规模的工业化进程，产业结构实现由农业到工业的变革。工业化是一个国家和地区走向现代化的必经之路。改革开放以来，中国的工业化得到跨越式发展。1978—2017年，中国的产业结构由28.1∶48.2∶23.7提升到7.9∶40.5∶51.6，形成"三二一"的产业结构，总体上从农耕文明进入工业文明进而进入工业化后期阶段。中国制造业产值2010年首次超过美国，占世界的19.8%；2016年占全球25.5%；2017年接近30%，成为全球第一制造业大国和"世界工厂"。

（四）开启全球最大规模的城市化进程，城乡结构实现由农村到城市的变革。城市化是农业人口转化为非农业人口、农业地域转化为非农

---

① 本文数据主要引自《中国统计公报》、林毅夫《改革开放40年与中国特色理论创新》、陈文玲《从长周期看中国的历史巨变与当前的中美博弈》等。

业地域、农业活动转化为非农业活动的过程，是工业化发展的产物和现代化的重要标志。1978年中国城市化率只有17.9%，当时7.9亿人在农村，1.7亿人在城市，俗称"十亿人口八亿农民"。到2017年，中国城市化率达到58.52%，也就是说常住城市人口超过8亿人，农村人口只剩5亿多人，城乡人口分布实现历史性的变革。目前，中国的城市化率已超过世界平均城市化率55%的水平，当然户籍城市化率只有42.35%，说明下一步发展和质量提升的空间还很大。

（五）开启全球最大规模的要素流动进程，面向世界实现由封闭到开放的变革。改革开放使中国全面融入世界。外贸进出口总额1979年仅为109亿美元，到2017年发展到4.1万亿美元，居世界货物贸易进出口第一位。中国由单向的外资引进国发展到引进外资与对外投资并举，目前累计对外投资1.9万亿美元，境外企业资产总额超过5万亿美元，居世界第二位，还拥有居世界第一的3.1万亿美元的外汇储备。40年来，中国累计出国留学生400多万名，占世界留学生总数的1/4，2017年有1.27亿人出国旅游，居世界第一，形成人流、物流、资金流的全球流动。

二、中国40年实现历史性变革的综合成因

凡事皆有因。春华秋实，有秋实必有春华。如同农业大丰收，离不开人努力、政策好、天帮忙。中国用40年时间走完美国一百多年、欧洲两百多年的工业化和城市化进程，经济社会发生全面、深刻、历史性的变化，其深层原因是什么？这可能不是一本教科书、一个他国模式或一种理论模型所能说清的，而必须用历史的、全面的、发展的、辩证的眼光来审视，从特定的历史环境、国际环境、经济社会环境等综合因素去探究。这好比是一副扶正祛邪、固本培元的中药良方，是多味药材合理搭配煎熬产生的药效；亦如同一道中国大菜，是多种食材和辅料精心烹饪的美味。概括起来说，中国40年快速崛起的成因，得益于十大因子的综合作用。

（一）反思"文革"教训和发展困境的倒逼。改革不是我们的主动选择，就像1934年10月开始的红军长征，完全是形势所迫，倒逼的。1949年10月新中国成立，竖起了共和国大厦的四梁八柱，但我们对什么是社会主义、怎样建设社会主义的探索十分艰辛，代价沉重。试验过人民公社的"一大二公"，搞过超英赶美的"大跃进"，实施过计划经济和平均主义大锅饭，直至发动"以阶级斗争为纲"的"文化大革命"，一心想通过单一公有制和计划经济跑步进入共产主义。其结果，越搞越穷，越搞越落后，越搞越背离我们的初衷，与世界的差距也越来越大，国民经济到了崩溃边缘，放开肚皮吃饱饭甚至成为一种期盼和奢望。

在这样的背景下，"文革"一结束，党中央就果断地停止"以阶级斗争为纲"的错误方针，把党的工作重点转移到社会主义现代化建设上来。接着，恢复高考、知青回城、放开留学、召开全国科学大会等，为改革开放和"四化"建设准备人才。邓小平反复强调："贫穷不是社会主义，社会主义要消灭贫穷。"[①] "社会主义的本质，是解放生产力，发展生产力，消灭剥削，消除两极分化，最终达到共同富裕。"[②] "社会主义的特点不是穷，而是富，但这种富是人民共同富裕。"[③] 要富就得要发展生产力，要发展生产力就得要调整生产关系，要调整生产关系就得要进行经济体制改革。可以说，新中国成立以来艰辛探索的代价是我们实行改革开放的巨大学费，这使我们明白了一个道理："不坚持社会主义，不改革开放，不发展经济，不改善人民生活，只能是死路一条。"[④] 经济体制改革的闸门一开，很快就激活了经济主体，促发了第一波"下海潮"和民营经济的崛起。

（二）真理标准大讨论和持续的思想大解放。思想是行动的先导，

---

① 邓小平：《邓小平文选》，第3卷，北京，人民出版社2010年版，第116页。
② 邓小平：《邓小平文选》，第3卷，北京，人民出版社2010年版，第373页。
③ 邓小平：《邓小平文选》，第3卷，北京，人民出版社2010年版，第265页。
④ 邓小平：《邓小平文选》，第3卷，北京，人民出版社2010年版，第377页。

不改变僵化的思想观念，改革就迈不出步子。而要解放思想，就必须彻底改变长期存在的"左"的思想。今天说起来容易，当年做起来异常艰难。1976—1977年"文革"结束后的这两年，还是有人继续坚持"左"的方针和"两个凡是"（即凡是毛主席做出的决策，我们都坚决维护；凡是毛主席的指示，我们都始终不渝地遵循），实际上就是固守本本主义和教条主义。1978年5月，中央党校《理论动态》和《光明日报》先后发表《实践是检验真理的唯一标准》，否定"两个凡是"，引发了一场关于真理标准的大讨论，开启了解放思想的先河。接着，1978年11月10日到12月15日，中央召开了36天的工作会议，就重大问题拨乱反正、统一思想。邓小平在闭幕会上做了题为《解放思想，实事求是，团结一致向前看》的重要讲话。他深刻指出："一个党，一个国家，一个民族，如果一切从本本出发，思想僵化，迷信盛行，那它就不能前进，它的生机就停止了，就要亡党亡国。"① 鼓励要解放思想，要善于学习，要研究新问题。这次中央工作会议，为三天后随即召开的党的十一届三中全会做了充分准备，由此掀开了中国改革开放的历史性大幕。

特别需要强调的是，解放思想不是一次性的，而是长期的过程，永无止境，不时需要新的思想突破。1989年政治风波、苏东剧变和苏联解体后，改革处于停滞状态，中国面临新的抉择，这直接引发了邓小平1992年初的南方谈话。他深刻指出："现在有一个问题，就是形式主义多。"② 针对党内和国内不少人在改革开放问题上迈不开步子，不敢闯，以及理论界"姓资姓社"的争论，他明确指出："要害是姓'资'还是姓'社'的问题。判断的标准，应该主要看是否有利于发展社会主义社会的生产力，是否有利于增强社会主义国家的综合国力，是否有利于提高人民的生活水平。"③ 针对长期存在的把计划经济等于社会主义，

---

① 邓小平：《邓小平文选》，第2卷，北京，人民出版社2010年版，第143页。
② 邓小平：《邓小平文选》，第3卷，北京，人民出版社2010年版，第374页。
③ 邓小平：《邓小平文选》，第3卷，北京，人民出版社2010年版，第372页。

把市场经济等于资本主义的理论教条，他深刻指出：“计划多一点还是市场多一点，不是社会主义与资本主义的本质区别。”① 他呼吁，改革开放胆子要大一些，抓住时机，发展自己，关键是发展经济。发展才是硬道理。针对根深蒂固的“左”的思想带来的危害，他深刻指出：“中国要警惕右，但主要是防止‘左’。”② 这次南方谈话，邓小平彻底摈弃了计划经济和市场经济狭隘、陈旧的观念，突破了“两个等于”的思想束缚，直接推动了新的思想大解放，不仅为党的十四大把建立社会主义市场经济体制作为我国经济体制改革的目标奠定了坚实的理论基础，也为十四大以后中国社会主义市场经济顺利发展开拓了道路。在邓小平南方谈话的鼓舞下，中国改革开放进入了新阶段，这也促发了第二波的“下海潮”。

（三）和平与发展的国际环境和承接国际资本转移。国际环境是一个国家生存和发展的外部条件。当时，中国实行改革开放需要两个外部条件，一是和平环境，二是国际资本。十分幸运的是，这两个条件当时都具备了。1978 年中国开启改革的时候，虽然冷战还没有结束，但中国巧妙地利用美苏争霸的矛盾融入世界，发展自己，促成“二战”以来国际环境相对稳定的时期。邓小平高瞻远瞩地提出“和平与发展是时代主题”。1981 年 3 月，邓小平在中央军委扩大会议上强调：“我们不要自己吓唬自己，造成人为的紧张。如果当前老是强调战争马上打起来，使我们的精力都集中到打仗上面，就会影响四个现代化建设。”③ 1987 年 5 月 12 日，邓小平会见荷兰首相吕贝尔斯时说：“对于总的国际局势，我的看法是，争取比较长期的和平是可能的，战争是可以避免的……1978 年我们制定一心一意搞建设的方针，就是建立在这样一个判断上的。要建设，没有和平环境不行。”基于这样一个判断，“我们在制定国内搞建设这个方针的同时，调整了对外政策。我们奉行独立自

---

① 邓小平：《邓小平文选》，第 3 卷，北京，人民出版社 2010 年版，第 373 页。
② 邓小平：《邓小平文选》，第 3 卷，北京，人民出版社 2010 年版，第 375 页。
③ 邓小平：《邓小平文选》，第 2 卷，北京，人民出版社 2010 年版，第 241 页。

主的和平外交政策，这有利于和平。我们不打别人的牌，就是说不打苏联的牌，也不打美国的牌。我们也不让别人打我们的牌"。①

　　至于国际资本，西方国家完成工业化后，积累了大量的过剩资本，正在寻求新的国际市场，渴求新的投资项目。这也是由资本的逐利本性所决定的。1978 年 5 月，时任国务院副总理谷牧率领新中国成立后向西方派出的第一个政府经济代表团赴西欧考察。在与法国总统德斯坦会见时，法国驻华大使对谷牧说："听说你们要建 120 个大项目，我们法国愿意有所贡献，给我们 10 个行不行？"② 在西德，巴伐利亚州州长卡里在宴会上表示，愿意提供 50 亿美元的支持，无须谈判，握握手即可。③ 放到今天的时代背景下，简直难以想象。假如今天再有国家搞改革开放，就难有中国当时的条件。可见，中国的开放也是历史的成全，是与改革同步进行的，改革与开放浑然一体，密不可分。随着打开国门，融入世界，西方国家的资金以及技术、人才和管理经验等源源不断地涌入中国。1979—2017 年，中国累计吸引外商直接投资达 18966 亿美元，是吸引外商直接投资最多的发展中国家，这既为中国的现代化建设注入了新鲜血液，也为国际资本提供了巨大的投资市场和获利空间。

　　（四）摸着石头过河和实行渐进式改革。20 世纪 80 年代社会主义国家的改革，大体有两种模式。一种是改旗易帜，搞休克疗法，如苏联等国家，结果造成经济硬着陆和引发社会动荡，大多不成功。一种是中国摸着石头过河的渐进式改革，这大概得益于中华文化涵养的沉稳谨慎、谋定后行的智慧和哲学理念。1980 年 12 月在中央工作会议上，陈云说："我们要改革，但是步子要稳。……随时总结经验，也就是要'摸着石头过河'"。④ 邓小平对陈云提出的"摸着石头过河说"完全赞

---

① 邓小平：《邓小平文选》，第 3 卷，北京，人民出版社 2010 年版，第 233 页。
② 李岚清：《国门初开岁月中的谷牧同志》，《光明日报》2014 年 10 月 8 日。
③ 中新网 2009 年 11 月 6 日。
④ 陈云：《陈云文选》，第 3 卷，北京，人民出版社，第 279 页。

同，提出："我们的方针是，胆子要大，步子要稳，走一步，看一步。"① 这对既大胆解放思想、杀出一条血路来，又积极稳妥、保持社会稳定，正确处理和把握好改革、发展、稳定的关系，起到了十分重要的指导作用。

"摸着石头过河"是一种大胆试、大胆闯的试错法，先搞试点，投石问路，对的就坚持，错的就改过来，避免走弯路，避免犯颠覆性的错误。在实践上，从农村家庭联产承包制到国有企业承包经营，从价格双轨制到市场化定价，从企业股份制改革到设立股票证券交易所，从设立 4 个经济特区到开放 14 个沿海城市，从浦东开放开发到长江经济带开放，从引进外资到对外投资，从让一部分人先富起来到走共同富裕道路，等等，逐渐把改革开放推向深水区。这种先搞试点、以点带面、逐步放开、稳步推进的渐进式改革，避免了因情况不明、举措不当而引起的经济硬着陆和社会动荡，确保了中国这样一个世界第一人口大国没有出大的乱子，确保了改革、开放、发展、稳定的良性互动。

（五）强烈的致富欲望和少有的勤奋精神。改革的动力从何而来？一句话，利益驱动和艰苦奋斗。马克思有一句名言："人们奋斗所争取的一切，都同他们的利益有关。"左丘明《左传·宣公十二年》曰："民生在勤，勤则不匮。"中华民族历来勤劳勇敢，聪明智慧，善于创造，具有强烈的致富欲望，自古向往小康生活，追求"三十亩地一头牛，老婆孩子热炕头"的幸福日子。改革开放以来，老百姓为追求致富，可以说"走遍千山万水、历经千辛万苦、说尽千言万语、想尽千方百计"，焕发出无穷的创造力。正如美国著名经济学家科斯在《变革中国》中所说："中国人的勤奋，令世界惊叹和汗颜，甚至有一点恐惧。"

中国改革几乎所有的源头探索都来自基层和老百姓追求利益的创造。从"家庭联产承包责任制"到农村全面改革，从"走私""倒爷"

---

① 邓小平：《邓小平文选》，第 3 卷，北京，人民出版社 2010 年版，第 113 页。

到破除价格双轨制，从"大逃港"到设立 4 个经济特区，从"前店后厂"到民营经济崛起，从"承包经营"到国有企业改制，甚至从"农民工"到产业工人，从"简单模仿"到"世界工厂"，等等。数亿农民背井离乡，风餐露宿，甚至没有休息日，没有节假日，真是"五加二、白加黑"地干，把西方人用来喝咖啡的时间都用来打工赚钱了。这是一个致富的过程、实干的过程，也是一个痛苦的过程、变革的过程。改革的伟力在于民众之中，只要充分尊重和发挥基层和群众的首创精神，激发出人民群众无穷的创造力，就会使社会财富大量地涌流出来。正如浙江创造的民本经济经验所诠释的："在生产关系方面，大胆探索，勇于创新，率先进行市场取向的改革，不断增强经济发展的动力和活力；在生产方式方面，因地制宜，因势利导，大力发展区域块状经济，不断激发区域经济的竞争力；在政府管理方面，因势利导，顺势而为，无为而治和有为而治相结合，不断增强把握经济发展大局的能力；在文化传承方面，激活文化基因，弘扬浙江精神，促进经济与文化紧密融合，不断增强综合竞争的软实力。"[1] 总体上说，浙江在鼓励人们创造财富的过程中，很好地践行了"三个允许、五个不"，即允许试、允许闯甚至允许犯错误，不争论、不攀比、不张扬、不气馁、不动摇，坚定、清醒、有作为。

（六）摒弃计划经济和实行社会主义市场经济。过去由于受苏联计划经济模式的影响，新中国成立后中国曾长期固执地实行计划经济体制，甚至恐惧和排斥市场经济，把计划经济等于社会主义，把市场经济等于资本主义，企业的一切生产，人民的一切生活，政府都用最严密的计划来安排，用各种票证来保障，计划无所不包，计划无所不在，计划之外无市场。其结果适得其反，产品供应长期处于短缺状态，俗称短缺经济，严重束缚了人民的创造力，严重束缚了企业的生机和活力，严重

---

① 郭占恒：《转型与发展——浙江经济若干问题研究》，浙江，浙江大学出版社 2014年版，第 40—50 页。

束缚了生产力的发展，严重束缚了人民生活水平的提高。

为此，1979 年 11 月，邓小平对这种传统观念提出了挑战。他深刻指出："说市场经济只存在于资本主义社会，只有资本主义的市场经济，这肯定是不对的。社会主义为什么不可以搞市场经济，……社会主义也可以搞市场经济。"① 1992 年初，邓小平在南方谈话中进一步指出："计划经济不等于社会主义，资本主义也有计划；市场经济不等于资本主义，社会主义也有市场。计划和市场都是经济手段。"② 由此，中国才挣脱"计划经济"理论和体制的束缚，才走出"计划经济为主、市场调节为辅""实行有计划的商品经济"的探索。1992 年 10 月，党的十四大正式提出我国经济体制改革的目标是建立社会主义市场经济体制。随后，中央又进一步提出使市场在资源配置中起"基础性作用"和使市场在资源配置中起"决定性作用"。实行社会主义市场经济体制摆正了政府和市场这"两只手"的关系，改变了政府"有形之手"的职能作用，更多发挥市场"无形之手"的调节作用，极大地激发了各类经济主体的积极性和创造性，极大地促进了各类生产要素的合理配置和价值交换，极大地提高了社会生产力，极大地满足了消费者的多样化需求。

（七）加入 WTO 接轨国际市场和国际规则。在经济全球化的背景下，每个国家都不可能孤立地发展自己。而主导经济全球化的主要是世界贸易组织即 WTO（前身是关贸总协定）、国际货币基金组织和世界银行。改革开放只有加入这些国际经济组织才能接轨国际大市场，才能实现生产要素和商品交换的国际大循化，才能使中国发展融入全球化进程。1980 年，中国先后恢复了在国际货币基金组织和世界银行的合法席位，随后又在 1986 年申请恢复关贸总协定缔约国地位，并开始艰难的"复关"谈判。1995 年 1 月，世界贸易组织成立，从当年 7 月起

---

① 邓小平《邓小平文选》，第 2 卷，北京，人民出版社 2010 年版，第 236 页。
② 邓小平：《邓小平文选》，第 3 卷，北京，人民出版社 2010 年版，第 373 页。

"复关"谈判转为加入 WTO 谈判，直到 2001 年 12 月 11 日中国正式加入世界贸易组织，成为其第 143 个成员。时任国务院总理朱镕基曾感慨地说："我们已经谈了 15 年……黑发人谈成了白发人。"① 可见，中国加入 WTO 何其艰难。

为什么中国不遗余力地加入世界贸易组织。因为加入 WTO，中国可以在 140 多个成员国中享受到多边的、无条件的、永久性的最惠国待遇，这是中国经济全面加入国际分工和融入国际经济循环的必要条件。有了这一条件，中国的产品才能更广泛地参与世界市场的竞争，中国的企业也才能在更广阔的市场上寻找到更多的发展机会，增强国际竞争力。加入 WTO，还能够通过世贸组织多边争端的解决程序来解决国际贸易摩擦，有效地保护中国的经济贸易利益，使中国产品能够在最大的范围内享受有利的竞争条件，国内的资源在国际大市场中得到优化的配置。更重要的是，加入 WTO，倒逼中国改革开放走入深水区。如仅从 2001—2006 年的 5 年间，中国就废除了 20 多万部地方的法律法规，清理了 2000 多部国家部委的法律法规，关税总水平从 15.6% 下降到 9.8%，开放了 102 个领域。随着加入 WTO，进一步打开国门，又促发了第三波的"下海潮"和"留学潮"。近几年，中国进一步加大对外开放的力度，积极推动构建人类命运共同体，坚持多边主义，完善全球治理，彰显出中国作为现行国际体系参与者、建设者、贡献者的责任担当。

（八）各地强烈的发展冲动导致的非均衡发展。均衡发展是目标，非均衡发展是路径，只有通过非均衡发展，才能逐渐实现均衡发展。改革开放以来，各地政府领导如同企业的 CEO，出现了历史少见的地方发展冲动，包括招商引资冲动、征地拆迁冲动、投资饥渴冲动、GDP 排名冲动等，真是"八仙过海各显神通"。各地由"等靠要"，到"跑部钱进"，再到"不找市长找市场"，创造了"温州模式""苏南模式"

① 李肇星：《说不尽的外交》，北京，中信出版社 2014 年版。

"深圳模式"等各具特色的发展模式，形成了各地"比、学、赶、超"的竞争发展格局，书写了经济学非均衡发展理论的新篇章。

当我们今天在评判这些冲动的时候，不要忘记这在当时恰恰是改革所带来的巨大变革。过去中国计划经济体制的一大弊端就是中央管得太死，地方没有自主权，没有积极性。20 世纪 80 年代初，邓小平一再鼓励各地能快则快，让一部分人、一部分地区先富起来。1983 年 2 月他到江浙考察时，针对全国实现"翻两番"目标，要求江苏、浙江恐怕要多翻一点，不止"翻两番"。他说，因为宁夏、甘肃这些地方比较落后，"翻两番"困难，如果江苏、浙江只"翻两番"，全国平均起来就翻不了两番。后来，中央又先后设立 4 个特区，搞 14 个沿海开放城市，实行财政"分灶吃饭"，促进西部大开发、东北等老工业基地振兴，鼓励东部加快发展，以及各地发展与工资福利和职级升迁密切相关等，把各地发展的积极性充分调动起来，改变了过去中央大一统、大锅饭的弊端，形成了中央和地方两个积极性的工作格局。正是地方强烈的利益驱动和发展冲动才创造了各具特色的地方发展模式和发展奇迹。有了地方的发展奇迹，才有了中国的发展奇迹。

（九）产业转移、消费升级形成的发展韧劲和回旋余地。从严格意义上说，中国不是一般的大国，而是超大型国家，其大陆面积 963 万平方公里，大于大洋洲面积的 897 万平方公里，与欧洲面积的 1016 万平方公里相差不多；人口近 14 亿，居世界第一，比欧洲和美国的人口总和还要多。这样一个超大型的国家，发展起来不容易，而发展起来以后停下来也不容易。

这是因为，中国一旦发展起来，其产业可以进行从沿海到内地、从城市到农村、从发达地区到欠发达地区等的梯度转移，进而形成世界上最完整的产业链和价值链；其消费可以进行从低端到高端、从小家电到大家电、从住房到汽车、从电脑到手机、从白酒到红酒、从看病到养生、从国内教育到国外留学、从国内旅游到国际旅游等排浪式的消费升级，进而形成世界上最庞大的消费市场，以至任何一个国家和企业都不会无视。这也就是为什么1998年亚洲金融危机和2008年世界金融危机，而中国则闯过惊涛骇浪继续前行的重要原因，也使外国一些专家预言的"中国经济崩溃"论屡屡破产。"'东方不亮西方亮，黑了南方有北方'，不愁没有回旋的余地。"这是1936年12月毛泽东在《中国革命战争的战略问题》说过的话，今天用来比喻中国经济发展和应对外来冲击所具有的发展韧劲和回旋余地也是完全恰当的。明白了这一点，就会坚信中美贸易战中国一定会胜出。当然，这个发展韧劲和回旋余地是在改革开放发展中形成的，需要倍加珍惜和利用好。

（十）中国共产党强有力领导和中国特色社会主义思想指导。改革是从已知到未知的过程，途中充满了风险和不确定性。要避免走错方向走弯路，就必须有坚强的领导核心和科学的指导思想。中国人很聪明、很能干，但往往是"一个中国人是条龙、十个中国人是条虫"，缺的就是主心骨和凝聚力。中国共产党是全中国人民的领导核心，这是经过几十年的革命战争证明的，也是经过几十年的建设探索证明的，更是经过几十年的改革开放证明的。反思"文革"这个重要教训，就是"踢开党委闹革命"不行，搞"阶级斗争为纲"不行，搞"四大"（大鸣、大放、大字报、大辩论）不行，进而强化了党的领导核心地位，明确社会主义初级阶段"一个中心、两个基本点"的基本路线，创立了中国特色社会主义理论体系，系统回答了什么是社会主义、怎样建设社会主义，建设什么样的党、怎样建设党，实现什么样的发展、怎样发展等重大理论和实践课题。

党领导的举旗定向和凝聚砥砺，党领导的集中力量办大事，党领导的经受"四大考验"、避免"四大危险"、坚持"四个自信"、树立"四种意识"，以及源于党"不忘初心、牢记使命"内在形成的纠错机制等，使中国在这40年中闯过了一系列激流险滩，经受住了一次次宏观经济调整和国际金融危机冲击，以及国内外的重大事件影响的考验，没有犯苏联、独联体一些国家改旗易帜、休克疗法、橙色革命等颠覆性错误，始终引领中国这艘大船沿着改革开放的正确航向行驶。

以上这十大综合成因是渐进形成的，虽不尽全面，但确是最主要的成因。如果离开这十大综合成因，中国的改革开放就不会是今天这个样子，也难以取得如此翻天覆地的历史性成就。而这十大综合成因也是我们今后继续深化改革开放需要坚守和借鉴的基本思路。

三、中国 40 年积累的压缩性问题和面临的新挑战

没有矛盾就没有世界，没有问题就没有社会。改革因问题而起，改革又会引发和带来新的问题。改革发展起来以后的问题一点也不比不改革少。所以，改革没有回头箭，改革开放永远在路上。

40 年的改革开放和高速发展，实际上是一种压缩性的工业化和城市化进程，也自然会出现压缩性的问题。这些问题主要有：经济结构失衡严重，地区发展差距拉大，居民收入差距过大，资源消耗过多，环境污染过重，思想教育缺失，理想信念缺位，诚实守信退化，民主法治滞后，社会焦虑增多等。1993 年，邓小平在同弟弟邓垦聊天时说："过去我们讲先发展起来。现在看，发展起来以后的问题不比不发展时少。"[①]这是富有辩证智慧的话，也是很有远见的话。当然，这些问题是发展中的问题，是前进中的问题，是"成长的烦恼"，是难以完全避免的代价，符合唯物辩证法所揭示的"螺旋式"上升的事物发展规律。

40 年的改革开放，为中华民族赢得了历史性复兴机遇，增强了民族生存发展的能力和空间，使中华民族站在了一个新的历史起点上，也提前遇到许多新情况、新矛盾、新问题甚至严峻挑战。2013 年 3 月，习近平在中央党校建校 80 周年庆祝大会暨 2013 年春季学期开学典礼上的讲话中明确指出："当前，全党面临的一个重要课题，就是如何正确认识和妥善处理我国发展起来后不断出现的新情况、新问题。"这些不断出现的新情况新问题概括起来说，主要是面临两大明显变化、三大陷

---

① 　中央文献研究室编：《邓小平年谱 1975—1997（下）》，北京，中央文献出版社，第 1364 页。

阱和三大攻坚战。

（一）两大明显变化：国际环境和国内发展阶段出现明显变化。
2018 年，以美国发起的贸易战为标志，中美关系出现明显变化，由
"合作伙伴关系"转为"战略上的竞争对手"。其演变过程是：1979 年
1 月中美建交，结束了长达 30 年之久的不正常状态。2011 年 1 月的
《中美联合声明》确认，中美双方将共同努力，建设互相尊重、互利共
赢的中美"合作伙伴关系"。2017 年 12 月，美国总统特朗普在上台后
的首份《国家安全战略报告》中，则将中国定位为美国"战略上的竞
争对手"。接着，美对华发起贸易战。从美国的谈判要价和贸易战之外
的一系列小动作看，中美贸易战其实与贸易无关，而是美国遏制中国崛
起的手段，是利益敲诈、战略遏制和模式打压。不仅如此，美国凭借其
经济、科技、金融、军事等领先的实力，正在围绕"美国优先"和
"让美国再次伟大"，试图改组国际组织和改写国际规则，世界秩序正
经历"二战"以来最为复杂动荡的局面，正经历百年未有之大变局。
对此，2018 年 6 月，习近平在中央外事工作会议上强调，我们要深入
分析世界转型过渡期国际形势的演变规律，准确把握历史交汇期我国外
部环境的基本特征。2018 年 7 月，中央政治局召开会议指出，当前经
济运行稳中有变，面临一些新问题新挑战，外部环境发生明显变化。

国内的明显变化是，经过改革开放 40 年的发展，中国经济已经完
成工业化的中期阶段而进入工业化的后期或后工业化阶段，中国的城市
化已到了快速增长的峰值而转入了结构优化、质量提升的阶段，中国的
人口红利已经减弱而转为人才红利的阶段，中国的资源消耗和环境容量
已到极限而转为节能减排刚性约束的阶段，中国的鼓励外贸出口和招商
引资已转为出口和进口并重、利用外资和对外投资并举的阶段。总体上
说，中国经济进入了由高速度到高质量、由要素驱动到创新驱动的新的
发展阶段。这样的明显变化，直接推动了中国社会主要矛盾由人民日益
增长的物质文化需要同落后的社会生产之间的矛盾，转化为人民日益增
长的美好生活需要和不平衡不充分的发展之间的矛盾。概言之，中国特

色社会主义进入了新时代。

（二）三大陷阱：谨防陷入中等收入陷阱、"塔西佗陷阱"和"修昔底德陷阱"。以史为鉴，可以知兴替。改革开放和民族复兴的路上从来不会一帆风顺，而是充满了荆棘和坎坷。目前，中国最需要防范和跨越的就是三大陷阱，即中等收入陷阱、"塔西佗陷阱"、"修昔底德陷阱"。对这三大陷阱，要在意，不要大意；要重视，不要轻视；要施策，不要失策。

中等收入陷阱，最早是世界银行在 2006 年《东亚经济发展报告》中提出的概念，其内涵是指：某些国家在人均国民收入达到 3000 美元以后便陷入经济增长停滞期，在相当长时间内无法成功跻身高收入国家行列。2017 年，中国居民人均可支配收入 25974 元（约 3876 美元），意味着已进入"中等收入陷阱"的时间窗口。资料表明，20 世纪 60 年代以来，世界上有 110 多个经济体进入中等收入国家，但最后成功进入高收入国家的只有 13 个，说明跨过去不容易。如果中国经济缺乏新的动力源，如果民营经济活力不足，如果实体经济严重缺血，如果"卡脖子"科技没有突破，如果未能实现由要素推动向创新驱动转换，中国经济陷入停滞状态也不是没有可能的。

"塔西佗陷阱"，是古罗马史学家塔西佗提出的，他认为当政府不受欢迎的时候，好的政策与坏的政策都会同样得罪人民。之后被作为一种社会政治现象或政治学定律，指一个社会机构或组织或部门等，一旦失去社会公信力，那么它无论办什么事情或表达什么言论，都不会引起人们的相信，相反被认为是说假话、做坏事。当前，中国推进国家治理体系和治理能力现代化任务相当艰巨，有的地方政府朝令夕改、政策多变、政策打架，甚至搞暗箱操作、违法行政；有的领导搞"新官不理旧账""一个师公一个道法"，甚至说一套做一套，严重损害了政府的公信力和党的声誉，如果不加以警觉和纠正，就会危及党的执政基础和执政地位。

"修昔底德陷阱"，源自古希腊著名历史学家修昔底德，指一个新崛起的大国必然要挑战现存大国，而现存大国也必然来回应这种威胁，这样战争变得不可避免。据美国哈佛大学肯尼迪政府学院首任院长、曾任克林顿政府助理国防部长艾利森《注定一战：中美能否走出"修昔底德陷阱"？》（2017 年）研究，过去 500 年间发生在守成大国与崛起大国间的权力更迭，16 个案例中有 12 个引发战争，仅 4 次幸免。当今的美国，是一个充满霸权主义和强权政治的国家，当一国 GDP 达到美国的 60% 左右时，就会把其作为对手进行打压，过去对苏联、对日本、对欧盟都是这样，形成所谓的"60%"定律。2017 年，中国的 GDP 达到了美国的 60% 左右，由此激发了美国的遏制情绪，这也是中美贸易战的深刻背景。为此，习近平早有预判。2015 年 9 月 22 日，习近平在美国华盛顿州当地政府和美国友好团体联合举行的欢迎宴会上发表演讲时指出，我们愿同美方加深对彼此战略走向、发展道路的了解，多一些理解、少一些隔阂，多一些信任、少一些猜忌，防止战略误解误判。我们要坚持以事实为依据，防止三人成虎，也不疑邻盗斧，不能戴着有色眼镜观察对方。世界上本无"修昔底德陷阱"，但大国之间一再发生战略误判，就可能自己给自己造成"修昔底德陷阱"。

（三）三大攻坚战：防范化解重大风险、精准脱贫和污染防治。党的十九大报告明确提出，到 2020 年全面建成小康社会，要"突出抓重点、补短板、强弱项，特别是要坚决打好防范化解重大风险、精准脱贫、污染防治的攻坚战，使全面建成小康社会得到人民认可、经得起历史检验"。2017 年 12 月召开的中央经济工作会议，进一步把抓好防范化解重大风险、精准脱贫、污染防治这三大攻坚战作为今后三年的重点任务，并明确了时间表、路线图和政策举措。这三大攻坚战，是多年来发展累积形成的突出问题，是到 2020 年全面建成小康社会必须要完成的任务，是迈向高质量发展必须要扫除的拦路虎，也将是规划实现第二个一百年奋斗目标的历史起点和逻辑起点。

这里，需要特别注意的是两点：其一，要充分认识打赢这三大攻坚战的艰巨性和复杂性，特别是在中美贸易战深度发展的背景下，经济发展面临很大的下行压力，可能需要在节奏和政策上做出必要的调整。其二，避免简单依靠行政计划手段推进，而是更多地开启改革的思路，运用市场经济的办法，建立完善有效的制度，使之成为深化改革开放和推进民主法治建设的生动实践。

总之，"办好中国的事情，关键在党"。只要我们坚持中国共产党的正确领导，坚持改革开放不动摇，坚定执行党的十九大确定的路线方针政策，完整地准确地贯彻落实习近平新时代中国特色社会主义思想，扎实推进"五位一体"总体布局和"四个全面"战略布局，解放思想，实事求是，上下同欲，同心同德，就完全能够开辟新时代改革开放的新境界，开启新时代改革开放的新征程，朝着实现中华民族伟大复兴的目标奋勇前进。

四、浙江改革开放的路径演进和深刻变革

改革开放以来，浙江以"干在实处、走在前列、勇立潮头、敢于担当"的精神，在经济、政治、文化、社会、生态文明、党的建设、政府治理等多方面发挥了改革开放发展的试验田、示范田、高产田作用，创造了中国特色社会主义道路的浙江样本。其中，最为重要的是，在"八八战略"指引下，浙江成功摆脱传统路径依赖，走上了全面、协调、可持续的科学发展大道，创造了转型发展的奇迹。

回顾浙江改革开放 40 年的发展，如果从大的历史观和宏观层面看，可划分两大阶段，呈现出由先发优势到科学发展新优势的路径演进，由小我浙江到大我浙江的历史性变革。

第一大阶段，即 1978—2002 年，主要特点体现在自发、民营、经济、允许这四个关键词上，形成浙江发展的先发优势。

改革开放初期，浙江发展的起点并不高，存在三缺少：一是缺少陆域自然资源，人均耕地只有 0.5 亩，缺铁少煤无油，人均资源拥有量综合指数居全国倒数第三位。二是缺少国家资金投入，1952—1978 年的 26 年间，国家对浙江的投资总计 77 亿元，人均 410 元，只占全国的

1.5%，还不到当时全国各省区平均水平的一半。"一五"时期国家兴建的156个重点建设项目，浙江一个没有，后来国家对浙江的投资也很少。三是缺少优惠政策，没有享受到国家区域指向性的政策，如创办经济特区、浦东开放开发、西部大开发、振兴东北等老工业基地等区域政策，浙江都不沾边，可以说没有吃偏饭。

正是在这样的条件下，浙江抓住改革开放的大机遇，闯出一条富有生机活力的特色发展道路，实现了追赶型、跨越式的发展。经济总量由全国第12位跃升到第四位，人均GDP由第16位跃升到第五位，2017年浙江城镇居民人均收入连续17年位居全国各省（区）第一，农村居民人均收入连续33年位居全国各省（区）第一，创造了中国区域经济发展的浙江模式。这一模式不同于以深圳模式为代表的广东模式，也不同于以苏南模式为代表的江苏模式，其主要内涵特点体现在以下四个方面。

（一）自发的，自下而上的，率先从山区海岛等贫困地区发起。古人云：穷则思变，变则通，通则达。浙江改革开放的动力主要来自老百姓强烈的致富欲望，而且越是穷的地方，越是落后的地方，胆子越大，办法越多，创造力越强。如领取全国第一张个体工商户营业执照的温州人章华妹，第一个敢同县委书记吵架要求开放城乡市场的义乌人冯爱倩，第一个农民造汽车的台州人李书福，创建全国第一个专业市场的温州永嘉县桥头镇，创建第一个农民城的温州苍南县龙港镇，以及丽水山区崛起全国洗涤行业的龙头企业纳爱斯等。这些来自山区海岛等基层的老百姓，创造弘扬"四千精神""三板精神"，走出山村，走出海岛，走向全国，走向世界，走出了一个属于自己的新天地。

（二）民营企业异军突起，由散兵游勇发展壮大为主力军。改革开放初期，浙江还是农业为主的省份，国有企业数量不多，乡镇企业不发达，计划经济的控制力相对较弱，体制外的成长空间比较大，这为浙江率先冲破僵化的体制和机制束缚，率先培育符合社会主义市场经济发展要求的经济主体和制度框架，创造了有利条件。自20世纪70年代末，个体私营等民营企业率先从温州、台州等地兴起蔓延，如同雨后春笋，蓬勃成长，从无到有，从小到大，从弱到强，从少到多，渐成燎原之势，成为浙江改革开放的主体，成为工业化、城市化、市场化、国际化的主力军，成为吸纳就业、上缴税收和城乡居民收入增长的最大来源，成为推动全省经济发展的最大力量。可以说，没有民营企业的快速发展，就不会有浙江改革开放和经济社会发展的辉煌成就，就不会有浙江经济勃勃生机和强劲活力，当然也就不会有今天全国民营经济占据"56789"的大好形势。

（三）偏重于经济发展，走出一条以小博大的特色发展路子。浙江发展初期的典型特征是"小"：一是小资本，许多企业在发展初期原始投入都很小，有的注册资本只有几千元，如万向集团靠4000元起家。二是小企业，父子、兄弟、夫妻和亲戚、朋友齐上阵，大家集资办厂，形成家族制企业，然后再逐渐扩大生产规模，目前小企业仍占全省企业的99%。三是小商品，由于小商品生产的资金、技术、人才等门槛低，适于小资本和小企业生产，所以大多选择鞋子、袜子、领带、服装等轻纺产品，即使搞一点大工业，也是从零部件和小型设备做起，如汽车先搞零部件，电气设备先搞低压电器等。四是小城镇，浙江的工业化是从农村起步的，创业者主要是洗脚上田的农民，这包括鲁冠球、李书福、徐冠巨、南存辉等，当时的企业只能是村办企业办在村，乡办企业办在乡，依托小城镇而发展。如何以小博大，弥补小的先天不足，浙江实行无中生有和人无我有、人有我优、人优我强的发展思路，以民营企业为主体，以专业市场为渠道，以块状产业为基地，以小城镇建设为依托，形成小商品大市场、小产业大集中、小资本大集聚、小城镇大建设的发展优势，成功走出一条"轻、小、民、加、特"的快速工业化道路。

（四）允许先行先试，为基层和企业发展营造宽松环境。当时的政府作用，主要不是体现在政策"引导"上，而是体现在政策"允许"上，政府的高明就是相信基层和老百姓的聪明，可以先上车再补票，先发展再规范，先生孩子再起名，为基层和老百姓的创业创新闯天下提供宽松的环境。如义乌小商品市场的形成，就是当时的县委书记听取了群众意见，领导义乌县委、县政府于 1982 年出台文件提出"四个允许"放出来的，即"允许农民弃农经商，允许农民长途贩运，允许开放城乡市场，允许多渠道竞争"。后来时任省委书记总结提出"三个允许五个不"的工作思路，即允许试，允许闯，甚至允许犯错误；不争论、不攀比、不张扬、不气馁、不动摇；坚定、清醒、有作为。这极大地激发了广大基层和群众的创造活力。这里，表面看是无为而治，实际也是一种担当和作为，体现在对一时看不准的、当时的政策环境不允许而广大老百姓又愿意干的事，则按照邓小平提出的"允许看，但要坚决地试"的要求，放手让群众去干。后来浙江形成的诸多第一，大多是政府允许和放出来的，是充分尊重基层和群众首创精神的结果。

第二大阶段，2003 年至今，主要特点体现在自觉、多元、全面、引领这四个关键词上，形成浙江科学发展新优势。

进入 21 世纪的浙江，世情、国情、省情发生了深刻变化，如同省委所清醒判断的：浙江发展"进入爬坡过坎的关键时期"，遇到了"成长的烦恼"和发展中的问题。这时的浙江，不仅面临"正在生产的缺电，正在建设的缺钱，正在招商的缺地"等"三缺"问题，更重要的是，前 20 多年快速发展累积起来的矛盾和问题集中暴露出来。主要包括：经济结构"低、小、散、乱"的先天不足，基础设施和社会事业严重滞后，城乡和地区发展差距过大，城市化水平不高和"城市病"显现，农村环境"脏乱差"和"空心村"，山水林田湖草等生态环境恶化，社会矛盾问题频发，领导干部面临本领恐慌，等等，亟待探索新的发展思路和路径，引领浙江由必然王国向自由王国转变提升。在此关键时刻，时任浙江省委书记习近平经过大量的调查研究，领导省委谋划、提出、实施"八八战略"，引领和推动浙江成功实现了这一历史性的大转变。这一阶段的主要内涵特点体现在以下四个方面。

（一）自觉的，上下互动的，以"八八战略"为顶层设计和引领。浙江发展起来以后面临的问题，大多涉及全面性、公共性、协调性、长远性等问题，如提高经济结构和综合竞争力、发展科教文卫事业、建设水电气路桥等设施、综合治理生态环境、打破城乡二元结构、推进民主法治建设、提升党政干部眼界和水平等。这都不是简单允许基层和企业创新所能解决的，而必须要有顶层设计，进行超前思考、系统谋划和战略布局。有鉴于此，习近平经过大量调查研究，广泛听取各方面意见，认真分析世情、国情、省情的深刻变化，把中央精神与浙江实际紧密结合起来，提出"进一步发挥八个方面的优势、实施八个方面的举措"的"八八战略"，擘画了推进浙江新发展的宏伟蓝图，引领浙江由自发走上自觉的发展轨道。

（二）以民营企业为主体的多种所有制主体共同发力。一个经济体的生机活力一定是存在多元主体而且充分竞争。浙江民营经济先发以后，面临两个问题，一是如何发挥鲇鱼效应，促进国有经济和集体经济的改组改制，激发国有企业和集体企业的生机活力。二是民营企业如何改变"小、低、散"及家族制的先天不足，实现脱胎换骨、凤凰涅槃的浴火重生。针对于此，习近平明确提出"坚持'两个毫不动摇'，推动国有经济不断发展壮大，推动个私经济不断上规模、上水平"的"两坚持、两推动"要求。他多次深入国有企业调查，召开国有企业改革座谈会，部署国有企业改革的目标任务。他多次深入民营企业调研，召开全省民营经济大会，推动民营经济大发展大提高和实现新飞跃。他还多次提出加大招商引资力度，提高利用外资质量和水平。由此使浙江形成了民企、国企、外企相得益彰，共同发展的格局。

（三）经济、政治、文化、社会、生态等全面发展。由于历史的多方面原因，浙江最初偏重于经济发展，而经济发展又偏重于民营经济、块状经济、专业市场、小城镇、县域经济的发展，而政治、文化、社会、生态等发展相对滞后，即使经济发展也存在诸如粗制滥造、粗放经营、外部不经济等问题。自实施"八八战略"以来，浙江从深化改革、扩大开放、经济转型、统筹城乡、创建生态省、念好"山海经"、软硬环境建设、建设文化大省等经济、政治、文化、社会、生态各个方面，

走向高质量发展的浙江 >>>

全面谋划，全面推进，全面发力，全面提升，推动浙江走上全面、协调、可持续的科学发展道路，形成浙江全面发展的新优势。在"浙"里，率先提出深入践行"绿水青山就是金山银山"的生态文明理念，"千村示范、万村整治"荣获联合国"地球卫士"奖，跳出浙江发展浙江再造了"三个浙江"，念好"山海经"使山区和海洋成为全省新的经济增长点，平安浙江、文化浙江、法治浙江等齐头并进、多点开花，形成"万紫千红的浙江实践"。

（四）党政科学有为，想干事能干事干成事，引领经济社会发展。现代市场经济的竞争，表面是企业竞争，背后实际是政府竞争，是营商环境的竞争。早在"八八战略"提出之初，习近平就强调："贯彻这些决策和部署，既有现实紧迫性，又是一项长期的任务，我们要咬定目标，一任接一任、一届接一届地抓下去。"他提出"干在实处 走在前列"的总体要求，狠抓"八八战略"的贯彻落实，狠抓领导干部和机关作风建设，狠抓法治建设和各项规章制度建设，要求浙江的党员干部算一算"利益账""法纪账""良心账"，强调"每个领导干部只有想清楚、算明白了这'三笔账'，才能真正行使好人民赋予的权力"。进而培养打造一支信仰坚定、敢于担当、本领过硬、干净干事的"浙江铁军"。历届省委、省政府坚持一张蓝图绘到底、一任接着一任干，坚持一手抓经济报表，一手抓平安报表，以实施"最多跑一次"改革为抓手，努力打造"审批事项最少、办事效率最高、政务环境最优、群众和企业获得感最强"的服务型政府，不断续写"八八战略"再深化、改革开放再出发的新篇章。

特别需要强调的是，在上述这两大阶段的演进中，浙江成功摆脱了经济学所说的路径依赖，提升了发展格局和品质，从偏重于经济发展的小我浙江蝶变成全面发展、大气开放的大我浙江。

路径依赖，原指人类社会中的技术演进或制度变迁均有类似于物理学中的惯性，即一旦进入某一路径，无论是"好"是"坏"，都可能对这种路径产生依赖。美国著名经济学家道格拉斯·诺斯用"路径依赖"

216

阐释经济制度的演进，并被奉为圭臬。这说明要摆脱传统经济发展的路径依赖是不容易的。

2003 年以来，浙江按照"八八战略"擘画的宏伟蓝图，成功实现从偏重经济发展，经济发展又偏重"轻、小、民、加、特"发展，转向经济高质量发展，转向经济、政治、文化、社会、生态全面发展，成功摆脱了传统路径依赖，创造了发展路径演进的新样本。经济上，由"低小散转向高精尖，高质量取代高增速"，即由小商品生产大省发展为船舶、汽车、飞机、装备生产大省，由传统制造业大省发展为互联网、云计算、大数据等数字经济大省，由外贸出口大省发展为深度参与"一带一路"建设大省，由陆域资源小省发展为海洋经济大省等，如同《人民日报》2017 年 3 月 19 日第一版《浙江实体经济正质变》所言。政治上，积极探索省域层面科学立法、民主立法，率先建设"法治浙江"；文化上，总结弘扬与时俱进的浙江精神，加快建设"文化大省"；社会上，按照"大平安"理念，加强"平安浙江"建设，不断提高社会治理现代化水平；生态上，以"两山"理念为指引，以"千万工程"为载体，率先建设"美丽浙江"；还接连成功举办 G20 杭州峰会、世界互联网大会、联合国地理信息大会、世界油商大会以及即将举办亚运会，从多方面创造中国发展明天的浙江实践。

（本章是为纪念改革开放 40 周年撰写的研究成果，其中《中国改革开放四十年的十大成因》载《改革与发展研究》2018 年第 14 期、《新华网》2018 年 12 月 22 日；《浙江改革开放以来发展的路径演进和深刻变革》载《改革与发展研究》2019 年第 3 期、《浙江经济》2019 年第 3 期、《统计科学与实践》第 5 期。）

第十章　浙江 70 年发展的历史变革

　　1949—2019 年，在人类历史长河中，只是短暂的瞬间。然而，对有幸生活在这 70 年的中国人来说，则是前所未有地经历了一场伟大的历史变革：经历了从贫穷落后到解决温饱到实现全面小康社会的伟大变革，经历了从计划经济到改革开放到创建社会主义市场经济体制的伟大变革，经历了从站起来到富起来到强起来的伟大变革，经历了从社会主义到中国特色社会主义到新时代中国特色社会主义的伟大变革。

　　在这 70 年的伟大变革中，作为历史悠久、文化昌荣、人杰地灵、富饶之地的浙江，以敢想敢干敢为人先的弄潮儿精神，抓住了历史性的机遇，取得了历史性的成就，实现了历史性的变革，在建基立业起步、改革开放创新、经济社会发展、生产生活生态等多个历史节点和多个领域闯出一条具有浙江特色的发展路子，为中国特色社会主义建设提供了丰富的实践基础、理论基础、群众基础和社会基础。

一、由艰难恢复到跨越式发展

　　70 年来，浙江经济总量由全国第 14 位发展到第四位，人均 GDP 由全国第 16 位发展到第五位，实现由资源小省、经济小省到经济大省和建设经济强省的历史变革。

　　浙江全境解放比较晚。1949 年 5 月 3 日杭州解放，但直到 1955 年 2 月台州大陈岛和温州南麂岛解放，浙江才实现全境解放。新中国成立后的最初几年，摆在浙江面前的历史使命和主要任务是接管城市、政权建设、剿匪反霸、减租减息、征粮救灾、土地改革、抗美援朝、镇压反革命、恢复国民经济、开展社会民主改革等。可以说，新中国成立之初，浙江是在一片烂摊子基础上开展国民经济恢复和建设的，是在"一低三缺"的基础上发展起来的，当时的起点之低、发展之艰难、工作之艰巨远超出我们今天的想象。

（一）起点低，主要经济指标远低于历史最高水平。1949年浙江解放时，国民经济濒临崩溃边缘。国民收入仅13.55亿元（后来修订为15亿元），人均只有66元；国民经济各部门固定资产仅3亿元，其中工业1.03亿元；工业总产值4.05亿元，工业生产力主要集中在沿海少数城市；农业总产值13.92亿元，粮食总产量4300万公斤，棉花680万公斤，络麻960万公斤，蚕茧1050万公斤，分别只及新中国成立前历史最高年产量的61.4%、13.63%、28.99%和15.4%；铁路通车里程不到500公里，公路通车也仅2197公里；发电量只有0.59亿千瓦小时；全省城乡人民平均消费只有62元，农民年人均收入不到50元，加上通货膨胀，人民生活极端贫困。① 就是在这样一片废墟的基础上，中共浙江省委带领全省人民进行了艰苦卓绝的国民经济恢复工作。主要包括：没收官僚资本和建立社会主义国有经济；开展稳定市场和平抑物价的斗争；开展"三反""五反"运动和调整工商业；开展城乡物资的交流等。经过三年努力，浙江国民经济得到全面恢复和初步发展。到1952年，社会总产值达到35.57亿元（后来修订为24.53亿元），比1949年增长167.4%。工农业总产值达到30.01亿元，比1949年增长162.7%。其中，工业总产值已超过战前水平，达到8.24亿元，比1949年增长186.9%。其中：电力较1949

---

① 中共浙江省委党史研究室，当代浙江研究所编：《当代浙江简史》，北京，当代中国出版社2000年版，第83页。

年增长 232.65%；棉纱为 212.34%；厂丝为 383.82%；棉布为154.07%。[①] 各行业的单位产量与质量品位，也有显著提高。在工业建设上，还进行了为数巨大的基本建设投资，在重点地区、重点部门中建设了新的工厂，如浙江麻纺织厂等。由此，初步建立新中国成立以来浙江经济社会发展的基础。

（二）缺资源，缺少丰富的陆域自然资源。浙江虽然有丰富的海洋资源，但限于当时的认知水平和科技生产能力，无法进行有效开发利用，反而成为浙江发展的制约因素。而能够直接支撑浙江经济发展陆域自然资源又极为匮乏。（1）缺少土地资源，浙江 10.18 万平方公里（后来调整为 10.55 平方公里）的陆域面积，呈"七山一水两分田"特点，人均耕地 1996 年第一次调查结果为 0.72 亩；2009 年第二次调查结果为 0.56 亩，约相当于全国人均耕地的 1/3，建设用地极为紧张。（2）缺少水资源，全省多年平均水资源总量为 937 亿立方米，按单位面积计算居全国第四位，但人均水资源拥有量仅 2004 立方米，低于全国人均水平。（3）缺铁少煤无油，浙江虽然多山，但矿产资源以非金属矿产为主，经济开采价值高的金属矿产资源十分稀缺，重要的是没有石油资源，没有天然气资源，也没有多少煤炭资源，95% 以上的能源资源依靠外部调入。（4）森林资源质量不高，浙江森林覆盖率虽然不断提高，目前已达到 61.17%，但森林生态功能总体评价属中等偏下。总体上说，以全国平均指数为 100 计，浙江自然资源人均拥有量综合指数仅为11.5，即相当于全国平均水平的 11.5%，仅略高于上海及天津，居全国倒数第三位，是典型的资源小省。

（三）缺投资，缺少国家建设资金投入。由于浙江地处东南沿海，属于海防前线，没有战略纵深，新中国成立后很长一段时间，国家没有把建设重点包括重工业、大项目等布局在浙江。"一五"时期国家兴建

① 中共浙江省委党史研究室，当代浙江研究所编：《当代浙江简史》，北京，当代中国出版社 2000 年版，第 97 页。

的 156 个重点建设项目，浙江一个没有。1952—1978 年的 26 年间，国家对浙江的投资总计 77 亿元，人均 410 元，只占全国的 1.5%，还不到当时全国各省区平均水平的一半。后来国家对浙江的投资也不多。直到 2002 年前后，浙江遇到的主要问题仍然是"三缺"，即正在生产的缺电、正在建设的缺钱、正在招商的缺地。

（四）缺政策，缺少区域指向性的扶持政策。地区发展通常离不开国家支持，但浙江一直缺少区域指向性的优惠政策。如 20 世纪 80 年代初，中央决定创办 4 个经济特区，广东有 3 个，即深圳、珠海、汕头，福建有 1 个，即厦门，浙江没有。20 世纪 90 年代初，中央决定开发开放浦东，这与浙江擦肩而过。后来，中央又先后决定实施西部大开发、振兴东北等老工业基地和中部崛起战略，浙江都不沾边。可以说，浙江没有吃到国家政策偏饭，属于"不等、不靠、不要"，依靠内生力量发展起来的典型。

就是在上述不利条件下，浙江进行了一场敢为人先、百折不挠的历史长跑，国民经济由艰难恢复到波浪式高速增长，实现了追赶型、跨越式的发展。从历年生产总值指数看（以上年为 100），1953—2018 年的 65 年间，浙江保持快速增长的有 56 年，其中有 38 年保持在两位数以上的增长；负增长的仅有 7 年，其中改革开放以来只有 1 年；增长最高的年份是 1993 年的 122.0%，最低年份是 1961 年的 78.4%。从地区生产总值看，1952 年为 24.53 亿元，经过 25 年的发展，到 1977 年达到 100 亿元；又经过 14 年的发展，到 1991 年突破 1000 亿元，达到 1089.33 亿元；后来又在高基数上加快，从 1000 亿元到 2004 年突破 10000 亿元进而达到 11648.7 亿元，只用了 13 年；到 2018 年已达到 56197 亿元，比 1952 年增长了近 2290 倍。

从人均地区生产总值看，1952 年浙江为 112 元，到 2018 年为 98643 元（按年平均汇率折算为 14907 美元），增长了近 880 倍，进入世界高收入经济体水平。从全国地区排位看，1952—1978 年，浙江经济总量长期徘徊在全国第 11 到 14 位之间，其中 1960 年和 1975 年都位居全国第 14 位，人均 GDP 排名在全国居第 16 位，到 2018 年浙江 GDP 上升到全国第四位（始于 1994 年），仅次于广东、江苏、山东，人均 GDP 上升到全国第五位，仅次于北京、上海、天津、江苏。

从城乡居民收入水平看，城镇、农村居民人均可支配收入从 1949 年的 116 元和 47 元，增至 2018 年的 55574 元和 27302 元，城镇居民人均可支配收入连续 18 年居全国第三位、省区第一位，农村居民人均可支配收入居全国第二位，连续 34 年居省区第 1 位。总之 70 年来，浙江实现了由资源小省、经济小省到经济大省和建设经济强省的历史跨越。①

二、社会经济结构深刻变革

70 年来，浙江社会经济结构由农业为主的"一二三"，发展到工业为主的"二三一"，再发展到服务业为主的"三二一"，实现由农业小省到工业强省再到服务业大省的历史变革。

社会经济结构是一个由许多系统构成的多层次、多因素的复合体。社会经济结构状况是衡量国家和地区经济发展水平的重要尺度。影响社会经济结构形成的因素很多，主要有资源禀赋、生产力水平、科技进步、社会对最终产品的需求等。在社会经济结构系统中，农业、工业、服务业是最为基础的结构系统，可作为划分三大社会形态的依据，即以农业为主的农业社会、以工业为主的工业社会、以服务业为主的信息社会。这三大社会经济结构的演进，历经几千年的积蓄、近代几百年的累进，到现代出现叠加和加速的进程。浙江这 70 年的发展，正处于社会经济结构快速演进的时期。

（一）由农业为主的"一二三"结构发展到工业为主的"二三一"结构，实现由农业社会到工业社会的变革。新中国成立初期，浙江是一个农业省，工业基础十分薄弱，生产工具和技术水平十分落后。1952

---

① 数据来源：浙江统计数据库，见浙江统计局官网。

年，全省地区总产值 24.53 亿元，其中一产 16.28 亿元、二产 2.78 亿元、三产 5.47 亿元，三次产业结构的比重为 66.37∶11.33∶22.23，农业比重大大超过工业和服务业的总和，而且农产品产量低、品种少，人民的温饱问题尚不能完全解决，属于不发达的农业社会。

鉴于当时的历史条件和生产力水平，浙江在很长时间把主要精力放在农业上，探索多种方式调整农村生产关系，提高农业生产力。主要包括：开展农业合作化运动，推动组建初级社并向高级社和"一大二公"的人民公社发展；实行"大办农业，大办粮食"和"以粮为纲"的方针；开展农村集市贸易、活跃农村经济；干部下乡、组织各方面力量支援农业发展；开展农村社会主义教育运动即清政治、清经济、清思想、清组织的"四清"运动；开展兴修水利、农田基本建设和"农业学大寨"等。直到改革开放后的很长一段时间，浙江仍把很大精力放在农业尤其是粮食生产上，强调省长要抓好"米袋子"，市长要抓好"菜篮子"。在这一过程中，虽说走了一些弯路，但总体上为农业的巩固和发展，保证全省人民基本生活需要，进而开启工业化进程打下了很好的基础。

浙江在高度重视和发展农业的同时，开展了对手工业和资本主义工商业的社会主义改造，调整工业和城市政策，发展起一批工矿企业、轻纺产业和在丽水等山区腹地开展"小三线"建设等。特别是经过1953—1980 年间 5 个"五年计划"的实施，浙江以工业为主导的二产得到了长足发展，在国民经济中的主导地位逐渐显露出来。其重要时间节点有 1960 年，当年地区生产总值三大产业的构成是 33.74∶38.35∶27.91，历史上二产第一次超过一产，形成"二一三"的结构。但这时还不稳固，也没有形成常态，第二年即 1961 年又回到"一二三"的产业结构，并一直延续到 1976 年。1977—1978 年，浙江二产又超过一产，三次产业结构分别为 39.18∶41.52∶19.30 和 38.06∶43.26∶18.68，呈"二一三"结构。可也好景不长，到 1979 年又回到"一二三"的产业结构。直到 1980 年，浙江三次产业重新调整为 35.91∶46.73∶

17.36，形成"二一三"的产业结构。尔后，一产比重逐年快速下降，1985 年降到 30% 以下，为 28.9∶46.3∶24.8；1992 年降到 20% 以下，为 19.1∶47.5∶33.4；2001 年降到 10% 以下，为 9.6∶51.8∶38.6；2010 年降到 5% 以下，为 4.9∶51.1∶44.0；2018 年进一步降到 3.5∶41.8∶49.8。① 由此可见，新中国成立后到 1980 年的 31 年间，浙江基本属于农业为主的农业社会，改革开放后才进入快速工业化进程，逐渐进入以工业为主的工业社会。

（二）由工业为主的"二一三"和"二三一"发展到服务业为主的"三二一"，实现由工业社会到服务业为主的信息社会的变革。新中国成立后到 1980 年，经过 30 多年的发展，浙江进入了以二产为主导的经济结构全面演进时期。1983 年 11 月，浙江省委贯彻落实党的十二大精神，明确提出了全省经济建设的战略目标是："从现在到 1990 年，主要是理顺关系，提高效益，积蓄力量，实现工农业年总产值比 1980 年翻一番，努力做到经济、科技、社会协调发展，并为 20 世纪 90 年代的经济振兴打好基础。"为此，决定在七个方面下功夫：一是继续加强农业，加快农村商品生产的发展；二是搞好工业的技术改造和调整改组，发展有浙江特色的工业经济；三是集中力量，保证以能源交通为中心的重点建设；四是大力发展教育和科技事业，高度重视智力开发；五是积极开拓市场，促进商品生产和商品交换；六是严格控制人口增长，继续改善人民生活；七是适应经济建设发展的要求，有步骤地搞好经济体制改革。② 这里，第一次明确提出了符合浙江省情并影响深远的"发展有浙江特色的工业经济"的要求和部署，有力推动了浙江经济、科技、社会的协调发展。

从 20 世纪 80 年代起，浙江与全国一样，转入了以经济建设为中心的轨道，转入了以城市经济改革为重点的发展轨道，转入了交通道路等

---

① 数据来源：浙江统计数据库，见浙江统计局官网。
② 中共浙江省委党史研究室，当代浙江研究所编：《当代浙江简史》，北京，当代中国出版社 2000 年版，第 359 页。

基础设施大建设的轨道，转入了科技教育等社会事业大发展的轨道，转入了房地产持续高涨的轨道，由此推动了二、三产业的快速发展。以1980 年浙江三次产业比重 35.91：46.73：17.36 的"二一三"构成为基期，经过 7 年发展，到 1987 年三次产业比重为 26.26：46.37：27.36，历史上第三产业第一次超过第一产业，形成"二三一"的产业结构。值得注意的是，这一年三产超过一产很稳定，没有出现反复，而且呈快速提升势头。到 2014 年，三产又超过了二产，比重为 4.42：47.73：47.84，历史上第一次呈现"三二一"的结构特点，预示着浙江进入了以服务业为主导的信息社会。

（三）三次社会经济结构演进不是相互替代而是累积叠加的，目前正进入服务业加速发展和提升的时期。社会经济结构的发展演进如同高楼大厦，无论大厦多高，地基始终是最重要的，而且每一层都是上一层的基础，大厦越高越需要强基固本。新中国成立 70 年来，浙江经济结构先是二产比重超过一产，后来三产又超过一产，继而超过二产，都是建筑在原有产业发展的基础上，都是社会生产力大幅提高的结果。2018年，浙江以农业为主的一产占比降至 3.5%，但比 1952 年占比的66.37% 有着更高的生产能力，更能满足全省人民和广阔市场对农林牧副渔产品的需求。目前，拉动浙江经济快速增长的主要是服务业，服务业的比重由 1952 年最低的 5.47%，发展到 2014 年首超二产的 47.84%，年均提高 0.68%。而从 2014 年的 47.84% 发展到 2018 年的 54.7%，年均加速提高到 1.38%，成为支撑浙江经济发展的最大驱动力，这也是建筑在二产长期发展的基础上的。总体上说，社会经济结构的演进不是相互替代，而是累积叠加的，农业是国民经济的基础，工业是国民经济的主导，服务业是国民经济的支撑，三者内在联系，相互促进，协调发展。

三、波澜壮阔的工业化进程

70 年来，浙江工业化进程历经艰难起步，快速成长，全面提升，走块状特色产业集聚的农村工业化道路，实现由工业小省到工业大省和建设工业强省的历史变革。

工业化指工业在一国或地区经济中的比重不断提高并改造装备其他产业的过程，是传统农业社会向现代化工业社会演变的过程，是现代化的基础和前提。高度发达的工业社会是现代化的重要标志，没有工业化就没有现代化。新中国成立 70 年来，浙江之所以实现追赶型、跨越式的发展，一个重要原因就是得益于工业化的快速发展，得益于走出一条符合浙江省情、有浙江特色的工业化道路。

（一）开启工业化艰难起步（1952—1978 年）。判断浙江工业化艰难起步于 21 世纪 50 年代初而不是 70 年代末，主要有两个依据：（1）1954 年召开的第一届全国人民代表大会，第一次明确提出要实现工业、农业、交通运输业和国防的四个现代化的任务（后来把交通运输业改为科学技术），把工业作为现代化的首要任务。接着，国家"一五"计划（1953—1957 年）明确的主要任务，是集中力量进行工业化建设和加快推进各经济领域的社会主义改造。1964 年周恩来在三届人大一次会议的政府工作报告中明确指出："从第三个五年计划开始，我国的国民经济发展可以按两步来考虑：第一步，建立一个独立的比较完整的工业体系和国民经济体系；第二步，全面实现农业、工业、国防和科学技术的现代化，使我国经济走在世界的前列。"（2）浙江按照国家部署，贯彻党在过渡时期"逐步实现国家的社会主义工业化"的总路线，通过采取没收官僚资本，改造为国有企业；创办浙江麻纺织厂等新的国有企业；对资本主义民族工业实现公私合营、和平改造的赎买政策；对手工业进行社会主义改造，发展手工业生产合作社等措施，拉开了浙江工业化的序幕。

经过"一五"计划的实施，到 1957 年，浙江工业增加值为 6.5 亿元，比 1952 年增长了 1.2 倍，年均增长 17.1%。工业占 GDP 的比重由 1952 年的 9.3% 提高到 17.4%。轻重工业之比为 81.9∶18.1，重工业所占比重比 1952 年提高 7.4%。接着，在 20 世纪 60 年代和 70 年代极其艰苦的条件下，发展传统轻纺工业，创立现代机电工业、石化工业、冶金工业和能源工业，建起一大批骨干企业，奠定了工业化的基础。1949—1978 年，浙江省工业总产值增长 25.2 倍，年均增长 11.9%；浙江生产总值中，工业增加值所占比重从 1952 年的 9.3% 上升到 1978 年的 38%，展现了浙江历史上从未有过的工业增长业绩，在较大程度上改变了历来以农业为主体的经济结构。①

（二）实现工业化快速成长（1978—2002 年）。1978 年开始的改革开放，形成了自内在活力释放与外在环境催化的叠加动能，极大地推动了浙江工业化的快速成长。这一时期，浙江工业领域按照以经济建设为中心的指导思想和市场需求导向，立足新中国成立以来积累的工业基础，依托沿海区位条件，利用较为活跃的市场因素，顺应农村大量剩余劳动力向非农产业转移的迫切需要，形成"轻、小、集、加、贸"的特点，闯出不同于传统工业化的农村工业化道路：（1）工业化的发生地主要在农村、在乡镇、在县域，形成一大批"一村一品、一镇一业、一县多业"的专业村、专业镇和专业县。（2）工业化的主体主要是农民，产生了一大批诸如鲁冠球、李书福、南存辉、徐冠巨、徐文荣等农民企业家，企业的员工也主要是农民。（3）工业化的产业优势是块状特色产业，如服装之乡、领带之乡、皮鞋之乡、低压电器之乡、羊毛衫之乡等，形成有市场竞争力的产业集群。（4）工业化的市场优势是自发形成的专业市场，如义乌小商品市场、绍兴轻纺城市场、永康小五金市场、桐乡羊毛衫市场等。（5）工业化的依托是小城镇和中小城市，如诸暨大唐镇、桐乡濮院镇、绍兴柯桥镇等。（6）工业化的技术支撑是简单模仿和引进消化吸收再创新，高薪吸引省内外人才尤其是国有企业人才和下岗职工。（7）工业化的所有制主体是社队企业、乡镇企业、个体私营企业，形成以民营经济为主体的所有制经济结构。（8）工业

① 浙江省统计局：《改革开放 30 年浙江工业化发展历程回顾》，中华人民共和国商务部网站 2008 年 12 月 25 日。

化的开放格局是以全国和全球为大市场，"立足全局发展浙江，跳出浙江发展浙江"，弘扬"四千精神"，创业创新闯天下。

基于以上特点，浙江的工业化极富生机和活力，接连出现三次发展高峰。第一个高峰是 1979—1982 年，浙江工业增加值年均增长 16.6%，比全国平均高出 9.5%，增长速度居全国首位，其中 1980 年增长率更是高达 33.3%。工业增加值占全国的份额由 1978 年的 2.9% 上升至 1982 年的 4.0%，在全国各省市区的位次由第 15 位升至第 11 位，平均每年前移 1 位。工业增加值占 GDP 的比重稳步提高，从 1979 年的 35.3% 提高到 1982 年的 37.4%，并在 1980 年超过了农业。第二个高峰是 1983—1988 年，浙江省工业年均增长率达 20.8%，比同期全国增长率高出 7.4%，浙江工业总量在全国的位次跃升至第七位。从 1983 年起，农业占 GDP 的比重降至 1/3 以下，工业比重持续稳定在 40% 以上，工业已成为浙江经济的主体，标志着浙江由工业化初期向工业化中期过渡。第三个高峰是 1992—1995 年，邓小平南方谈话和党的十四大确立社会主义市场经济体制的改革目标，为浙江工业发展注入了勃勃生机，1992 年浙江工业增加值增长 26.6%，1993 年增长 35.3%，1995 年工业增加值占 GDP 的比例达到 46.3%，工业总量在全国的位次上升到第四位。到 2002 年，浙江工业增加值达到 3640.84 亿元，比 1978 年的 46.97 亿元增长了 77.51 倍，形成较为完整的工业体系和有较强市场竞争力的浙江产品和浙江企业。

（三）促进工业化全面提升（2002—2018 年）。进入 21 世纪初，浙江工业化面临三大环境变化：一是 2001 年 12 月中国加入世贸组织，对外开放进入了按国际规则办事和放开外贸进出口经营权的新阶段。二是中央提出了全面建设小康社会、科学发展观和走新型工业化道路的新要求。三是浙江长期"高投资、高消耗、高污染、低效率"累积的问题不断爆发，加上工业结构"小、低、散、弱"的先天不足，警示浙江粗放型的增长模式已难以为继。有鉴于此，新一届浙江省委在大量调查研究的基础上，于 2003 年 7 月做出"八八战略"的重大决策部署，其中第三条明确指出："进一步发挥浙江的块状特色产业优势，加快先进制造业基地建设，走新型工业化道路。坚持以信息化带动工业化，推进'数字浙江'建设，用高新技术和先进实用技术改造提升传统产业，大力发展高新技术产业，积极发展沿海临港重化工业，努力培育发展装备制造业，全面提升浙江产业发展的层次和水平。"① 由此开启了浙江工业化全面提升的新时期。

浙江工业化的全面提升大体经历了以下三个阶段：（1）2002—2007 年，走上新型工业化轨道。浙江按照走新型工业化道路的部署，以建设创新型省份和工业强省为目标，以规划建设杭州湾、金衢丽高速公路沿线、温台沿海等三大产业带为空间载体，以实施质量强省和标准化、品牌、知识产权等为战略举措，推动工业"腾笼换鸟、凤凰涅槃"，鼓励企业"亩产论英雄"，走资源集约节约和环境友好的发展道路。2003—2007 年，工业增加值年均增长 15.4%，其中，规模以上工业增加值年均增长 19.5%，继续成为浙江省经济快速增长的主要推动力。（2）2007—2012 年，加快工业转型升级。为积极应对 2008 年国际金融危机冲击，浙江实施"标本兼治、保稳促调"的系列举措，积极争取国家赋予浙江海洋经济发展示范区、舟山群岛新区、义乌国际贸易综合改革试点和温州金融综合改革试验区等四大国家战略举措，在工业发展内外压力加大的条件下，直到 2011 年仍保持年均 10% 以上的两位数增长。（3）2012—2018 年，新型工业化初露端倪。为适应引领经济发展新常态，深入推进经济高质量发展，浙江持续打出"五水共治"、"四化三名"、"四边三化"、"三改一拆"、"一打三整治"、创新驱动、浙商回归、市场主体升级、小微企业成长、八大万亿产业培育、特色小镇建设、数字经济等为主要内容的转型升级"组合拳"，使浙江工业的质量和结构发生了深刻变化，新经

---

① 潘家玮、郭占恒等：《大道之行——深入实施"八八战略"》，浙江，浙江人民出版社 2006 年版，第 312 页。

济、新业态、新模式成为浙江发展的主要驱动力。2017 年 3 月 19 日，《人民日报》在第一版刊文《浙江实体经济正质变》。文章称，通过转型升级"组合拳"，浙江实体经济正实现"凤凰涅槃"：由"低小散"变为"高精尖"，以高质量的 GDP 取代高增速的 GDP。2018 年，浙江数字经济总量达 2.33 万亿元，较上年增长 19.26%，占 GDP 的比重达 41.54%，高出全国平均水平 6.74%，总量和增速均居全国第四，成为拉动浙江经济社会发展的重要引擎。

四、后来居上的城市化进程

70 年来，浙江城市化进程由接管城市和缓慢发展，到率先推进城市化，走新型城市化道路，实现城市化率由低于全国 3.4% 到高出全国 10% 多的历史变革。

城市化是伴随工业化而出现的农村人口、产业布局和高端要素不断向城市集聚的过程，是化农民为市民的过程，也是让生活更美好的过程。工业化、城市化是现代化的两个轮子，工业化是城市化的"发动机"和产业支撑，城市化是工业化的"提升器"和创新基础。城市化水平反映了一个国家或地区现代化程度和国际影响力。新中国成立以来，浙江从接管城市和恢复城市元气，到城市化缓慢发展，再到改革开放以来的农村城市化探索，率先实施城市化战略和率先走新型城市化道路，经历了一场史上规模最大、速度最快的城市化进程，用 70 年时间走完了先行城市化国家上百年的历程，促进了社会结构的深刻变革，创造了中国城市化进程的浙江样本。

（一）从接管城市到城市化缓慢发展（1949—1978 年）。浙江有着悠久的城市发展史，但由于连年战乱，到新中国成立时，经济濒临崩溃，城市几近颓废。1949 年全省城市化率只有 11.8%，略高于全国 10.64% 的水平，比南宋时期的 22.4% 降低了 1 倍以上。在这样的艰难条件下，浙江省委从接管城市，学习管理城市，到组织恢复城市正常运转，推动城乡互动发展，开启缓慢的城市化进程。

这一时期的城市化进程一波三折：（1）城市化恢复性提高（1949—1957 年）。经过国民经济三年恢复、对资本主义私营工商业社会主义改造和第一个五年计划的实施等，城镇恢复建设，人们安居乐业，各项事业蒸蒸日上，全省城镇人口平均每年增加 14 万人，城镇化水平由 1949 年的 11.8% 上升到 1957 年的 14.3%，年均上升 0.31%。（2）城市化波动起伏（1958—1965 年）。随着"大跃进"和"三年自然灾害"等造成的国民经济大起大落，城镇人口也出现大进大出的情况，先是城镇建设加快，农村人口大量进城，1958—1960 年，全省城镇人口净增 229.5 万人，城市化水平由 1957 年的 14.3% 骤升到 1960 年的 22.4%；后又急剧下降，1961—1965 年，由于贯彻"调整、巩固、充实、提高"的八字方针，停建、缓建了一大批建设项目，同时精减城市人口，充实农业第一线，导致城市人口连续 5 年出现负增长，城市化水平由 1960 年的 22.4% 下降为 1965 年的 14.3%，回到 1957 年的水平。（3）城市化基本停滞（1966—1977 年）。由于"文化大革命"，国民经济发展遭受严重挫折，同时知识青年上山下乡，城镇人口迁出大于迁入，城镇化水平在 12 年中大致徘徊于 14% 左右，最低年份 1970 年只有 12.96%，倒退到 1953 年的水平。[①] 总体上看，浙江城市化经历了 20 世纪 50 年代的较快发展、60 年代和 70 年代的徘徊不前，城市化水平由 1949 年的 11.8% 发展到 1978 年的 14.5%，年均仅提高 0.09%。

（二）从农民造城到农村城市化浪潮（1978—1998 年）。改革开放以来，浙江伴随"村村点火，户户冒烟"的农村工业化浪潮，形成"办一个市场，带一批产业，活一片经济，富一方百姓，兴一座城镇"的发展模式，催生了"走了一村又一村，村村像城镇；过了一镇又一镇，镇镇像农村"的农村城市化浪潮。最为典型的是温州苍南龙港镇农民城的崛起。1983 年的龙港镇，由 5 个"灯不明、水不清、路不平"的小渔村拼凑而成，面积只有 7.2 平方公里，人口 8000 余人。1984 年

---

① 浙江省第六次人口普查招标课题"浙江人口城镇化及城镇规模分布研究"。

6月，镇政府提出"凡在龙港镇购地建房、经商办企业的农民都可自理口粮迁户口进龙港镇"，成为全国第一个实行户籍制度改革的创举，开创农民自己建城的先河。到2018年，龙港镇面积达到183.99平方公里，人口增至37.87万人，列全国千强镇第17名，成为"镇改市"的试点。在农民造城的同时，大量农民涌入城镇打工创业，促进了建制镇的大发展，全省建制镇由1978年的167个迅猛发展到1998年的1006个，增加了839个，增长了6倍多；城市化水平从1978年的14.5%上升为1998年的36.7%，提高了22.2%，年均增长1.11%，推动城市化进入加速发展的阶段。

（三）顺势应时，率先推进城市化进程（1998—2006年）。浙江经过改革开放20年农村城市化的快速发展，一方面进入了"城市化率30%到70%期间的加速期"；一方面又面临破解粗放型城市化带来的"村村像城镇，镇镇像农村"问题、"三农"发展滞后问题、加快社会事业等第三产业发展问题等，亟待自觉而有序地推进城市化。在此背景下，1998年12月，省第十次党代会做出"不失时机地加快城市化进程"的战略决策。明确指出，要顺势应时，把城市化作为我省经济社会新一轮发展的重要载体，走出一条有浙江特色的城市化路子。接着，省委、省政府在全国率先制定《浙江省城市化发展纲要》《浙江省城镇体系规划》《关于加快推进城市化若干政策的通知》等重要文件，提出逐步形成"35221"的城镇体系，即形成杭、甬、温3个人口超过百万的特大城市，5个左右50万—100万人口的大城市，20个以上20万—50万人口的中等城市，20个左右10万—20万人口的小城市；100个左右以县城为重点的中心镇，引领浙江城市化走上有战略、有目标、有规划、有政策的有序发展轨道。到2006年，浙江城市化水平达到56.5%，比1998年的36.7%提高了19.8%，比全国同期高出12.2%，年均增长2.5%，推动浙江城市化进入了高峰期。

（四）完善提升城市功能，率先走新型城市化道路（2006—2018年）。为深入贯彻落实科学发展观，进一步解决城市化进程中存在资源消耗多、环境污染大、城市功能不强、城镇体系不完善、城乡分割的体制机制等问题，2006年8月，省委、省政府召开全省城市工作会议，制定实施《关于进一步加强城市工作走新型城市化道路的意见》，提出"坚定不移地走资源节约、环境友好、经济高效、社会和谐、大中小城市和小城镇协调发展、城乡互促共进的新型城市化道路"。新型城市化战略的提出，标志浙江城市化进入了质的提高和功能完善的新阶段。接着，2012年5月，浙江召开全省新型城市化工作会议，会后出台《浙江省深入推进新型城市化纲要》；2014年4月，浙江再次召开全省城市化工作会议，会后出台《关于深入推进新型城市化的实施意见》；2017年6月，省第十四次党代会明确提出"深入推进新型城市化和城乡发展一体化"，加快提升杭州、宁波、温州和金华—义乌四大都市区能级，积极开展中心镇培育工程和小城市培育试点，大力培育建设特色小镇等，进一步把新型城市化推向深入。到2018年，浙江城市化率提升至68.9%，比全国高9.3%，四大都市区主体地位不断增强，建制镇从1998年的1006个撤并减少到2018年的639个，但功能得到提高，一大批中小城市和特色小镇成为区域创新发展的重要空间载体。

五、民营经济为主体的经济结构

70年来，浙江经济制度由没收官僚资本、改造工商业、建立国有经济，到发展社队企业、乡镇企业和个体私营经济，实现由单一公有制经济到以公有经济为主导、民营经济为主体、多种经济共同发展的历史变革。

经济制度是人类社会发展到一定阶段占主要地位的生产关系的总和。一定社会的经济制度构成这个社会的经济基础，并决定着这一社会的政治制度、法律制度和人们的社会意识等上层建筑。历史上任何一种经济制度的出现和发展，归根到底，都是由社会生产力的发展状况决定的。新中国成立以来，我国经济制度随着生产力发展、改革开放和社会主要矛盾的变化，经历了从公有制经济的建立、追求"一大二公"到现阶段以公有制为主体、多种所有制经济共同发展的基本经济制度的演进。在这一过程中，浙江从没收官僚资本，改造资本主义工商业、公私合营等，建立发展国有经济，后经发展社队企业、乡镇企业和个体私营经济，实现由单一公有制到以公有经济为主导、民营经济为主体、多种经济共同发展的历史变革。

（一）没收官僚资本，改造工商业，发展国有经济，建立社会主义公有制经济基础。1949年浙江解放之初，人民政府迅速没收国民党政府遗留下来的银行、金库、铁路、公路、航运等官僚资本，建立起国有经济。当年全省工商业总产值中，国有经济占 8.4%，公私合营经济占1.4%，私营经济占90.2%。这时，国有经济还没有力量来领导社会经济的发展。[1] 随着新民主主义经济制度的建立，到1953年全省工业总产值中，国有经济已占30%，合作社经济占4.1%，公私合营经济占9.2%，私营经济占56.7%。在商业方面，全省社会商品零售额中，国有经济占 11.8%，合作社经济占 33.3%，私营经济占 54.84%。[2] 这时，私人资本主义工商业在全省国民经济中仍占重要地位。

1953年10月后，省委按照中央部署开展对农业、手工业和资本主义工商业社会主义改造，到1956年基本完成时，全省不同性质的生产资料所有制在全省国民经济中占的比重，发生了极其深刻的变化。从工农业总产值看，社会主义公有制经济包括全民所有制、集体所有制和公私合营，从1952年占13.1%上升到1956年的94.2%，而非公有制经济则从1952年占86.9%下降到1956年的5.8%。[3] 这样，在一个不太长的时间，消灭了剥削制度，改造了私有制，"比较顺利地实现了如此复杂、困难和深刻的社会变革，促进了工农业和整个国民经济的发展，

---

[1] 中共浙江省委党史研究室，当代浙江研究所编：《当代浙江简史》，北京，当代中国出版社2000年版，第83页。

[2] 中共浙江省委党史研究室，当代浙江研究所编：《当代浙江简史》，北京，当代中国出版社2000年版，第106页。

[3] 中共浙江省委党史研究室，当代浙江研究所编：《当代浙江简史》，北京，当代中国出版社2000年版，第142页。

这的确是伟大的历史性胜利"①。后来虽然逐渐认识到公有制经济比重过高、非公有制经济比重过小不利于发挥多种经济主体的积极性和创造性，但这两种所有制经济究竟以怎样的比例较为适当，一直成为浙江艰难探索的重大理论和实践问题。

（二）民营经济异军突起，"四个轮子"一起转，促进了所有制经济结构的优化。直到 1978 年，浙江基本是单一的公有制经济，在全部增加值（GDP）中，公有制经济占 94.3%，在工业增加值中，公有制经济占 100%，其中国有企业占 63.8%；在社会消费品零售总额中，公有制经济占 94.8%，严重阻碍了经济主体的积极性和生产力的发展。改革开放后，随着农村家庭联产承包责任制的推开，大批农村剩余劳动力流向非农领域，推动乡镇企业和个私经济异军突起，形成乡、村、联户、个体"四个轮子"一起转的发展格局。1980 年 12 月 11 日，19 岁的温州姑娘章华妹从温州市工商行政管理局领到了一份特殊的营业执照——工商证字第 10101 号，成为中国第一份个体工商业营业执照和"中国第一个工商个体户"，接着发生 1982—1983 年的温州"八大王"事件，随后个私经济从温州、台州到浙中、浙北发展蔓延。1992 年邓小平南方谈话和党的十四大确立社会主义市场经济体制改革目标后，省委、省政府及时出台一系列政策，从 1993 年下发《关于促进个体私营经济健康发展的通知》，1994 年出台《关于深化乡镇企业改革的若干意见》，到 1998 年出台《关于大力发展个体私营等非公有制经济的通知》，推动了乡镇企业改制和个体私营企业的蓬勃兴起。截至 2015 年，在全省工商部门登记的注册资金 500 万元以下的小型微型企业 115.81 万家，在册的个体工商户 319.3 万家。在全省 511.6 万个市场主体中，小微企业和个体户占 93.6%。浙江平均每 13 个人中就有一个"老板"，每 43 个人中就有一家企业，成为全国民营经济最发达的省份。据浙江省工商局 2018 年第一季度统计：全省在册市场主体总数首次突破 600

---

① 《关于建国以来党的若干历史问题的决议》，《人民日报》1981 年 7 月 1 日。

万大关，在册企业数（公司制企业）首次突破 200 万户，每万人市场主体拥有量为 1074 户，位居全国榜首，远高于全国平均水平。浙江私营企业和个体工商户"密度"之高均为全国之最。40 年间，浙江省个体工商业从业者总数增加了 3000 倍，密度提高了 2000 多倍。浙江省民营经济主要指标，长期位居全国各省市前列。

（三）推动民营经济发展新飞跃，增强民营经济的综合实力和国际竞争力。进入新世纪新阶段，浙江民营经济发展遇到了体制机制、产业结构、内外市场、经营规模、整体素质以及质量、品牌、诚信、人才、技术、知识产权等瓶颈制约。为推动民营经济新飞跃，2004 年 2 月，省委、省政府召开全省民营经济工作会议。会议第一次明确了民营经济的概念，充分肯定民营经济发达是浙江的一大特色和优势，在经济社会发展中发挥了不可替代的重要作用，做出了巨大的贡献。会议提出加快推进制度创新、科技创新和管理创新，全面提高民营经济的科技化、规模化、集约化和国际化水平，不断增强民营经济的综合实力和国际竞争力，保持民营经济发展在全国的领先地位。会议提出着力推进"五个转变"，实现"五个提高"的思路，[①] 制定出台了《关于推动民营经济新飞跃的若干意见》。2006 年 1 月，浙江又出台关于鼓励支持和引导个体私营等非公有制经济发展的实施意见，对放宽非公有制经济市场准入、加大对非公有制经济的财税金融支持等做了明确规定。党的十八大以来，省委、省政府认真贯彻中央精神，出台了一系列促进民营经济发展的政策措施，在行政审批制度、商事登记制度、地方金融体制以及要素市场化配置等方面推出了许多重大改革举措，为浙江民营经济发展创造良好的政策环境和社会氛围。

在上述一系列举措引导下，浙江的所有制经济结构发生了深刻变化。2017 年与 1978 年相比，公有制经济增加值占地区生产总值的比重

---

① 郭占恒：《改革与转型——探索浙江发展的方位和未来》，北京，红旗出版社 2017 年版，第 322 页。

下降了 69.3%，其中国有经济所占比重下降 18%，集体经济所占比重下降 51.3%；非公有制经济增加值占地区生产总值的比重上升 69.3%。按现价计，1979—2017 年，全省 GDP 的增量中 75.2% 来自非公有制经济增长的贡献。到 2018 年，民营经济创造了全省 58.1% 的税收、63.1% 的投资、65.5% 的生产总值、71.9% 的研发投入（2017）、78.0% 的外贸出口、87% 的就业岗位、91.2% 的企业数量。境内外上市公司增至 535 家，其中境内上市公司 432 家，上市公司总数居全国第二位。不仅引领了全国民营经济"56789"地位的形成①，即民营经济贡献了中国经济 50% 的税收、60% 的 GDP、70% 的技术创新成果、80% 的城镇劳动就业、90% 的企业数量，而且明显好于全国的结构和水平。在 2018 年最新公布的中国民营企业 500 强中，浙江有 93 个企业上榜，连续 20 年居全国第一。

（四）国有经济与民营经济共同发展，形成充分竞争、相得益彰的所有制经济发展格局。良好的结构在于多元和富有活力。浙江在民营经济快速发展的同时，发挥鲇鱼效应，激活和带动了国有经济的改革和发展。2002 年以来，省委、省政府坚持"两个毫不动摇"的方针，坚持"在发展多种所有制经济中搞活国有经济"的思路，坚持"宜强则强、宜留则留、宜退则退"的"三宜原则"和"坚持突出发展、坚持积极稳妥、坚持分类指导、坚持以人为本、坚持规范操作"的"五个坚持"的工作要求②，重组优化国有资本配置，加快推进供给侧结构性改革，做强做优做大国有资本投资运营平台，以资产证券化为主线推进混合所有制改革，加快国有企业法人治理结构建设，深化国资监管体制改革等，使浙江的国有经济焕发了活力，成为全国国有经济的大省。到 2017 年底，浙江国有企业资产总额 10.44 万亿元，居全国第二；净资产 3.26 万亿元，列全国第四；当年实现营收 1.53 万亿元，全国排名第

---

① 《何立峰谈我国民营经济的"56789"》，央视网 2019 年 3 月 7 日。
② 郭占恒：《习近平关于国有企业改革发展的重要论述与浙江实践》，《观察与思考》2019 年第 1 期。

五；利润总额 946 亿元，居全国第六。浙江国有企业虽然数量不多，经济比重不大，但主导作用十分突出。

总体上说，经过新中国成立以来 70 年的探索发展，浙江所有制经济结构形成了以公有制经济为主导、民营经济为主体、多种所有制经济共同发展的格局，这是浙江经济充满生机与活力的特点和优势所在，也是对现行中国社会主义基本经济制度的重大探索实践。

六、市场调节为主的体制机制

70 年来，浙江经济机制由稳定市场、统购统销和大一统的计划经济到率先进行市场取向改革，促进政府"有形之手"与市场"无形之手"有机结合，实现由计划经济到市场化进程列全国第一的历史变革。

经济机制指一定社会经济机体内各构成要素之间相互联系、相互作用、相互制约的关系，其核心是计划与市场在资源配置中的关系和作用，存在于社会再生产的生产、分配、交换、消费的全过程。新中国成立以来的很长时期，由于历史的局限，我们曾追求政府无所不包的单一计划经济。而改革开放，正是从破除单一计划经济体制开始的。尤其是1992 年初，邓小平在南方谈话明确提出两个"不等于"："计划多一点还是市场多一点，不是社会主义与资本主义的本质区别。计划经济不等于社会主义，资本主义也有计划；市场经济不等于资本主义，社会主义也有市场。计划和市场都是经济手段。"这极大地推动了中国经济机制的重构。从党的十四大提出"要使市场在社会主义国家宏观调控下对资源配置起基础性作用"，到党的十八大提出"使市场在资源配置中起决定性作用和更好发挥政府作用"，表明我们党对政府和市场关系认识的深化。浙江在这一过程中，率先进行市场取向改革，协调用好政府与市场这"两只手"，实现由计划经济到政府"有形之手"与市场"无形之手"较好结合的历史变革。

（一）稳定市场，统购统销，编制实施"五年计划"，构建大一统的计划经济体制。新中国成立以来，浙江一度走上单一计划经济的发展，这不完全是受经典作家关于公有制与计划经济思想的影响，也不完全是照搬照抄苏联的计划经济模式，而是与新生政权的建立和发展的特定历史条件密切相关。新中国成立初期，无论是没收官僚资本、改造民族资本、建立国有经济，还是打击囤积居奇、投机倒把、哄抬物价等扰乱市场的行为；无论是平价配售粮油盐等生活资料、征购和抛售重要物资，还是加强财政经济统一、推行币制统一、控制货币投放等，都需要政府高度集中统一的领导和行动，计划的、行政的甚至强制的手段，当时是不可避免的最有效的手段。

1953—1957 年制定实施的"一五"计划，是用计划经济的思想和方法对中长期发展目标进行规划的最先尝试。浙江"一五"计划纲要规定："要积极地整顿、改造与发展地方工业，有计划地发展手工业，以增加对农业生产资料及日用品的生产。"① 从"一五"计划到1976—1980 年的"五五"计划，浙江根据国家计划指导思想和任务要求，对全省工农业生产、主要产品产量、基础设施建设、人民基本生活保障等提出具体指标并加以执行，在很大程度上保障了经济发展和人民生活的基本需要。但因多方面原因，这些计划在执行中出现较大偏差，而计划经济思想和体制却不断强化，成为制约经济主体积极性创造性发挥和生产力发展的严重障碍。

（二）率先进行市场取向改革，激活市场主体，充分发挥市场机制的调节作用。改革开放以来，浙江紧紧抓住市场经济发展的先机，以敢想敢干敢为人先的"四千精神"和"三板精神"，面向国内外大市场，灵活运用市场的供求规律、价值规律、竞争规律等形成机制，"无中生有""莫名其妙"地发展起块状特色产业，用市场机制配置了人才、技术、资金、设备、原材料等生产要素，开拓了省内外、国内外的大市场，走出了一条具有浙江特色的市场化发展之路。（1）激活市场主体。浙江素有"义利并举、工商皆本"的重商传统，在改革开放的大背景

---

① 金习：《浙江省历次五年计划编制与执行情况》，《浙江经济》1995 年第 12 期。

下，浙江人的"市场基因"得到了充分释放，人人想创业、个个当老板，形成了一支充满活力的创业大军，创办了量大面广的中小企业，造就了一大批在国内外享有盛名的企业家。（2）构建市场平台。浙江人从走街串巷到前店后厂，从马路市场到现代商城，从产品市场到要素市场，从国内市场到国际市场，从实体市场到网上市场，不断进行顺应市场变化的"蝶变"，既有全球最大的义乌小商品实体市场，也有全球最大的阿里巴巴网上市场，形成实体市场与网上市场共同发展、线上线下市场互相促进的局面。2018 年全省各类商品市场 3759 个，全年交易额2.19 万亿元，其中十亿级市场 268 个，百亿级市场 39 个，千亿级市场两个。同时，阿里巴巴集团平台成交额达到 4.82 万亿元，旗下天猫"双 11"一天的交易额就达到 2135 亿元。（3）改善市场环境。为更好发挥市场机制的作用，浙江率先探索"简政放权"，下放经济管理权限，使基层政府更好服务经济主体的活动。改革开放以来，浙江省委、省政府先后于 1992 年、1997 年和 2002 年三次出台政策措施，进行强县扩权改革。在 2002 年的扩权改革中，将 313 项原属地级市的经济管理权限下放给 17 个县（市）和萧山、余杭、鄞州 3 个区。2006 年又赋予义乌市与设区市同等的经济社会管理权限。而在市县一级也开展了强镇扩权和扩权强镇的改革。这些改革举措，符合市场经济发展的要求，促进了县域经济的发展。

可以说，浙江发展的秘诀在市场。市场是浙江经济的灵魂，市场是浙江经济的核心，市场是浙江经济的命脉。改革开放以来，浙江一直是在争市场、抢市场、占市场、拓市场中发展起来的。浙江改革发展史就是一部市场体制建构史、市场主体成长史、市场空间开拓史、市场活力激发史，浙江的市场化进程一直稳居全国前列。根据王小鲁、余静文《中国市场化八年进程报告》，按照政府与市场的关系、非国有经济的发展、产品市场的发育程度、要素市场的发育程度、市场中介组织发育和维护市场的法制环境等五方面指数评估，在全国各省市市场化程度排名中，浙江一直位居前列，其中 2008 年列第二位，

2014 年列第一位。①

（三）率先开展"最多跑一次"改革，用政府权力的"减法"换来市场活力的"加法"。2016 年底，省委、省政府在"四张清单一张网"为总抓手建设服务型政府的基础上，创造性高标准提出"最多跑一次"改革，进而又提出"跑一次是底线，一次不用跑是常态，跑多次是例外"的要求。② "最多跑一次"改革，是浙江政府刀刃向内的自我革命，是供给侧结构性改革的制度供给，是政府"放管服"改革的关键之举，是牵引全面深化改革的"牛鼻子"，也是"使市场在资源配置中起决定性作用和更好发挥政府作用"的制度创新。这项改革一经提出，就普遍得到企业、基层和群众的热烈欢迎，在很大程度上解决了长期存在的"门难进、脸难看、事难办"问题，极大地提高了办事效率，极大地优化了营商环境，极大地撬动了浙江方方面面的改革。

据第三方调查评估，到 2018 年 10 月，浙江"最多跑一次"改革实现率、满意率分别达 90.6% 和 96.5%。2018 年 1 月，中央全面深化改革领导小组第二次会议审议了《浙江省"最多跑一次"改革调研报告》，向全国复制推广浙江经验，并把"最多跑一次"写入当年的《政府工作报告》，成为浙江向全国提供的地方政府改革样本。

七、外贸大省到开放大省

70 年来，浙江开放进程由封闭僵化到开展省际协作，推进长三角一体化，"跳出浙江发展浙江"，"引进来"与"走出去"相结合，实现由外贸大省、开放大省到建设开放强省的历史变革。

开放的本意是张开、敞开、释放，进而指对外开放，加强与国外经济技术交流与合作，参与和推动经济全球化。新中国成立到 20 世纪 70

---

① 《财经》2016 年第 11 期。

② 车俊：《共同把"最多跑一次"改革进行到底》，央广网 2018 年 11 月 29 日。

年代末，我国敞开胸怀，积极吸引海外学者和外国专家参加社会主义建设，一度与苏联、东欧有着良好的经济政治关系，同西方国家也有一定的贸易往来和技术引进，但受制于冷战环境和"左"的思想影响，总体上处于与世隔绝的封闭状态，丧失了不少机遇，拉大了同世界的差距。新中国真正的开放始于1978年党的十一届三中全会以来，从创办经济特区到开放14个沿海城市，从浦东开放开发到创办各类开发区，从沿海开放到内地开放，从经济开放到全面开放等，开放的大门越开越大，成为与改革相并列的一项基本国策。正如习近平在庆祝改革开放40周年大会上所说："改革开放是我们党的一次伟大觉醒，正是这个伟大觉醒孕育了我们党从理论到实践的伟大创造。改革开放是中国人民和中华民族发展史上一次伟大革命，正是这个伟大革命推动了中国特色社会主义事业的伟大飞跃！"浙江作为中国改革开放的先行地，以开放先行、开放包容、开放图强、开放强省的海纳百川精神，创造了创业创新闯天下，合心合力强浙江的生动实践，形成本土浙江、省外浙江、海外浙江等"三个浙江"的发展特色。

（一）广泛开展省际合作，形成资源、市场"两头在外"的开放格局。浙江毗邻东海，属南北融合之地，对外吸纳海洋文化，对内吸纳内陆文化，唐宋后渐成东亚文化的集散地，近代又参与上海开埠和宁波开埠，具有深厚的"兼容并蓄"的文化底蕴。这种"开放"基因，在改革开放的大潮中得到充分释放。1979年9月，浙江为解决经济发展急需的煤炭资源和原材料供应问题，积极开展省际的经济技术协作，省委决定成立"浙江省经济协作领导小组"，并设日常机构"浙江省经济协作办公室"，具体负责全省经济、物资协作的政策制定、计划安排、分配调度以及组织管理工作。先后同山西、河南、上海等28个省、市、自治区以及煤炭工业部、航天工业部等10多个部局，一些全国性公司、大型骨干企业等建立了广泛的经济技术协作关系。① 同时，浙江企业面向市场，通过各种渠道把大批原材料采购进来，把大批产品销往各地，逐渐形成资源、市场"两头在外"的发展格局。

（二）跳出浙江发展浙江，主动接轨上海，积极推动长三角一体化和参与西部大开发。进入 21 世纪之初，浙江面对资源要素制约和企业发展扩张的需求，亟待谋划新的发展思路，拓展新的发展空间。2003年 3 月，省委、省政府主要领导带队到上海、江苏考察，着眼于"虚心学习、主动接轨、真诚合作、互利共赢"，加强与沪苏的经济合作与交流，努力在互动共进中实现沪苏浙三省市的共赢发展。同年 7 月，省委在"八八战略"的决策部署中明确提出：进一步发挥浙江的区位优势，主动接轨上海、积极参与长江三角洲地区合作与交流，不断提高对内对外开放水平。2004 年 3 月，省委、省政府召开全省对外开放工作会议，制定出台《关于进一步扩大开放的若干意见》，提出要建立全方位、多层次、宽领域、高水平的开放新格局，实现从"外贸大省"向"开放大省"的跨越。同时，着眼于全国发展大局，提出著名的"地瓜理论"和"立足全局发展浙江，跳出浙江发展浙江"的思路，积极参与西部大开发、中部崛起、东北等老工业基地振兴等国家战略，在支持欠发达地区的发展中进一步拓展浙江的市场和空间。

16 年来，在各方共同推动下，长三角一体化范围由沪苏浙两省一市扩展为沪苏浙皖三省一市，内涵由经济技术发展到交通、能源、港口、信息、金融、科技、教育、医疗、文化、环境等全方面，地位由区域合作上升为国家战略，定位突出"一体化"和"高质量"，带动整个长江经济带和华东地区发展，形成高质量发展的区域集群。近年来，浙江把推动长三角高质量一体化发展作为大事来抓，2017 年 7 月，省党政代表团赴上海、江苏、安徽学习考察、共商长三角高质量发展，积极

---

① 中共浙江省委党史研究室，当代浙江研究所编：《当代浙江简史》，北京，当代中国出版社 2000 年版，第 377 页。

参加编制落实《长三角一体化发展三年行动计划》《长三角一体化发展规划纲要》，嘉兴设立浙江省全面接轨上海示范区，杭州、金华、嘉兴、湖州等9座城市签订长三角地区共建G60科创走廊战略合作协议等，使长三角一体化成为浙江高质量发展的大平台。同时，浙江在全国各地的投资与合作也取得了丰硕成果，目前有600多万个浙商在全国各地经商办企业，解决了当地上千万人的就业，向当地缴纳了上千亿元的税收，有力推动了当地经济社会发展，也创造了相当于省内浙江的销售产值，相当于再造了一个浙江。

（三）外贸外资外经"三外"联动，"引进来""走出去"并举，从"卖全球"到"买全球"。对外开放是浙江开放的重头戏和主战场，也是浙江发展壮大的重要成因。（1）大力发展外贸。外贸是浙江对外开放最广为参与的领域，可以说千家万户做加工，千家万户搞外贸，形成以民营企业为主的"一般贸易"特点，有力拉动了经济增长。1978年浙江外贸出口总额只有0.70亿美元，到2018年增至4325亿美元，其中出口由0.52亿美元增至3212亿美元，年均增速为24.4%，出口占全国的比重从0.5%升至12.9%，出口规模在全国的位次由第11位升至第三位，成为全国著名的"外贸大省"。同时，出口结构不断优化，2018年机电产品和高新技术产品出口占出口总额的比重分别升至43.5%和6.6%，服务贸易进出口总额从1996年的4.9亿美元增至2018年的3815亿美元，跨境电商交易额居全国第二位。（2）积极引进外资。浙江从无到有，从中外合资到外商独资，从招商引资到招商选资，不断加快扩大利用外资的步伐，提高利用外资的质量和水平。1980年7月，杭州引进200万港元建立了全省第一家中外合资企业——杭州西湖藤器有限公司。尔后利用外资的质量和水平不断提升，实际利用外商直接投资从1984年的252万美元增至2018年的186.4亿美元。到2018年，累计批准182家世界500强来浙投资企业614个，投资总额376.5亿美元；累计设立的外资企业61080家，累计涉及外资达1941.3亿美元。（3）主动拓展外径。浙江大力开拓海外市场，在"引进来"的同时，加快"走出去"的步伐。如今，浙江有200多万个浙商活跃在世界各地，在海外设厂、开展并购、承包工程、设立境外研发基地和营销网络等，对外投资项目遍布六大洲、145个国家和地区。2018年，浙江经备案核准的境外企业和机构737家，在境外设立6个经贸合作区，境外直接投资备案额1262亿元，国外经济合作完成营业额518.9亿元，共派出各类劳务人员22589人次，海外浙江人经济越做越大。同时，世界著名的义乌小商品市场，也由最初的摆摊开店、把浙江暨全国商品卖出去，到创办进口馆、举办中国义乌进口商品博览会，把国外商品买进来，实现由"卖全球"到"买全球"并重的转型升级。

（四）以"一带一路"建设为统领，构建全方位联通世界、全省域优化布局、全领域拓展深化的全面开放新格局。同改革一样，开放永无止境，开放永无终点，开放永远在路上。坚持开放理念，以开放促改革，以开放促发展，以开放促转型，以开放促提升，是浙江发展的制胜法宝。党的十八大以来，浙江按照"以开放促改革促发展"的要求，突出开放强省，紧紧抓住"一带一路"建设带来的机遇，深化"最多跑一次"改革，进一步优化浙江的营商环境，努力在新时代扩大对外开放中继续走在前列。目前，浙江自贸试验区的多项改革属全国首创。浙江与"一带一路"沿线国家和地区贸易额不断攀升，占全国比重从2014年的9.6%上升到2017年的10.8%，对"一带一路"沿线国家和地区的进出口额占全国的15%，投资额占全国的5.7%。"一带一路"沿线国家和地区也已成为浙江最大的工程承包市场。"义新欧"班列开通了9条运输线路，不仅把中国商品运往世界各地，也扩大了进口，法国红酒、西班牙建材、德国汽车零部件等更加便利进入中国。跨境电商、外贸综合服务、市场采购等三大对外贸易新业态皆源于浙江、兴于浙江，并走向全国。自2015年以来，连续召开了五届中国—中东欧国家投资合作洽谈会，密切加强了与中东欧国家的投资合作和经贸往来。一个全面开放、高层次开放的浙江正在风云变幻的全球化浪潮中勇立潮头，不断书写同世界交融发展的新篇章。

八、科教文卫到创新型省份

70 年来，浙江科教文卫事业由低水平恢复到大力发展科教事业，实施科教兴省，加快建设文化大省，推进创新型省份建设，创新基层治理方式，实现人民生活由摆脱贫穷、解决温饱到以人为中心全面发展的历史变革。

按照马克思主义的发展理论，人的需求是全面的，人的发展也是全面的。习近平总书记指出，人民对美好生活的向往就是我们的奋斗目标。浙江素有"耕读传家"的遗风，文化底蕴深厚，曾孕育出一大批杰出的思想家和文人墨客。然而，就总体上说，新中国成立前由于长期"三座大山"的压抑，浙江的科教文卫事业很落后，人民的生存发展很艰难，人均受教育程度很低，人均寿命也很短，即使是文人墨客也大多处于一花独放、有高峰无高原的境地。新中国成立以来，浙江在极其艰难的条件下，从恢复发展学校教育入手，逐步扩展到医疗卫生、文化体育事业，实施科教兴省战略，加快建设文化大省，推进创新型省份建设，创新基层治理方式和民主法治建设，促进以人为中心的全面发展，使浙江人民的获得感、幸福感、安全感显著提升。

（一）科教文卫事业历经国民经济三年恢复，"一五"计划快速发展，到"文革"后走向全面振兴。1949 年 5 月杭州刚解放，人民政府随即接管浙江大学等公立学校，收编、改造、查封私立学校和教会学校。[①] 在随后进行的国民经济三年恢复期间，浙江把迅速恢复发展教育作为重要内容，小学开始实施五年一贯制，中等学校特别是中等技术教育等快速发展，高等教育进行了院系调整，浙江大学调整后成为多学科的高等工业学校，以适应新中国建设的需要。同时，医疗卫生、文化事业、新闻出版、体育运动都得到较快的恢复和发展，尤其是扑灭了由日

---

① 中共浙江省委党史研究室，当代浙江研究所编：《当代浙江简史》，北京，当代中国出版社 2000 年版，第 28 页。

本帝国主义散布细菌而流行十余年的鼠疫；扑灭了过去每年平均死亡500 多人的霍乱；过去全年流行的天花已近绝迹；部分地区劳动人民对肺吸虫的感染已得到制止和治疗；等等，还召开了第一届体育大会。① 接着，在 1955 年 12 月下发的《浙江省 1953—1957 年五年计划纲要》即"一五"计划中，明确提出："适当地增长社会文教福利事业，以逐步提高人民物质文化生活水平。"② 这有力推动了教育和卫生事业的快速发展。③ 后来，由于"左"倾路线影响和十年"文革"动乱，科教事业发展一波三折，直到改革开放，才迎来科技教育发展的春天。1977年 8 月和 10 月，浙江省委先后召开了全省科学工作会议和全省教育工作会议，进行科技和教育界的拨乱反正，部署迅速恢复发展各项工作。随后，又接连推动文化艺术、新闻出版、体育事业、卫生事业的恢复发展，使浙江的科教文卫事业走上全面振兴的道路。④

（二）围绕经济建设中心，实施科教兴省，加快建设文化大省，大力推进创新型省份建设。改革开放以来，经济建设成为工作中心和主战场。浙江省委按照"经济建设必须依靠科学技术，科学技术必须面向经济建设"的方针，从 1982 年开始对科技改革进行了多方面的探索，举办首届科技交易会、改革拨款制度、发展企业办科研机构、制定科技进步奖励条例、组织科技攻关等。同时，在全国率先实施九年制义务教育，到 1990 年底基本形成了多层次、多规格、多形式的教育体系。⑤ 接着，1992 年 6 月，省委、省政府在全省科技工作会议上确立了科教兴省战略，做出《关于大力推进科技进步加速经济发展

---

① 中共浙江省委党史研究室，当代浙江研究所编：《当代浙江简史》，北京，当代中国出版社 2000 年版，第 99—102 页。

② 金习《浙江省历次五年计划编制和执行情况》，《浙江经济》1995 年第 12 期。

③ 中共浙江省委党史研究室，当代浙江研究所编：《当代浙江简史》，北京，当代中国出版社 2000 年版，第 145—146 页。

④ 中共浙江省委党史研究室，当代浙江研究所编：《当代浙江简史》，北京，当代中国出版社 2000 年版，第 309—314 页。

⑤ 中共浙江省委党史研究室，当代浙江研究所编：《当代浙江简史》，北京，当代中国出版社 2000 年版，第 373—376 页。

的决定》，强调要真正把经济建设转移到依靠科技进步和提高劳动者素质的轨道上来。同时，提出建立起适应现代化建设需要、面向21世纪的教育体系，使教育结构更加适应浙江经济发展的特点。为此，浙江大力调整高校布局，加快发展高校园区，加强高校学科建设等。随后，1999年12月，省委、省政府提出建设文化大省并制定《浙江省建设文化大省纲要（2001—2020）》，提出到2020年，努力把浙江建设成为全民素质优良、社会文明进步、科技教育发达、文化发展主要指标全国领先、文化事业整体水平和文化产业发展实力走在全国前列的文化大省。2005年7月，省委在《关于加快建设文化大省的决定》中，进一步做出建设教育强省、科技强省、卫生强省、体育强省等"四个强省"的部署和实施文化建设"八项工程"。尤其是2006年3月，省委、省政府召开全省自主创新大会，明确提出用15年的时间使浙江省进入创新型省份行列，基本建成科技强省。经过长期努力，浙江科技教育取得长足发展，到2018年，全社会研究和发展（R&D）经费支出占生产总值的2.52%，科技进步贡献率为61.8%；学前3年到高中段的15年教育普及率为99.02%，高等教育毛入学率为60.1%，初步实现了科教强省的目标。

（三）讲究卫生减少疾病，实施"六大健康工程"，开展"双下沉两提升"，大幅提高人民医疗健康保障水平。新中国成立以后，浙江积极开展爱国卫生运动，在城市深入开展以铲平"垃圾山"、清除"蚊蝇窝"、改造下水道、改进防蚊设施等为重点的清洁卫生工作，建立卫生保洁制度，建立保健站，建立家庭病床，设立健康档案，实行计划免疫，从而消灭了疟疾、乙型脑炎、伤寒、白喉、麻疹等传染性疾病，涌现出杭州小营巷等一批卫生模范单位。1958年1月5日，毛泽东亲临小营巷视察卫生情况，极大鼓舞了全省卫生事业的发展。改革开放以来，浙江高度重视医疗卫生事业，2003年打赢了防治"非典"的斗争，2005年提出建设卫生强省和"实施六大工程"，即农民健康工程、公共卫生建设工程、社会健康促进工程、科教兴卫工程、"强院"工程、中医药攀登工程，这"六大工程"成为浙江全面推进卫生强省建设、落实大卫生大健康理念的主要任务和重要抓手。接着，在长期开展全民健身运动的基础上，2006年12月，省政府制定《浙江省体育强省建设与"十一五"体育发展规划纲要》，部署全面实施"小康健身工程"。2013年，为改变基层和农村缺医少药的状况，创新开展"双下沉、两提升"工作，推动医疗资源和医务人员下沉基层，提升县域医疗卫生服务能力和群众满意率。到2018年，全省基本养老保险、医疗保险参保率分别达92.0%和98.6%；卫生机构数由1949年的288家、1978年的6939家增至2018年的3.3万家，同期医疗机构床位数由0.6万张、6.2万张增至33.2万张；平均预期寿命由1949年的38岁提高到2018年的78.77岁，净增加40.77岁，超过全国平均76.4岁和世界平均72岁的水平，人口死亡率也由13.96%下降至5.58%。这是一个巨大的历史进步。

（四）弘扬"枫桥经验"，创新"后陈经验"，实行"三治融合"，构建安居乐业的社会环境。民主法治相辅相成，人民需要民主，社会需要法治。浙江在发展民主、健全法制的进程中，创造了一系列基层治理的经验。20世纪60年代初，诸暨市枫桥镇创造了"发动和依靠群众，坚持矛盾不上交，就地解决。实现捕人少，治安好"的"枫桥经验"。为此，1963年毛泽东批示"要各地仿效，经过试点，推广去做"。"枫桥经验"由此成为全国政法战线一个脍炙人口的典型。之后，"枫桥经验"得到不断发展，形成了具有鲜明时代特色的"党政动手，依靠群众，预防纠纷，化解矛盾，维护稳定，促进发展"的枫桥新经验，成为新时期把党的群众路线坚持好、贯彻好的典范。2004年初，武义县后陈村率先开展村务监督探索和试点，率先成立全国第一个村级民主监督组织——后陈村村务监督委员会，形成著名的"后陈经验"。2010年，全国人大将村务监督委员会制度写入修订后的《中华人民共和国村民委员会组织法》，"后陈经验"从"治村之计"上升为"治国之策"。2017年12月，中办、国办印发《关于建立健全村务监督委员会的指导意见》，实现了基层实践与顶层设计的良性互动。2013年以来，桐乡率先探索试点的自治、法治、德治"三治融合"的基层社会治理模式，以及嘉兴、温州先后探索提出的生产、生活、生态"三生融合"的发展模式等，也都产生了积极的成效和影响。从全省看，2004年5月，省委做出"平安浙江"建设的决策部署，2006年4月，省委又做出"法治浙江"建设的决策部署，同时在"两山"理念指引下，"美丽浙江"建设持续发力，这有效促进了社会治安、生态环境明显好转。到2018年，浙江群众安全感满意率提升至96.8%，连续15年居全国前列，是最具安全感的省份之一；森林覆盖率从1952年的39.7%上升至61.2%，稳居全国前列，人居的生活环境越来越美好。

第十一章　浙江 70 年发展的重要启示

新中国成立以来，浙江 70 年发展的历史变革和辉煌成就概括为一句话就是：天翻地覆慨而慷，换了人间。浙江 70 年发展的历史变革和辉煌成就，不是自然而然产生的，也不是轻而易举取得的，更不是一帆风顺得来的，而是长期艰辛探索的结果、长期艰苦奋斗的结果、长期汗水泪水浇灌的结果。浙江 70 年发展的历史变革证明：坚持和加强中国共产党的领导，坚持和推进马克思主义中国化时代化大众化，坚持和发展中国特色社会主义，坚持和紧紧依靠广大人民群众，是克服一切艰难险阻，从恢复走向振兴，从挫折走向胜利的根本经验。在这些根本经验照耀下，浙江作为中国区域发展的一个典型、一个样本、一个优等生，又有着一些值得总结和长期坚持的重要启示。

一、坚持中央精神和浙江实际相结合，既讲普通话又讲浙江话

普遍性寓于特殊性之中，具体问题具体分析是马克思主义的本质和活的灵魂。实事求是，求真务实，是贯穿我们党的全部实践、全部理论的一条基本线索和基本逻辑。70 年来，浙江在贯彻落实党的路线方针政策中，注重从浙江实际出发，创造性地开展工作，既讲普通话，又讲浙江话，努力践行陈云 1990 年 1 月 24 日同浙江省党政军领导谈话提出的"不唯上、不唯书、只唯实，交换、比较、反复"的要求①，积极探

---

① 陈云：《不唯上、不唯书、只唯实，交换、比较、反复》，人民网 2002 年 9 月 14 日。

索有浙江特色的发展道路。

在所有制关系上，形成公有制经济为主导、民营经济为主体、多种所有制经济共同发展的经济模式。浙江在长期实践中，创造了非公非私的民营经济新概念和新模式。这是对社会主义基本经济制度和坚持"两个毫不动摇"的丰富和发展。浙江近代私人资本主义工商业比较发达，加之新中国成立后由于多方面原因，国家对浙江投资不多，国有经济和集体经济比较弱小，客观上为民营经济的发展提供了条件。改革开放初期，浙江率先提出"四个轮子"一起转，即乡、村、联户、个体一起上。20世纪90年代末，省委提出"四个不限"，即对发展民营经济不限发展比例、不限发展速度、不限经营方式、不限经营规模，让民营企业政治上有地位，经济上得实惠。2004年2月，省委率先召开全省民营经济大会，确立了民营经济的概念内涵和重要地位作用。2012年1月，省委在全省民营经济大会上进一步提出"四个够不够"，即我们对浙商及民营经济在浙江发展中所处的地位和发挥的作用认识得够不够？我们对浙商成长及民营经济发展的轨迹和规律研究得够不够？我们对浙商及民营经济创业创新的实践支持得够不够？我们对浙商及民营经济的温暖关爱给予得够不够？持之以恒地推动民营经济的发展提高，使民营经济发展成为浙江经济社会的主体和最为亮丽的"浙江名片"。同时，按照"宜强则强、宜留则留、宜退则退"的"三宜原则"，深度推进国有企业改革，做强做优做大国有企业，使浙江成为国有经济大省，实现了国有经济和民营经济相得益彰、共同发展的良好格局。

可以说，浙江几乎在所有的贯彻落实党的大政方针中，都能接地气地找到浙江的特色说法和做法，而不是当传达室和传声筒。如中央提出改革开放，浙江提出市场取向改革和实施"两头在外"战略；中央提出加快工业化，浙江提出大力发展块状特色产业和专业市场；中央提出推进城镇化，浙江提出顺势应时加快推进城市化进程；中央提出科学发展观，浙江把"八八战略"作为贯彻落实科学发展观的生动实践；中央提出构建社会主义和谐社会，浙江提出大平安浙江建设；等等。当然，浙江更多的是从实际出发，率先探索实施前所未有的改革举措，如强县扩权、扩权强县，小城镇综合改革，农村"千万工程""最多跑一次"改革，等等。正是这一系列探索实践，极大地丰富了马克思主义中国化和中国特色社会主义理论。

二、坚持长远目标和实用抓手相结合，一张蓝图绘到底

目标是导向，是引领，是旗帜。我们党从诞生那天起，就提出了远大理想和奋斗目标，并团结带领人民共同奋斗。新中国成立后，党中央很快提出了"四个现代化"的目标，接着持续编制五年计划，提出五年建设目标，还有一系列的专项计划目标以及年度发展目标，形成远大目标、长期目标、五年目标、年度目标等的目标体系，也就是吃着碗里的，看着锅里的，干着田里的。既确定远大目标，又通过一个一个具体目标去实现。这也是中国共产党为什么能的重要体现。

浙江 70 年来在确定发展目标上有三个显著特点：一是目标定位高于全国。如 1959 年 12 月省第三次党代会提出，全省的经济面貌要在三年内有一个很大的改变。1963 年 4 月省第四次党代会提出，未来要向着农业、工业、国防和科学技术现代化的伟大目标前进。1971 年 1 月省第五次党代会提出，要在三五年内（从 1970 年起）实现全省粮食亩产超千斤、煤炭自给；在五年或者更多一点时间内基本建成全省比较独立的、小而全的经济体系。[①] 改革开放以来，浙江按照邓小平提出的"你们多翻一点，这样全国可以翻两番"和中央要求东部地区率先基本实现现代化的要求，早在"九五"计划中就提出，到 2010 年多数地区初步实现现代化的目标；"十五"计划中提出"分区域分阶段"和到 2020 年全省基本实现现代化；2017 年 6 月提出"两个高水平"，即 2020 年高水平全面建成小康社会，高水平推进社会主义现代化建设。这些目标后来虽有调整，但一直踩着点往前跑，总体上高于全国的

---

① 《浙江历次党代会 73 年红色历程》，《都市快报》2012 年 6 月 9 日。

要求。

二是提出切实有用的工作抓手。千里之行始于足下。实现远大目标必须要有切实管用的办法和政策举措，浙江通常叫工作抓手。如浙江先后提出把"八八战略"作为落实科学发展观、推进经济社会发展的总抓手，把"千村示范、万村整治"工程作为统筹城乡兴"三农"的有效抓手，以小城镇建设为抓手统筹城乡发展，以安全生产责任制为抓手进一步强化企业安全生产的主体责任等。近年来，浙江在推进经济转型升级和高质量发展中，又创造性地打出系列"组合拳"，这包括"五水共治"、"四换三名"、"四边三化"、"三改一拆"、"一打三整治"、创新驱动、浙商回归、市场主体升级、小微企业三年成长计划、八大万亿产业培育、特色小镇、数字经济等。

三是坚持一张蓝图绘到底。70年来浙江的发展，是历届省委带领全省人民一步一个脚印干出来的。进入21世纪以来，浙江按照"八八战略"的宏伟蓝图，以"功成不必在我，功成一定有我"的使命担当，坚持深入实施"八八战略"，坚持以"八八战略"为总纲，坚定不移地沿着"八八战略"指引的路子走下去，推动"八八战略"一步一步地展开，一项一项地分解，一件一件地落实，一年一年地见效，进而推动经济社会发展取得了历史性的成就。

三、坚持大政方向和调整纠错相结合，不断校正前进的航向

如同世上没有笔直的大道和笔直的河流，新中国成立70年来，浙江的发展也是充满了坎坷，充满了挫折。从大的挫折来说，"十年'文化大革命'，使党、国家和人民遭到建国以来最严重的挫折和损失。"[①]而在这十年"文革"中，浙江是重灾区，出现全面夺权和全面内乱、纠"左"与反纠"左"的斗争、整顿与反整顿的较量，全省陷入严重的政治危机和社会危机，国民经济濒临崩溃的边缘。这十年间，全省工

---

① 《关于建国以来党的若干历史问题的决议》，《人民日报》1981年7月1日。

农业总产值每年平均只递增5%，其中有4年下降；国民收入每年平均只递增3.4%，大大低于全国6.1%的水平。① 直到"文革"结束，中央拨乱反正，实现工作重点转移，开启改革开放，浙江才走上了经济社会发展的快车道。

在这70年历史变革中，浙江一直在试错中探索，在整顿中发展，在曲折中前进。从20世纪50年代初的整顿经济秩序、恢复国民经济，到60年代初针对"人民公社""大跃进"造成的失误进行全面调整，再到1975年针对"四人帮"破坏开展的全面整顿，可以说每隔10年就进行一次大的调整。即使改革开放以来，浙江也经历了1979年开展的"调整、改革、整顿、提高"，1989年开展的"治理经济环境、整顿经济秩序"，以及后来开展的整顿房地产市场、整顿金融秩序、实施"三去一降一补"等，使国民经济在不断调整中保持了较快发展。

在调整探索中，浙江从实际出发，循序诱导，而不搞简单打压。如对温州低压电器质量问题，积极配合国家有关部门进行整治，帮助企业解决白银等贵金属材料来源，而不是简单关掉。对义乌小商品市场一度出现的假冒伪劣问题，也是积极整顿，而不是简单关掉。特别是为错抓错捕的温州柳市"八大王"及时进行平反，退还没收的资产，彰显了"知错能改，善莫大焉"的纠错精神。正是在这种长期探索—失误—纠错—调整的过程中，浙江深刻领悟了"发展是硬道理""稳定压倒一切"的真谛，坚持一手抓经济报表，一手抓平安报表，推动经济社会发展沿着正确的方向砥砺前行。

四、坚持群众首创精神和干部担当负责相结合，上下同心协力

我们党在长期革命和建设的实践中，对干群关系有两个基本定位：一是强调人民群众是历史的主体，是社会物质财富和精神财富的创造

---

① 中共浙江省委党史研究室，当代浙江研究所编：《当代浙江简史》，北京，当代中国出版社2000年版，第286页。

者，是变革和创新社会制度的决定性力量；二是强调在政治路线确定后，干部就是决定的因素，干部是党和国家事业的中坚力量，只有落后的干部，没有落后的群众。这两者统一于权为民所用、利为民所谋、情为民所系，体现在群众首创精神和干部担当负责的结合。

新中国成立后，尤其是改革开放以来，浙江在实践中生动地践行和丰富了群众首创精神和干部担当负责的结合，突出的案例有三。一是永嘉率先实行农业生产"包产到户"。1956年5月，永嘉在县委书记李桂茂县委书记的领导下，根据一些社员和干部提出的"若要生产好，就应该把产量包给个人"的意见，决定在雄溪乡（后改为塘下乡）燎原社进行产量责任制的试验，即"包产到户"；9月，永嘉召开全县高级社社长千人大会，部署全县进行"包产到户"的多点试验。后来虽然永嘉的"包产到户"很快遭受摧残而夭折，但它的实践和理论对中国农业集体经济模式的探索和形成，以至整个经济体制的改革，做出了开创性的贡献。①

二是温州模式的形成和发展。1980年12月11日，19岁的章华妹从温州市工商行政管理局领到第10101号的营业执照，成为新中国第一个登记注册的个体工商户。然而温州个私经济的发展并不平坦。20世纪80年代初，国家下发打击经济领域犯罪活动的紧急通知，温州以"投机倒把罪"抓了一批走在市场经济"风头浪尖"上的人，这也包括"八大王"。后来，时任温州市委书记亲自组织为他们平反，勉励他们勤劳致富。后继市委书记才被称为把"乌纱帽"放在桌子上的改革者，他顶住当时"姓资姓社"的责难，坚定支持个私经济发展，对温州模式的形成和发展做出重要贡献。可以说，没有当年章华妹、"八大王"等群众的大胆创新创业，没有领导干部的勇于担当，就不会有温州发展的今天。

---

① 中共浙江省委党史研究室，当代浙江研究所编：《当代浙江简史》，北京，当代中国出版社2000年版，第157—161页。

三是义乌群众冯爱倩和县委书记的一场纷争。20世纪80年代初，义乌街头出现了马路地摊市场，按当时政策不允许，属于"资本主义的尾巴"要割掉。1982年5月的一天，46岁的冯爱倩堵住新来的县委书记，责问"做点小买卖养家糊口，政府为啥不让"。县委书记告诉冯爱倩："我理解你，同意你摆摊；会告诉有关部门，不来赶你。"① 接着，1982年9月，县委制定出台《关于大力支持专业户、重点户发展的几点意见》（县委办〔1982〕172号）文件，提出"四个允许"的政策。② 后来，县委书记又明确表态："开放义乌小商品市场，出了问题我负责，我宁可不要乌纱帽！"其实，很多情况下，不是因为领导有多能干，而在于领导是否有担当。正因为当年有了冯爱倩等群众的敢干和领导的担当，才有了义乌小商品市场辉煌发展的今天。

可以说，浙江一大批致富带头人和民营经济的崛起，与一大批敢于担当负责的领导干部的支持是分不开的。一个地方经济社会发达的背后，一定会有一大批敢想敢干、敢为人先、敢打敢拼的群众，也一定会有一大批思想解放、思路开阔、敢于担当、干净干事的干部，两者的完美结合，才能成就一方发展的大业。

五、坚持无为而治和有为而治相结合，有所为有所不为

新中国成立特别是改革开放以来，中央先后提出"发挥中央和地方两个积极性"、摒弃计划经济、创办经济特区、实行财政"分灶吃饭"等的方针政策，极大激活了地方发展的积极性。在中央大政方针下，地方党政的执政理念、思路、政策、举措以及干部的能力作为直接决定地方的发展。浙江省委、省政府在长期实践中，逐步探索形成了无为而治和有为而治相结合执政理念和执政风格，形成因地制宜，因势利导，顺势而为，有所为，有所不为，不为所欲为的领导方式，努力做到

---

① 《冯爱倩：鸡毛飞上天》，《浙江在线》2018年12月10日。
② 郭占恒：《转型与发展》，浙江，浙江大学出版社2014年版，第344页。

"让上帝的归上帝，让恺撒的归恺撒"。这种有所为、有所不为的领导方式主要表现在两个方面。

其一，无为而治，因势利导，放手让基层和群众去干。对微观经济领域，对一时看不准的，对当时政策不允许而广大老百姓又愿意干的事，按照邓小平倡导的"允许看，但要坚决地试"的要求，放手让基层和群众去干。20世纪90年代，省委总结提出"三个允许""五个不"，即允许试、允许闯，甚至允许犯错误，不争论、不攀比、不张扬、不气馁、不动摇，坚定、清醒、有作为的领导方法。① 如对个私经济发展、国有企业集体企业改制、温州模式、义乌小商品市场发展，以及龙港第一个农民城的兴起、第一家股份合作制企业的建立、第一家中外合资企业的建立等，各级党委、政府都以宽容的态度默许、支持和引导。这里，放手不是放任，而是充分尊重基层和群众的首创精神，敢于为广大干部群众的探索挑担子，并及时总结和推广干部群众创造的新鲜经验。

其二，有为而治，顺势而为，搞好公共服务和发展环境。对宏观经济领域、对符合国家政策规定，对一家一户企业和群众需要而又做不了的公共问题，省委、省政府出台一系列重大举措，谋在前面，干在实处。如党的十五大明确把个体私营等非公有制经济作为社会主义市场经济重要组成部分以来，积极出台政策，鼓励、支持和引导个体私营经济上规模、上水平。针对城市化滞后工业化的情况，率先实施城市化战略，推进城乡协调发展。针对农业发展出现的新情况，提出大力发展效益农业，鼓励农民什么来钱种什么。针对优质生源充足而高校招生不足的情况，大力发展高等教育和高校园区。针对基础设施建设滞后问题，组织实施电力、交通、机场、码头等基础设施建设，改善发展环境。针对一些地方存在的假冒伪劣等现象，着力打造"信用浙江"，树立浙江

---

① 李泽民：《坚定清醒有作为——浙江经济社会发展的思考与探索》，北京，中央党校出版社1997年1月。

的良好形象。针对企业和群众办事难问题，深化"最多跑一次"改革，提高行政效率，以及在教育、医疗、文化、体育、劳动、社保、安全等领域，量力而行、尽力而为提供优质的公共服务。这里，有为而治也不是盲目蛮干，而是顺势而为，按客观规律办事。

六、坚持传统文化和时代精神相结合，弘扬与时俱进的浙江精神

文化是一个国家或地区发展的根和魂。文化的差异性最终决定发展的差异性。"古往今来，浙江人敏于挖掘文化传统中的经济元素和商业契机，善于向经济活动中注入更多文化内涵，以文化的力量推动经济发展。"[1] 浙江的传统文化中蕴含着适于市场经济的基因，如浙东学派陈亮等提出"义利并重""工商皆本"的"治生思想"；永嘉学派叶氏等提出"事功"思想，主张"经世致用，义利并举"；王阳明提出知行合一，知中有行，行中有知；黄宗羲等主张工商皆本等思想。这些思想概括起来就是"知行合一，义利并举，工商皆本，四民平等"的文化图谱，而这又与社会主义市场经济浑然天成。

近代中国共产党在嘉兴南湖一只小船上诞生，浙江成为中国红色航船的起航地，创造了"开天辟地、敢为人先的首创精神，坚定理想、百折不挠的奋斗精神，立党为公、忠诚为民的奉献精神"[2]。"红船精神"成为我们党"不忘初心、牢记使命"的精神起点。改革开放以来，浙江人以"走遍千山万水，吃尽千辛万苦，想尽千方百计，说尽千言万语"的"四千精神"和"白天风风光光当老板，晚上辛辛苦苦睡地板，还要孜孜以求看黑板"的"三板精神"，创造了经济发展的奇迹。

浙江省委高度重视浙江传统文化和时代精神的提炼弘扬。2000年，省委提炼弘扬"自强不息、坚韧不拔、勇于创新、讲求实效"的浙江精神。2005年，省委提炼弘扬"求真务实、诚信和谐、开放图强"的

---

[1] 习近平：《之江新语》，浙江，浙江人民出版社 2007 年 1 版，2013 年 11 月第 2 次印刷，第 232 页。
[2] 习近平：《弘扬"红船精神"走在时代前列》，《光明日报》2005 年 6 月 21 日。

与时俱进的浙江精神。2017 年，省委提出新时代呼唤新时代浙商精神，要求广大民营企业家弘扬坚忍不拔的创业精神、敢为人先的创新精神、兴业报国的担当精神、开放大气的合作精神、诚信守法的法治精神、追求卓越的奋斗精神等。2016 年 9 月，G20 杭州峰会期间，习近平总书记明确指示省委要"秉持浙江精神，干在实处、走在前列、勇立潮头"。总之，浙江 70 年发展的历史变革是扎根于浙江大地的传统文化、革命文化、改革文化汇聚而成的浙江精神的支撑，而这也是今后浙江发展勇立潮头的不竭动力。

（第十、十一章系浙江大学民营经济研究中心、浙江大学恒逸基金会 2019 年立项课题研究成果，其研究成果全文连载《浙江经济》2019 年第 14 期到第 18 期，其中《浙江 70 年发展的重要启示》载《政策瞭望》2019 年第 8 期、《统计科学与实践》2019 年第 9 期、人民网 2019 年 9 月 2 日，并参加省委宣传部、省社科联为庆祝新中国成立 70 周年在杭州召开"浙江精神与新时代新使命"理论研讨会做专题发言。）

后　记

　　本书系笔者2018年5月出版《"八八战略"思想与实践》以来到2021年1月部分研究成果的集结。这些成果来源大致有四：一是课题研究，如浙江省政府研究室、省自然资源厅、省质量监督局、浙江大学民营经济研究中心、省农发集团和浙江师范大学课题组委托的课题研究等。二是参加有关座谈会和论坛的发言演讲，如参加省长主持召开的"十四五"规划座谈会发言，参加国家发改委副主任在杭主持召开的"十四五"发展思路座谈会发言，参加上海"长三角民营经济跨区域协同发展论坛"演讲，参加"台州市和合文化百场讲坛仙居专场"演讲等。三是报刊约稿，如应《浙江日报》《政策瞭望》《观察与思考》《统计与实践》《浙江经济》《杭州日报》等报刊约稿撰写的文章。四是讲课的讲稿。阐明这些成果来源的目的，是想说明本书来自有关单位需要，来自社会需求，来自有针对性的课题研究，因而是务实和有用的。

　　本研究成果集结需要确立一个主题，思来想去取名为《走向高质量发展的浙江》。理由有三：其一，高质量发展概念内涵广泛，包容量大；其二，高质量发展是党的十九大以来到"十四五"发展的一条主线；其三，高质量发展是一个长期的历史过程，它从过去走来又向未来走去。总体上说，这一书名比较契合本书的研究成果，符合中央精神和浙江实际，也体现了笔者研究的初心。

　　最后，按照全书的逻辑脉络，感谢给予本书支持和帮助的领导、专家、编辑和家人。感谢浙江省委宣传部来颖杰、楼胆群，省质量技术监督局杨烨，省标准化研究院陈自力、潘洋，省农发集团楼永志、傅德荣，浙江师范大学黄中伟，省政府研究室应雄，省自然资源厅黄志平、盛乐山、谢雷宁、金勇，浙江大学史晋川、叶楠，《人民论坛》金雄伟，杭州市委宣传部郑晓英，杭州外国语学院张跃西等，没有他们的信任、委托和帮助，就没有这些成果的问世。感谢《浙江日报》潘如龙、《政策瞭望》杨周顺、《观察与思考》孙艳兰、《统计与实践》沙培峰、《浙江经济》冯洁、《杭州日报》郑辉等，没有他们编辑发表，这些成果就不会有社会影响。感谢浙商发展研究院王永昌、方泉尧、郑明治、刘亭等各位院长和周丹、冯永明等各位同仁的支持，使作者在参加研究院活动中得到许多指导、启发和灵感。同时，还要感谢家人的理解，特别是感谢小外孙女桐桐，她为笔者在痛苦的思考写作中带来许多快乐！

　　本书出版得到浙江大学民营经济研究中心、浙江大学恒逸基金会的资助，一并致谢！

2021 年 2 月于杭州政苑小区